Anne Vallaeys

Le loup est revenu

Récit

Fayard

Couverture : Cheeri
Photographie : © Getty

ISBN : 978-2-213-66870-3

Pour Joseph,
qui a peur du loup, non sans raison.

Si vous vouliez dissuader quelqu'un de boire
un dixième whisky, vous pourriez fort bien
lui donner une cordiale bourrade en lui disant :
Allons, courage, soyez un homme !
Mais, en revanche, dissuader un crocodile
de manger un dixième explorateur,
personne ne songerait à
lui donner une cordiale bourrade en lui disant :
Allons, courage, soyez un crocodile !

G.K. Chesterton

Un dimanche de juillet, une journée telle que celle-ci ne s'oublie pas.

Yves s'était levé avec le jour, un peu avant 6 heures. Dans le noyer, un coucou rythmait l'orchestre de la multitude des frondaisons alentour. Tess, le border collie, a tiré sur sa chaîne quand le maître a entrouvert la porte. Une tape au col, une caresse au museau. Salut, le chien ! Plus bas, dans la bergerie, le bêlement des brebis impatientes, une minute, les filles. Ces jours derniers, Yves avait tellement travaillé qu'il n'avait même pas trouvé le temps de prendre une douche.

Vague, somnolent, il avait préparé du café, il avait bu une tasse sur le perron. De légers parfums, aulx, cébètes, poireaux sauvages, flottaient au gré d'un vent matinal. Une traînée de vapeur montait du macadam de la route départementale 900, déserte encore.

Yves, routine, a jaugé le bois de la Mourette, puis celui de la Barre qui bornent Le Martinet, son chez-lui. Son regard s'est égaré dans les masses obscures de l'aube naissante, les escalades de pins dans la pente à l'assaut de la montagne, du côté de cette rive de l'Ubaye. Une forêt si touffue que le soleil prend son temps pour pénétrer le vallon, quand il y parvient, l'été seulement. Un œil sur l'adret. Biffant un plafond où traînaient encore quelques flocons de nuages, les enrochements qui relient le Morgon au Parpaillon dévoilaient crêtes et combes assombries par un capiton végétal gris et ras. Haut, très loin, les boursouflures de l'énorme Tête Louis XVI et ses reliefs bleutés.

La semaine promettait les grosses chaleurs, il le fallait après ce printemps exécrable. Des semaines de chien, on n'avait jamais vu ça. La dernière quinzaine, heureusement, un bon soleil avait requinqué l'éleveur, l'herbe croissait, épaisse, à profusion, il devrait s'échiner, vissé au tracteur tout le jour, d'une fauche à l'autre. Du travail fou, sûrement.

Pour cette saison aux Charbonnières, Yves avait réembauché Sandra, la bergère garderait une partie du troupeau, deux cent quarante-huit mérinos allaitantes et leurs agneaux. Les Tron de Méolans, des amis, avaient offert leur ancien parcours, entre Gaudeissart et les Besses, trois quarts d'heure de piste tout au plus depuis la bergerie du Martinet. Ces alpages, vers 2 000 mètres, s'étagent en douceur sur les pentes, ils préservent des assauts étouffants des pins et des mélèzes. Ce dénivelé de croupes arrondies forme le socle des assises des Séolanes. Là-haut, la vue est dégagée, le troupeau aisé à « soigner » dans ce massif où rôdent les loups, affirme Michel Isaïa, lieutenant de louveterie de la Fresquières. Yves, voilà deux ans, a aperçu l'un d'eux à moins de vingt kilomètres du hameau de Villard, avant que ce solitaire ne s'efface dans les mélèzes. Un jeune loup, il en est certain.

Yves connaît le prédateur. En juin 2004, sept ans déjà, il a subi une attaque vers Pelouse, près de Jausiers, où son troupeau pâturait avec les brebis de Nicolas et Daniel, ses partenaires du groupement pastoral. Dix-sept animaux massacrés. Ça pourrait paraître peu sur un cheptel de neuf cents bêtes, n'empêche...

Aux Charbonnières, sur leur parcours de pacage, les bêtes pouvaient « manger » tranquilles dans l'abri des filets électriques que Sandra, toutes les trois heures, déplaçait selon la tonte.

Le silence. Yves ne saurait dire ce qu'il aime dans le métier d'éleveur, mais ce matin, assis au pas de sa porte, le chien dans les jambes, il ne sait pas pourquoi il se sent bien tandis que son regard s'égare dans le bataillon des cimes qui s'irisent doucement dans la lumière du levant.

Programme des heures à venir : fauche, fauche et fauche... Pour que ce labeur ne l'abrutisse pas tout à fait, dans quatre, cinq jours si tout va bien, s'il récolte assez de foin, il grimpera vers les Trois-Évêchés, au Laverq. À trois heures de quad de la maison, tout au plus. Deux cent cinquante-deux bêtes, une partie du troupeau, sept cents en ajoutant les mourerous de Nicolas et les métis de Daniel, estivent par là-haut depuis le début du mois sous la garde de Catherine. Sa deuxième bergère, la meilleure de la vallée de l'Ubaye. Il n'est pas donné à tout le monde de mener sept cents bêtes en se jouant des creux, des levées de grès géants érodés par les vents, de cheminer par les blocs enchevêtrés couverts d'herbages hauts, tiges et fleurs mêlées, dont raffolent les brebis. À en perdre la tête, s'il n'y avait le loup...

La montagne, avec la réapparition du carnassier, inquiétait, elle redevenait combat.

Le coucou vocalise, solitaire, dans son noyer, avec le soleil les oiseaux se sont tus. Les bêlements se font pressants dans la bergerie. Aspirant l'air tiède à pleins poumons, Yves déploie sa carcasse, quand le timbre étouffé du portable interrompt sa rêverie. « Yves ! On a été attaqué... » lui souffle la bergère, Sandra.

Il était 7 heures exactement. La matinée basculait. Le quad n'avait jamais trissé aussi vite, il bondissait dans les mélèzes entre creux et bosses, il vibrait à tel point dans le goulet du GR 6 qu'on aurait cru qu'il allait se rompre à chaque instant et s'immobiliser, tout démantibulé.

Ce n'est pas l'image qui s'imprime d'abord, mais les sons. Un tumulte. Assourdissant, entêtant. Feulements aigrelets des brebis, bêlements des bêtes désemparées en quête des agneaux terrorisés. Un suint poisseux, prégnant, pique les yeux de l'éleveur, le tableau s'élargit : c'est un embrouillamini de broussailles couchées, plaquées, de graminées visqueuses, paquets sanglants, caillots, intestins et boyaux noircis, dépouilles sanguinolentes, éparpillées, panses gonflées et membres roides. Des brebis agonisent, râlent tandis que de pauvres bêtes estropiées, éventrées, piaulent faiblement. Mamelles déchirées, chairs déguenillées, pelées, ce n'est qu'un débris de fourrures ensanglantées. Un massacre dans le ciel de l'été alpin.

Éperdu, Yves avise le parc renversé, les lanières jaune fluo emmêlées dans les carrés d'herbage souillé. Une méthode de loup. D'ordinaire, le canidé attaque en duo, l'un d'eux distrait le chien, l'écarte, tandis que l'autre prédateur rôde, court le long du clos électrifié, il frôle les fils, il décrit de longs cercles, toujours plus près, plus vite, provoquant des houles paniquées dans le troupeau. Les brebis affolées se ramassent, elles se constituent en grappes, elles chahutent, bientôt elles abattent ce qu'il demeure de la clôture protectrice, puis elles se dispersent comme elles peuvent, au comble de l'effroi.

Où est donc passé le patou ? Yves le hèle, mains en porte-voix, il hurle : « Enna ! Enna ! »

Comme un automate, l'éleveur redresse les piquets, ravaude les filets, contournant la carcasse d'une brebis tranchée au col, net, technique d'équarisseur, il réprime un haut-le-cœur. Des bêtes affalées, moribondes, palpitent encore. Chaleurs lourdes, puanteurs de bataille.

Tee-shirt trempé, haletant, Yves court vers les brebis indemnes, éparpillées avec leurs agneaux sous les mélèzes, elles bêlent à fendre l'âme. Pour les calmer, il faut les approcher de dos, à pas lents, peu à peu, ne pas s'énerver surtout, aller, revenir, gauche, droite, à l'indienne, l'air de rien, « prou… calme, les filles, tout doux ! », jusqu'à ce qu'une d'elles, un peu rassérénée, se décide, s'ébranle, suivie de son petit, puis c'est le tour d'une autre, d'une autre encore : le troupeau survivant enfin se rallie. Si seulement elles cessaient de brailler, mais le pire est ce bourdonnement de mouches, vrombissement d'essaims, chahut d'enfer.

Enna surgit du sous-bois, la chienne paraît épuisée, elle a beaucoup travaillé. Yves se courbe, il la saisit, la serre contre lui, il enfouit son visage dans la fourrure boueuse, hirsute, dégoûtante de glaise et de merde, bon chien ! À pas lourds, le patou rejoint son troupeau qu'Yves a rassemblé dans le parc, une brebis s'approche, elle flaire la chienne, lui lèche le museau, puis Enna se couche, à bout de forces. Yves remarque une blessure, du sang caillé dans les poils, à mi-jarret.

L'assaut a débuté en milieu de nuit, entre 3 et 5 heures peut-être, sinon ces deux carcasses d'agneaux ne seraient pas encore tièdes. La chienne a résisté un bon moment, elle a repoussé l'attaque sûrement, avant que les brebis, tétanisées, s'offrent au massacreur…

Des grincements aigus dans le ciel, des vautours, en ronde, jaugent et planent sur ce désastre réjouissant. Que faire ? Yves saisit son portable, 17, c'est bien la gendarmerie ? « Ça ne nous concerne pas, on ne peut rien pour vous, lui répond-on, appelez plutôt l'ONCFS… » Yves se retient pour ne pas rugir.

Un banc de nuages se disperse au sommet de la Séolane, le mercure grimpe dans le thermomètre.

Sonnerie. Le gendarme précédent : « Excusez, monsieur Derbez, je me suis trompé, c'est une erreur, on va monter vers vous… »

Ils arrivent bientôt, à trois. Sidérés, ils arpentent le charnier, cinq cents mètres de long sur cent de large. Les uniformes prennent des notes dans leurs calepins, leurs godasses réglementaires patinent dans cette gluance sanglante. Une photo ici, une photo là. « Quel est votre assureur ? Son nom, ses coordonnées, vous vous rappelez ? » fait le chef. Yves réprime une envie de claquer le sous-off. Il pianote le numéro de portable de la sous-préfète. Sylvie Espécier est en vacances, loin de Barcelonnette, « ne vous inquiétez pas, lui répond-elle, je fais ce qu'il faut »...

13 heures. Six types de l'ONCFS arrivent enfin. « Quel massacre, bon Dieu ! » Les pompiers, maintenant... Ils passent des camisoles blanches, des gants de chirurgien, la putréfaction gagne, les mouches et les vers prolifèrent déjà, ils ne doivent pas traîner...

L'« analyse individuelle des dommages » comme on dit se prolongera tout l'après-midi, jusqu'à la tombée du soir. Pour être indemnisable, stipule le règlement de la Direction départementale des territoires, la victime doit satisfaire à plusieurs critères : avoir fait l'objet d'un constat en bonne et due forme, être « éligible » au sens de la circulaire du 11 juin 2005, être en conformité avec les règles d'identification du bétail... Les dépouilles des victimes, chance, sont encore fraîches, les indices nécessaires au diagnostic ne manqueront pas. Le constat respecte un protocole précis.

Première étape : déceler les morsures, généralement à la gorge. Chez les agneaux, elles sont partielles, disséminées, on doit basculer la carcasse, pattes au ciel, observer méticuleusement l'échine et le poitrail. Ici, dans l'intérieur du cou, un peu de chair subsiste, scalpel, on ouvre, puis il faut écorcher l'animal pour localiser des hématomes, les plaies sous-cutanées violacées confirment s'il s'agit bien de morsures portées *in vivo*, non *post mortem* par quelque charognard. On mesure ensuite le diamètre des perforations, sont-elles inférieures ou supérieures à trois millimètres, information essentielle pour identifier le caractère du prédateur, « gros canidé », loup, ou bien « petit canidé », chien.

L'examen des « indices de consommation » de la carcasse va suivre, est-elle partielle, totale ? L'estimation de ces dégâts de dévoration sera portée au constat. Dernière ligne de la nomenclature : la dépouille a-t-elle été manipulée par son prédateur, l'épiderme est-il tiré, écorché, la peau des membres avant et arrière est-elle dépouillée, retournée « en chaussette » ? Un fémur brisé permet de juger de la puissance des mâchoires de l'attaquant, de même en va-t-il pour le bloc thoracique : deux côtes rongées, béantes, sont typiques d'une dévoration de « type loup »... Enfin, l'agent de l'ONCFS étudie les matières végétales prélevées dans la panse de la brebis, éparpillées le plus souvent autour de la dépouille.

Le relevé, fastidieux, compose un rapport de vingt feuillets. Yves Derbez valide le procès-verbal que lui présentent les agents constatants : cinquante-trois victimes moribondes, deux brebis « abîmées », huit agneaux blessés, sept disparitions. Le prédateur est un loup, « une meute certainement », estime l'un des gardes.

Yves téléphone au vétérinaire de la coopérative ; bien qu'on soit dimanche, Louis Champion arrive aussitôt. Ensemble, prenant leur temps, ils sélectionnent les brebis encore vives, une à une. Ce n'est guère évident. Dans la laine, une morsure est aisée à déceler, l'orifice d'une pointe Bic parfois, mais profondément que dissimule-t-elle ? Il faut donc fouiller les toisons humides, poisseuses, écarter, pincer les chairs. Le véto a euthanasié celle-ci, une autre, celle-ci encore, mais il a épargné celle-là, huit agneaux sont amochés, mais Yves refuse qu'on les « pique », il veut les garder. Louis Champion le met en garde : « Réfléchis bien. Tout cicatrisera au début, mais t'auras beau faire, des ulcères d'infection émergeront des plaies, les antibiotiques n'y changeront rien. Tes agneaux ne résisteront pas… » Il poursuit : « Les brebis sans petits, laisse-les quatre jours à la paille, sans eau. Ce sera dur… »

Des collègues éleveurs arrivent, l'un derrière l'autre. Ils sont venus prêter la main à leur copain. Philippe Rayne, de Jausiers, Nicolas et Daniel, les partenaires du groupement pastoral, André, du Laverq, puis d'autres encore. Des curieux du village du Martinet sont montés. Émile Tron, le maire de Méolans, a réquisitionné les tracteurs et les remorques de la commune. Mais que faire des cadavres un dimanche ? Vainement, Yves a tenté de joindre l'équarrisseur de la Bréole. Message sur répondeur. Il faudra donc attendre lundi dès 9 heures.

En ce mois de juillet 2011, les carnassiers ne s'en prirent pas seulement au troupeau d'Yves Derbez. Le week-end du 23, une semaine après le massacre des Charbonnières, les loups s'acharnèrent sur cent quatre brebis et leurs agneaux de la famille Caire, sur les hauts de la station du Super-Sauze, à deux pas du gîte-restaurant La Cabane à Jo. Du jamais vu en vallée d'Ubaye.

*Contentez-vous d'avoir retiré votre tête saine
et sauve de la gueule du loup
et de n'avoir pas éprouvé
à vos dépens combien ses dents sont aiguës.*

Ésope

Il fut un temps où le loup gris ne rôdait plus que dans les bestiaires enfantins, il était croquemitaine, griffon et ogre, père Fouettard, Dahu, Garache et Grand'Goule. Ces créatures abominables engloutissaient, dévoraient les faibles et les innocents, l'animal aux yeux de braise usait de ses crocs les nuits sans lune, il agrippait les enfants, il les emportait dans ses griffes vers l'obscurité des forêts. « Je dis le Loup, car les loups ne sont pas tous de la même sorte, enseignait mère l'Oye, il en est d'humeur accorte, sans bruit, sans fiel et sans courroux, complaisants et doux, qui suivent par les ruelles les jeunes demoiselles jusque dans les maisons. Hélas, qui sait que ces loups doucereux, de tous les loups sont les plus dangereux ? » Au temps du merveilleux, ces fables entendues à demi insufflaient les craintes de l'irrémédiable, des peurs excitantes, l'extraordinaire était au seuil des logis… « Vous n'avez pas peur ? » grognait la Bête. « J'aime avoir peur avec vous », lui répondait Belle.

Les légendes du loup exaltaient les imaginations autant que les sens, enclins aux féeries, nous frissonnions pour la biche aux abois car « dans le bois le loup se cache ». Il approchait, babines retroussées, et le conteur, enfin, nous apaisait : « Un brave chevalier sur son cheval passa, emporta la biche dans ses bras… » Nous avions beau connaître la partition de Prokofiev par cœur, nous rosissions dès l'amorce des premières notes : « Écoutez bien, voici l'histoire de Pierre et le Loup, une histoire pas comme les autres… » Fernand Ledoux installait son théâtre : « Un beau matin, Petit Pierre ouvrit la porte du jardin et s'en alla dans les grands prés verts. » Soulevés d'allégresse par le quatuor à cordes, nous sentions poindre l'inquiétude alors que pourtant nous savions l'issue du conte. Le basson ronflait, « l'endroit est dangereux ! Si un loup sortait de la forêt, que ferais-tu ? », puis avec les cors l'angoisse redoublait, « … à peine Pierre était-il parti qu'un loup gris sortit de la forêt »…

La crainte du loup serait lovée dans les méandres de nos inconscients, prétendent des chercheurs qui observent que les jeunes enfants, tout ignorants du loup qu'ils soient, sont saisis d'effroi quand la première fois ils sont confrontés à la marionnette de chiffon, long museau, crocs pointus, pupilles obliques et jaunes. Les loups, arguent les pédopsys, réveilleraient des terreurs inscrites en nous depuis les temps premiers, quand *Homo erectus,* notre ancêtre, était la pitance des carnassiers. Cette peur de *Canis lupus* ne serait donc que fantasme, angoisse millénaire, irrationnelle ! Au contraire des dragons pourtant, des licornes et des spectres des songes, le loup tout de muscles et de crocs sévissait bel et bien dans nos écarts au tournant du XXe siècle, avant de laisser place à la tribu des gremlins !

En terre limousine, refuge des derniers loups, une aïeule guettait nos frayeurs. « De mon temps, le loup était le cauchemar des petits bergers. S'il se faufilait dans une crèche, il égorgeait le troupeau, les bergeries haut perchées étaient en lisière des bois. Les granges étaient pourvues de trappes où l'on basculait les foins, et le loup souvent s'y glissait, malin, il tuait tout, il ne se contentait pas du gras d'une seule brebis, il étripait tant et plus, comme la belette pénètre dans le poulailler et croque les volailles. »

Les évocations de la grand-mère de Haute-Vienne nourrissaient, à leur façon, le récit des paysans du hameau d'Avers, rapporté dans *Un roi sans divertissement*. « Une nuit, écrit Jean

Giono, le sac de foin qui bouchait la lucarne de l'écurie de Fulgence fut tiré, émietté et, au matin, il y avait du joli ! Le cheval et la vache étaient égorgés, et l'on avait mangé un peu dans l'un, un peu dans l'autre. Treize brebis étaient éventrées, semblait-il pour le plaisir de s'agacer les dents dans la laine. Une quatorzième avait été emportée. Les blessures du cheval et de la vache dénotaient une puissante mâchoire et une sacrée dérision. On avait affaire à quelqu'un qui ne s'embarrassait pas de figurer ou non dans les fables de La Fontaine. C'était du travail de vieux routier. »

Les hantises des petites bergères rapportées par la dame limousine nous faisaient frémir davantage. Ainsi de ce gars, un soir brumeux, regagnant son village, quand il se rend compte qu'un loup le filoche. En semant des morceaux de pain derrière lui, il parvient à le maintenir à l'écart. L'aïeule, avec un luxe de détails, décrivait l'étrange comportement du suiveur sur les talons du marcheur… Le loup n'approchait jamais d'un hameau, au contraire, ce malin contournait les maisons du bourg, puis il retrouvait sa proie à la sortie du dernier faubourg.

De tels récits, sans que nous le sachions, valaient les loups de Guy de Maupassant : « Vers le milieu de l'hiver de cette année 1764, les froids furent excessifs et les loups devinrent féroces. Ils attaquaient même les paysans attardés, rôdaient la nuit autour des maisons, hurlaient du coucher du soleil à son lever et dépeuplaient les étables. » N'était-ce pas le 30 juin de cette même année que la « malebête » de Gévaudan, près de Langogne, s'acharna sur une bergère de quatorze ans ? « Cette bête farouche que le monde craint. Elle est longue et grosse, très formidable, la tête comme un cheval, l'oreille en corne étonnable, et le poil roux comme un veau, rapporte un spectateur anonyme. Les yeux étincelants, d'un regard redoutable, sont deux brasiers ardents. Tout est épouvantable dans cette bête que le monde craint si fort : car, des pieds jusqu'à la tête, elle présage la mort. » Deux cent cinquante attaques, cent victimes humaines, soixante-dix blessés, est-ce croyable ? Bien des gueux succombèrent à ce qui paraît une véritable « loup-garou-mania ». On guettait partout ce M. Hyde, Jack Nicholson de cinéma qui, la nuit, se transforme, griffes en rasoir, crocs redoutables, gris sur tout le corps, de ces errants qui s'en prennent aux faibles, les égorgent, puis, dissimulant leur toison de poils sous leurs habits d'homme, s'en vont dans le petit matin bûcheronner du bois, l'air de rien. Nous n'étions pas des enfants naïfs, n'empêche, à l'instar du Langlois de Giono, notre opinion était faite : « La cruauté, voyez-vous, inspire. Le loup, qui est bien plus cruel que le renard, est bien plus fin que lui. Malice de renard, ça s'évente encore. Malice de loup ! Chez nous, on dit “malice de loup, ça se gueule”, voulant dire que c’est si fin, si droit, si rapide et si prompt (si cruel aussi) qu’on hurle de surprise et d’alarme, et ça veut dire aussi qu’on hurle parce que avant de pouvoir hurler pour autre chose, généralement on a les dents dans la peau. »

L’affaire était entendue : pillard de troupeaux aux attaques subtiles, le loup se manifestait par des prédations sans nom à l’égard de l’homme, comme tel il était à bon droit le nuisible le plus pourchassé. Heureusement nos ancêtres nous en avaient débarrassé au prix de traques impitoyables, toujours à reprendre, car cet adversaire, magique, réapparaissait sans cesse. Qu’on y songe, pour vingt millions d’habitants en fin de XVIIe siècle la population lupine était estimée à vingt mille, un loup pour cent cinquante habitants presque, trois prédateurs par kilomètre carré en Val-de-Loire ! De la forêt de Brocéliande à l’Alsace, des dunes de Somme aux méplats alpins, le loup, cauchemar, était partout ! À l’orée du XIXe siècle, la récurrence des attaques devint telle que l’extermination de l’animal fut même décrétée de salut public. Cette entreprise d’élimination se poursuivit cent ans, jusqu’à ce que les meutes, peu à peu, disparaissent des landes et des forêts.

17 février 1977. Garde forestier du massif vosgien, Lucien Baret arpente les lisières des forêts de Rambervillers, quand il observe une

scène inhabituelle : un chevreuil bondissant est poursuivi par un animal que le garde a peine à identifier, c'est une sorte de chien-loup râblé, qui chasse à vue, sans émettre le moindre aboiement. Le soir même, le garde établit son rapport. Dix jours plus tard, dans la nuit du 27 février, près de Domèvre-sur-Dubion, au sud du département, un animal « bizarre » apparaît dans le faisceau des phares d'une auto. Un éleveur du coin, le lendemain, découvre sept moutons dans leur parc, égorgés. Il soupçonne la divagation d'un chien.

30 mars 1977. Plus à l'est, canton de Morivile, une dizaine de bœufs au pré sont sérieusement amochés. Une villageoise le jure : elle a vu une biche attaquée par une « drôle de bête », d'un pelage gris jaunâtre, rougeâtre peut-être, elle ne sait plus bien… Serait-ce un renard, lui suggère-t-on, va savoir, cette bête filait d'une bonne allure.

Quelque dix kilomètres plus loin, ce soir-là, on constate un nouveau massacre, gorges tranchées, une douzaine de dépouilles de moutons sont éparpillées dans les parages de Hardigny-les-Verrières. Huit jours après, c'est l'équarrissage : les flancs lacérés, trente-quatre brebis gisent, saignées à blanc...

Quel est donc ce prédateur ? Un canidé sûrement, puisque des touffes de poil se sont accrochées dans les fers barbelés. La bête est extraordinaire, de rares témoins décrivent un animal de taille imposante, poil gris, corpulence puissante de chien berger allemand, soixante-dix kilos au bas mot, une queue pendante, des oreilles pointées, aiguës, droites. Un loup ? Les agriculteurs, les chasseurs, inquiets, partent à la traque. Les battues se succèdent, vainement. La « chose » poursuit son errance meurtrière.

2 avril 1977. Des fermiers de Bouzillon relèvent une dizaine de dépouilles de moutons massacrés. Domèvre-sur-Dubion, deux semaines plus tard : un taurillon saigné, puis une dépouille de poulain.

9 avril 1977. Nouvelle battue. L'animal essuie une vingtaine de tirs, mais pas un ne l'atteint. Témoin de l'épisode, le correspondant local de la *Revue lorraine populaire* écrit : « Piégée dans l'enceinte, attirée par les rabatteurs vers la ligne de fusils, la bête évitait les chasseurs. Immobile, tête dressée, elle semblait repérer les armes avec précision. Quand les rabatteurs arrivèrent sur elle, elle se coula sur le sol, elle franchit leur formation, puis, bondissant vers l'arrière, elle échappa à la chasse… »

Pourquoi des chiens « créancés », c'est-à-dire dressés à la traque du gros gibier, ont-ils rechigné à poursuivre la piste de celui-ci ? Le mystère de la Bête des Vosges occupe les couvertures des hebdomadaires parisiens, *L'Express, Paris-Match*, chacun sa version : pour les uns, il s'agit d'un lynx relâché par quelque amateur piqué de nature sauvage, d'autres penchent pour un fauve échappé de Dieu sait quel zoo. À moins que…

Les suspicions convergent vers le château d'Hardigny-les-Verrières et son propriétaire, l'industriel allemand Manfred Reinartz. Pourquoi celui-ci a-t-il clôturé son domaine de si hautes murailles ? Pourquoi des miradors où la silhouette furtive de l'étranger apparaît souvent, carabine à l'épaule ? Le duo de molosses dont il dispose ne serait-il pas un couple de loups des Carpates ? Qui sait, l'un d'eux serait en cavale ? Réveillant les hantises, *Le Nouvel Observateur* s'enflamme : « L'Allemand du grand domaine, dont le manoir est plein de trophées d'éléphants, de grizzlis, de buffles massacrés aux quatre coins du monde, monte chaque nuit la garde, avec son fusil à lunette, en haut des miradors qu'il a dressés dans la forêt. » L'insaisissable créature, cependant, poursuit ses méfaits, trois moutons ici, une dizaine plus loin, soixante-dix-sept carcasses d'animaux domestiques recensées pour le seul mois de mai 1977. Au sud-est du département, on relève des empreintes suspectes dans les bois de Rambervillers-Romont, puis, étrangement, il ne se passe plus rien, les prédations cessent aux derniers jours du printemps. Des chasseurs prétendent que le prédateur a gagné l'Alsace, ne laissant à la région qu'une effigie, « Bête des

Vosges », une fameuse bière ambrée du grand Est[1]…

« Le loup est très férine bête que nous, hommes, ne pouvons voir car de loin connaît les gens qui viennent, et il vit dans les hautes montagnes, toujours passant par cimes et glaciers », dit un écrit anonyme du XIVe siècle.

Printemps 1987. Robert Piro élève cinq cents moutons dans les hauts de Fontan, village isolé du pays nissart accroché sur la vallée de la Roya, en lisière du parc national du Mercantour, à un jet de pierre de l'Italie. Comme avant lui son père et son grand-père, Robert Piro, âgé d'une petite trentaine, mène en fin d'hiver son troupeau à l'estive dans les hauts du massif de la Corne de Bouc-Ceva, entre 1 550 et 2 378 mètres d'altitude. Avec trois collègues, il occupe des quartiers de pâturages communaux concédés par le conseil municipal de Fontan.

À l'aube du 18 juin, Piro gravit la pente à la rencontre du troupeau. Il découvre une, deux, puis cinq dépouilles inertes, plaies au dos et aux cuisses, elles gisent sous le couvert des mélèzes. « Encore ! » pense Piro, les jambes en coton.

D'un quartier l'autre depuis mai, quatre éleveurs ont « perdu » pas moins de quatorze

1. Cf. le film de Robin Hunzinger, *La Bête des Vosges, autopsie d'une rumeur*, France 3, 2009.

bêtes, lacérées, meurtries de blessures similaires. S'agit-il de chiens fous en maraude ? Robert Piro redoute ces clébards qui prennent le large, décidés à mener leur train quelques heures, puis s'en retournent, épuisés par des courses éperdues, reprenant leur place auprès de leurs maîtres. Dans l'alpage, ces fugueurs sont des calamités, ivres, foutraques, ils débaroulent dans l'estive au risque d'« exploser », de disséminer les troupeaux paisibles, de « faire sauter » les falaises aux brebis affolées. Ne s'appartenant plus, de tous leurs crocs ils s'en prennent aux bêtes, s'acharnent en tueries sans avaler même leur quart de viande fraîche. Pas de cadeau pour ces corniauds, « un chien qui a goûté au sang, on ne peut pas le lui faire passer, il recommence »... Face au massacre des brebis, observant leurs entrailles, la profondeur des perforations au col, jaugeant les paquets de viscères dispersés, cœurs, foies consommés, Robert Piro comprend cependant que le tueur est bien plus qu'un chien ensauvagé.

Les semaines s'écoulent. Par deux fois dans le voisinage, un troupeau est attaqué ; puis un autre, au versant est de la Nocca, subit une prédation identique, puis à nouveau les brebis de Piro redeviennent des proies... Ces attaques ne laissent d'intriguer, on sait d'expérience qu'un chien errant fond sur un troupeau au hasard, sans stratégie, puis à deux ou trois reprises à la rigueur, mais guère plus. Rien de comparable ici : le carnassier, expérimenté, navigue d'un troupeau l'autre, égorgeant ses victimes d'une seule morsure, efficace, parfaitement localisée. Si l'ensauvagé encore s'en prenait aux seuls chamois, marmottes, mais que ce prédateur agisse ainsi dérange l'entendement. Les éleveurs s'accordent, ils décrochent les fusils, il ne reste qu'à débusquer le tueur. Privés de colliers, les corniauds sont peu discrets, la battue devrait être aisée, d'autant que les chiens vagants ne manifestent aucune précaution, celui-ci sera localisé tôt ou tard.

Las, c'était compter sans la rouerie, l'habileté furtive de la « bête ». En moins de cinq semaines, une centaine de brebis massacrées… Alertés, à leur tour les gardes de l'Office national de la chasse prennent la piste. Au bar-tabac de Fontan, au bureau de poste, à l'épicerie, « l'animal » est l'objet de toutes les conversations, les hypothèses se multiplient. L'un assure : « Ce clébard fou attaque non pour becqueter, il en tue quatre mais il n'en croque qu'une, deux kilos de bidoche arrachée, pas moins, pas plus… » Un autre : « Le troupeau n'était pas dispersé, il a été attaqué dans une combe, c'est donc pas des chiens qui ont provoqué le carnage… » On remonte l'horloge du temps, on cause jusqu'à plus soif, on se remémore d'anciens récits, quand il y avait encore de sacrés bergers et des loups voraces plus affûtés que les humains. « L'animal connaissait les drailles, les chemins du bout des griffes, il savait s'échapper, planquer quand le pharmacien et les propriétaires disposaient des pièges empoisonnés pour le crever. »

Chiens de troupeau, chiens de garde, chiens de compagnie, chiens d'arrêt, pas un seul clebs de Fontan, pas un maître inconscient qui ne soit épargné par les commentateurs, dans tous les quartiers du village les mauvaises langues soupçonnent des Judas, des « faux frères ». La « chose » divise, elle sépare les gens. Il en ira ainsi durant toute l'estive, sans qu'une seule fois l'animal se dévoile. Trois cents victimes devaient crever sous ses crocs. *Annus horibilis* pour les éleveurs de Fontan. Jusqu'à ce 27 décembre...

Une battue au sanglier se déploie en éventail dans les sous-bois de la commune de Bergh, quand au détour d'une sente ombrée sous les grands mélèzes un pelage gris-fauve apparaît dans la mire d'un tireur à l'affût. Une seule pression. L'animal s'affale, foudroyé.

La dépouille est acheminée aussitôt au Laboratoire d'écologie alpine de Grenoble. Autopsie. Le mystère est enfin levé : c'est une dépouille de loup ! Un spécimen adolescent, 33,4 kg, deux ans peut-être. À la patte gauche, les légistes relèvent les séquelles d'une fracture, avec pareil handicap le loup ne pouvait qu'être échappé d'un élevage, conclurent-ils dans le rapport d'expertise. Tout près de Bergh, sur le versant italien, le parc Safari de Murazzano héberge une douzaine de grands canidés, le loup serait-il de ceux-ci ? Va savoir… Pour les gens de Fontan, l'affaire est close en tout cas. Le loup, naturalisé, est installé comme trophée en mairie, la vie ordinaire reprend son cours.

Par un étonnant hasard, le numéro du mensuel *Géo* de ce mois de décembre 1987 consacre l'un de ses reportages à un éleveur singulier…

Écologiste passionné, selon ses propres termes, Gérard Ménatory, un ancien journaliste du *Midi libre*, se targue d'avoir élevé cent cinquante loups de toutes origines depuis vingt-six ans. Il vient d'ailleurs de leur consacrer un récit, *Le Loup, du mythe à la réalité*. Au parc Sainte-Lucie près de Marvejols, ce tranquille retraité veille sur sa quarantaine de pensionnaires, des loups canadiens, polonais et russes. Le sexagénaire livre l'un de ses rêves secrets au reporter de *Géo* : il aimerait tant relâcher une meute en pleine nature ! « Le Massif central serait une contrée idéale, beaucoup de gibier, peu d'habitants », hélas, ajoute-t-il, les éleveurs craignent pour leurs moutons et les autorités renâclent… « Ridicule ! En Lozère, les chiens errants tuent deux cent cinquante brebis chaque année, des loups sauvages feraient moins de dégâts. Ils craignent l'homme, ils trouveront des cervidés en pagaille dans la forêt. Pour en relâcher, il suffit de choisir des régions où la nature est équilibrée. » Mais, s'inquiète le journaliste de *Géo*, Maurice Soutif, les loups pourraient-ils s'en prendre aux enfants ? « Impossible, ça n'arrive que dans les contes de Perrault ! réplique l'autre, les jeunes bergères chassaient le loup à coups de sabot pour lui reprendre l'agneau qu'il avait saisi... » Que faites-vous alors des histoires russes, les voyageurs en troïkas poursuivis par les loups ? « Légendes ! Si une meute course un traîneau, c'est pour attraper les chevaux uniquement... » Les loups ne seraient donc que des agneaux, réplique le reporter, dubitatif... « Certes, admet le retraité, il est arrivé, jadis, que les loups se nourrissent de chair humaine, ainsi lors des guerres ils accompagnaient les armées pour se repaître des cadavres et des blessés, après tout ils recherchent la facilité, à l'instar des hommes et des autres animaux. » Alors, tout relèverait des croyances ? Pas tout à fait, Ménatory en convient : « Les loups, on l'a vérifié, suivent volontiers, de loin, un homme ivre, fatigué, qui zigzague, titube. S'il se couche, rien ne se passera, mais s'il trébuche, s'il tombe, c'est plus fort qu'eux : les carnassiers se jettent sur lui. C'est inné, un réflexe... » Ménatory avoue avoir vécu cette expérience vingt ans plus tôt. « Un de mes loups, un gros sibérien, me mordillait, pour rire ; je le mordais aussi, je jouais à le renverser par des crocs-en-jambe, mais, tout à coup, brutal, il a lancé un coup de patte formidable dans mon visage. Sonné, j'ai basculé sur le dos, alors il s'est jeté sur moi, sur ma gorge, gueule ouverte. J'ai feint la soumission, je n'ai pas bougé d'un poil, il est demeuré ainsi quinze, vingt secondes, menaçant, puis finalement il a reculé, comme s'il répugnait à égorger une victime s'abandonnant, il s'est écarté, content de lui. » Cet ami des loups, en guise de conclusion, laisse quand même tomber : « Il serait risqué de lâcher dans la nature pareils spécimens si familiers de l'homme. »

Il n'empêche, Gérard Ménatory rêve d'un domaine immense où des loups, élevés hors du moindre contact avec l'homme, verraient un beau jour le portail s'ouvrir, fileraient vers la forêt, alléchés par le gibier abondant qu'on aurait pris soin d'élever à leur intention.

Ménatory n'est pas seul, à l'époque, à ruminer ces extravagants projets si l'on en croit un article de *L'Autre Journal* d'octobre 1990 : « L'idée suit son chemin dans les sphères gouvernementales où le temps et quelques amis bien placés œuvrent pour que le rêve se réalise dans les cinq à dix prochaines années. » Des activistes seraient même déjà engagés dans le « combat pratique », révèle la journaliste sympathisante Germaine Aziz dans les colonnes de *Libération* : « Depuis que la pression de l'homme est devenue si lourde, si pesante sur le milieu, quelques révoltés désirant recomposer les morceaux d'un monde révolu n'hésitent pas à discrètement relâcher des loups captifs çà et là sur des sites européens maintenus secrets, dans l'espoir de rendre à *Canis lupus* la liberté qui est la sienne. » Dans *Le Monde,* Hervé Kempf renchérit : « Bien des loups ont été discrètement relâchés déjà en Europe. En février 1978, j'ai moi-même entendu le loup dans le Luberon en compagnie de trois amis. »

À son tour, l'historien Jacques Delperrié de Bayac, auquel on doit un livre majeur sur l'histoire de la Milice française collaborationniste, se confie à Laurent Greilsamer du *Monde* : afin de célébrer à sa manière l'anniversaire de Mai 68, il prétend avoir dispersé une poignée de loups dans les Landes et les Alpes... Il revendique son adhésion à la mouvance écologiste radicale La Main Verte et confie au journaliste que la présence du loup lui semble probable dans les solitudes des Causses, des Cévennes et de Lozère[1]...

Dans les Hautes-Alpes, au même moment, des éleveurs d'Aspres-les-Corps s'interrogent : quel est donc ce prédateur qui s'en prend à leurs

1. À propos de ces discrets lâchers de loups dans la nature, il faut lire l'article de Véronique Campion-Vincent, « Les réactions au retour du loup en France. Une tentative d'analyse prenant "les rumeurs" au sérieux », in *Le Fait du loup. De la peur à la passion*, *Le Monde alpin et rhodanien*, 1-3/2002.

brebis, cent carcasses relevées en quelques jours ? S'agit-il d'un chien vagant, d'un molosse ensauvagé ? L'affaire sera élucidée en octobre 1992, quand des chasseurs de mouflons, croyant tenir dans leur mire un chien errant, fusillent un loup gris…

4 novembre 1992. 7 h 30 du matin. Gardes-moniteurs du secteur Haute et Moyenne Tinée au parc national du Mercantour, Anne-Marie Issautier et Patrick Orméa prennent leurs postes à la Vacherie du Collet, au vallon de Mollières.

Paysage automnal, beau temps froid, frondaisons ocre, neiges d'altitude. Des hardes de chamois, de mouflons tricotent dans les rochers du versant sud de Colombrons. Soudain, Orméa s'interroge : quel est cet animal étrange, posé sur son cul, en lisière de la ligne de mélèzes, là-bas ? La bête, poil gris foncé, découvre un ventre plus clair. Un deuxième individu apparaît sur la crête, queue pendante, il présente le même museau effilé, gueule et poitrail massifs…

Le 4 mars 1993, quatre mois après cette vision, Antoine Peillon, journaliste du magazine *Terre sauvage*, participe à une réunion organisée par le parc du Mercantour. Geneviève Carbone l'accompagne. Attachée au Laboratoire d'ethnobiologie du Muséum d'histoire naturelle, celle-ci travaille sur une thèse de zoologie consacrée au loup. Outre le garde Orméa et sa collègue Issautier, Patrick Le Meignan, directeur adjoint de l'établissement public, Pierre Pfeffer, directeur de recherches au CNRS, président du Conseil scientifique du parc, Roger Sétimo, conseiller biologique des Alpes-Maritimes, et Thierry Houard, technicien scientifique du parc du Mercantour, participent aux travaux. La conversation sera enregistrée[1] par Antoine Peillon. Une semaine plus tard, sous pli confidentiel, il en adressera copie dactylographiée à Gilbert Simon, directeur de la Nature et des Paysages du ministère de l'Environnement à Paris.

Dans la perspective d'un article destiné à *Terre sauvage,* l'ordre du jour traite de l'arrivée des loups en Mercantour. Autour de la table, on s'interroge : pareille initiative est-elle de bon aloi ? « Lors de la parution du papier, attendez-vous à des retombées, les gens vont apercevoir du loup partout », s'inquiète le conseiller biologique, « mais, lâche le journaliste, il y en a déjà partout », « alors, tout va bien », conclut Anne-Marie Issautier, la garde-monitrice.

Interpellé par le reporter, Orméa relate les circonstances où, en novembre 1992 sur le secteur de Mollières, il a aperçu pour la première fois les « galoupiots » (il s'agit d'un nom de code signifiant « loup » pour les seuls initiés

1. L'enregistrement sera mis en ligne sur le site *loup.org* en 2003.

du parc du Mercantour). L'observation, poursuit le conseiller scientifique, a été confirmée par une constatation identique dans le secteur Vésubie. Ce jour-là, explique Thierry Houard, le garde Daniel Canestrier opère sa tournée de surveillance habituelle, quand il découvre un jeune chamois haletant. L'animal est au bord de l'épuisement tant il est essoufflé. « On ne sait jamais trop quoi faire de ces animaux. » Canestrier recueille le chamois, il le dépose au cabinet du vétérinaire de Saint-Martin-Vésubie. Après auscultation de l'ongulé, le véto délivre son diagnostic : tout bonnement épuisé, le jeune chamois a vraisemblablement fui toute une nuit. « À propos, lance alors le vétérinaire, ça fait un moment que je voulais t'en parler... » Alors qu'il rentrait chez lui, un soir de novembre 1992, il avait aperçu un loup dans ses phares vers 1 heure du matin sur la route de la Madone de Fenestre. Il n'y avait aucun doute, c'était bien un loup, l'animal fouillait un conteneur d'ordures... Thierry Houard poursuit le récit : conscient que pareille découverte ne manquerait pas d'affoler la vallée et les Saintmartinois, le vétérinaire n'en avait soufflé mot à quiconque, hormis sa femme qui exerce avec lui.

Un véritable jeu de pistes avait commencé alors. Dans un premier temps, les gardes explorèrent le vallon de Mollières et relevèrent des empreintes derrière le col de Salèse le

15 novembre. Les coussins, lisibles sur la couverture de neige, avaient la taille de ceux d'un loup ou d'un gros chien. « L'individu venait du bois, précise Orméa, des traces se poursuivaient dans l'herbe, elles semblaient plus ou moins grosses, mais nos observations n'étaient guère évidentes dans la neige fondante. »

27 novembre suivant. En regard du refuge de Germas, non loin du col de Salèse, les gardes recueillent des crottes. Tandis qu'ils remontent le ruisseau du vallon de Tavels, ils tombent sur la dépouille d'une mouflonne, la peau du cuissot arrière et de l'épaule droite est entièrement décalottée. « Daniel Canestrier l'a aperçue le premier, mais ça le chagrinait de trifouiller dans la chair faisandée… Je voulais savoir, j'étais intrigué, quelle était la cause de la mort de l'ongulé ? Il était bloqué dans les pierres, j'ai donc tiré la charogne de l'eau. J'ai remarqué qu'un kilo de viande au moins avait été arraché des cuissots arrière, cinq cents grammes environ à l'avant. Il y avait une dizaine de trous dans le cou, pas mal de morsures de crocs, une plaie d'accrochage au dos, d'autres à la mâchoire, à la gueule, des traces de prédation, quoi. On distinguait bien l'arrondi des incisives, nous avons tenté de mesurer la taille des crocs, mais la viande, c'est meuble, ça se déplace, ça bouge… » Après avoir pris des photographies du cadavre, les gardes décident de ne pas toucher la dépouille, de repasser plus tard.

« *Ils* [les prédateurs] ne sont jamais revenus, la mouflonne a été consommée par des aigles, des renards, va savoir… »

Dans la neige encore, sur la piste Mercière, les gardes relèvent de nouvelles traces, « elles étaient un peu plus allongées que les pas d'un chien, leurs dimensions correspondaient aux spécifications de la littérature spécialisée, 11 cm de longueur, 10,5 sans les griffes, 9 cm de large, selon les normes Bang et Dahlström… La distance entre les voies était à peu près identique, 60 ou 62 cm entre deux pattes, quatre pas mesuraient une longueur de 180 à 210 cm. Le chemin parcouru était rectiligne, de temps à autre un animal s'écartait de ses congénères, puis de nouveau l'impression qu'il n'y en avait qu'un, les loups se déplaçaient dans les pas des uns des autres, à la queue leu leu ». Le 2 décembre, nouvelle découverte : un chamois dépecé dans une flaque de sang, sur la piste Mercière. « Il ne restait qu'une patte, la peau, le squelette et les côtes étaient rongés. Le crâne avait été mangé en bonne partie. Impressionnant… On s'est dit : ça, c'est des loups. »

Jour après jour, de la piste Mercière au col de Salèse, puis vers la Vacherie, les gardes observent que les animaux sauvages suivent toujours le même itinéraire. Au lieu-dit La Cave-à-Fromage, ils obliquent et traversent en direction du versant nord du vallon de Salèse, puis rejoignent Le Cavalet, franchissant cols d'escalade et zones d'hivernage des mouflons.

9 décembre. Ce jour-là au Cavalet, les gardes découvrent une mouflonne égorgée. Quand ils reviennent sur les lieux, deux jours plus tard, la carcasse s'est volatilisée… « Il n'y avait plus rien, *ils* l'avaient emportée. Nous avons localisé des traces dans le vallon. Nous sommes tombés sur la tête du mouflon et une tache de sang. *Ils* avaient trimballé la carcasse sur un à deux kilomètres, à part la tête, *ils* avaient tout mangé… Je l'ai récupérée, puis je l'ai redescendue. Dès cet instant, j'avais la sensation d'être observé, l'impression, vraiment, que quelque chose se passait tout près… À Mollières, quelques jours auparavant, j'avais déjà ressenti cette présence une nuit où j'avais décidé de marcher, seul, vers le col de Salèse. J'avais rebroussé chemin, la peur m'avait saisi. »

En deux semaines, les gardes identifient une dizaine de carcasses de mouflons, cinq chamois et un sanglier…

À vrai dire, avant l'observation à la jumelle des deux loups de Mollières ce jour de novembre, de nombreux indices intriguaient déjà les agents du parc du Mercantour. Lors de l'été 1990, deux ans plus tôt, des bergers à l'estive sur le versant sud du mont Grimaud avaient repéré trois « chiens » gris, du genre berger allemand, qui avaient « dérangé » les brebis. Ensuite, au bas des Mollières, ce fut la découverte d'un cadavre de très grand « chien », un dogue noir peut-être, puis des relevés d'empreintes furent effectués dans des écarts de la Roya. Les gardes assermentés constatèrent encore une chute intrigante de la démographie des mouflons. Enfin, à Mollières toujours, on trouvait régulièrement des carcasses à la lisière des sites fréquentés par les touristes.

Motus, telle est la consigne alors. L'administration du Mercantour s'en expliquera beaucoup plus tard : « Nous avions pris la décision de ne pas officialiser cette présence de loups avant d'avoir définitivement écarté l'hypothèse qu'il s'agissait de chiens errants, ensauvagés. » Ce mutisme, néanmoins, se poursuivra bien au-delà de la rencontre *de visu* du couple de loups lors de l'automne 1992…

Coïncidence, prémonition ? En novembre de cette même année précisément, *Terre sauvage* consacre une couverture à *Canis lupus* sous le bandeau réjouissant : « Loups, le retour ». Un reportage relate les efforts déployés depuis sept ans au Wyoming par la biologiste américaine Renée Askins, directrice du Wolf Fund, afin d'obtenir une réintroduction de l'animal dans le parc de Yellowstone, la plus notable des réserves naturelles de cet État. « Cette aventure est un modèle, un combat d'avant-garde qui nous touche de près, écrit Elena Adam, éditorialiste de *Terre sauvage*. Si elle réussit, le loup retrouvera peut-être droit de cité ailleurs. Partout où il a disparu. Pourquoi pas en France ? Une nature sans vie sauvage, c'est une nature qui a perdu son âme. »

Sept mois plus tard, dans les premiers jours de mai 1993, *Terre sauvage* annonce la nouvelle longtemps espérée par les partisans d'une nature authentique : « Bienvenue au loup ! Il est de retour en France ! Nous avions choisi, avec les responsables du parc et ceux du ministère de l'Environnement, de garder le secret aussi longtemps que cela serait nécessaire à la sécurité des loups ; aujourd'hui, nous décidons de révéler leur présence, la clandestinité n'est pas un statut. » Fourrure argentée, épaisse, pattes effilées du coureur de fond, un loup gris effleure une neige immaculée, en couverture du magazine. « Le Mercantour, aujourd'hui, est en état de grâce, s'enthousiasme la rédactrice en chef. Timidement, silencieusement, à sa manière. Un beau jour, nous avons appris qu'il était là, tout simplement. » Elena Adam dédie le numéro, vingt pages couleurs, à « ceux qui sont prêts, avec nous, à tout mettre en œuvre pour que cet état de grâce se prolonge. À ceux qui pensent, comme nous, que la disparition du loup est le fruit d'une longue injustice. Et qu'avec son retour la nature reprend vie. Une forêt sans loup n'est pas une vraie forêt ».

Une chronique d'Yves Paccalet livre une longue méditation sur l'ancienne Gaule, « la vraie, la forestière, la "chevelue" ». « Las, nous ne reverrons jamais la splendeur vierge de la forêt d'avant Vercingétorix », écrit-il, nostalgique, avant un envol lyrique : « Le loup revient en Gaule. Des loups en France ! À nouveau ! Enfin ! Nous devons protéger comme un trésor ces pionniers de la rencontre amicale. Voyons-y des fragments d'âme celtique qui hurlent leur liberté dans la montagne. N'allons surtout pas gâcher à coups de fusil la deuxième et dernière chance que la nature nous offre de danser avec eux. J'enfile mes braies, je peigne ma moustache et je marche à leur rencontre. Rêve réalisé. Rêve fragile. Au bonheur des Gaulois. » Légère déception : les spécimens à la queue leu leu dans la neige qui figurent sur la photo sous le grand soleil ne sont pas les fameux premiers loups français. Un encadré précise : « Nous avons délibérément choisi de ne pas les photographier, leur paix est à ce prix. » « Pour des raisons tout aussi évidentes », des toponymes fictifs ne permettent pas de localiser ces loups, tout comme l'identité des gardes du Mercantour qui ont aperçu les nouveaux venus… Mais le récit, « J'ai suivi la piste des loups », signé Antoine Peillon et Geneviève Carbone, ne relève pas du conte. Pour preuve, la référence, réelle cette fois, à Gilbert Simon, fonctionnaire de la Direction de la Nature et des Paysages du ministère de l'Environnement, autorisant les reporters de *Terre sauvage* à recueillir « en toute liberté les témoignages des agents gardiens des lieux ».

Disparu depuis un demi-siècle de nos latitudes, impitoyablement traqué par *Homo sapiens*, son prédateur unique, *Canis lupus* était donc de retour, « imprégnant à jamais le Mercantour d'une puissance magique, sauvage »[1].

Le scoop, en fait, n'en était pas un... Depuis quelque temps, le loup gris était guetté sur les altitudes, à la frontière franco-italienne, à quelques kilomètres à vol d'oiseau de la Méditerranée. L'attention des naturaliste français, en effet, était braquée sur le spécimen italien, *Canis lupus italicus*. À la faveur de friches giboyeuses rendues à la pleine nature par une désertification rurale, l'animal s'était maintenu aux versants des cols. Une grosse centaine de canidés subsistait alors dans le parc national des Abruzzes, en Italie du Centre et du Sud, depuis qu'une campagne de communication en 1973, dédiée à saint François d'Assise, avait amené le Parlement romain à voter un décret de protection du loup, qu'une loi de 1976 élargit ensuite à l'ensemble de la péninsule. Dix ans plus tard, la

1. En juillet 1993, deux mois plus tard, Geneviève Carbone sera recrutée à la fois par le ministère de l'Environnement et le parc national du Mercantour afin d'observer l'installation de la première meute. Gilbert Simon, en 2003, participera à la création de Ferus, association de conservation de l'ours, du loup et du lynx, dont il assure la présidence jusqu'à son décès, en 2012.

population des loups en Italie avait quadruplé... De la Calabre aux Apennins, insensiblement, les meutes des Abruzzes avaient colonisé l'échine montagneuse du pays. Au mitan de la décennie suivante, des scientifiques décelaient leur présence à l'extrême nord alpin. Florence, Bologne, Gênes, les meutes se repaissent d'ongulés, des chamois, des mouflons et des sangliers réintroduits trente ans auparavant par les sociétés de chasse !

En 1985, *Canis lupus* est aperçu en Toscane, puis on le repère en Ligurie. « Depuis quelques années, le loup est présent dans la province italo-provençale de Cuneo, écrit le directeur du parc du Mercantour à la Direction de la Nature et des Paysages du ministère de l'Environnement. L'arrivée dans nos montagnes d'individus jeunes ou en phase de recolonisation n'est pas exclue. (...) Quoi qu'il en soit, il paraît nécessaire d'être préparé à l'éventualité de l'arrivée du loup et au cortège de difficultés, sociologiques notamment, qui l'accompagneront. En l'état actuel des choses, il nous semble que c'est au niveau du pastoralisme que se situe le gros problème. » Ce courrier, daté du 14 avril 1992, précède de quelques semaines à peine la première observation des loups du vallon de Mollières... Lombardie, Piémont... Arpentant les pentes, à pas furtifs, franchissant montagnes et autoroutes, contournant hameaux et villages, *Canis lupus italicus* aurait donc « sauté » la frontière, gagné cet alléchant Mercantour, où bouquetins, cerfs, chamois, chevreuils, mouflons et sangliers prolifèrent…

Dès le 21 mai suivant, un arrêté administratif « 92/43/CEE » se référant à une « Directive Habitats-Faune-Flore » paraît au *Journal officiel*. Cette mesure a été adoptée par l'Union européenne dans le paquet du quatrième programme d'action communautaire censé promouvoir la diversité biologique en accroissant la protection et la gestion de la faune et de la flore de haute valeur patrimoniale. Espèces animales et végétales menacées d'extinction étant désormais recensées, il incombe à chaque État signataire de mettre en action toutes les mesures jugées nécessaires à leur stricte protection, voire d'en interdire la destruction. Revêtu du sceau « espèce d'intérêt communautaire », *Canis lupus* figure sur cette liste. Autrement dit, le loup est devenu intouchable…

Autant de célérité peut surprendre. Sans discussion, sans la moindre information préalable, du jour au lendemain cet arrêt va bouleverser bien des départements du Sud français. Pas la moindre initiative des services du ministère de l'Environnement n'est soumise au public, pas un mot, enfin, quant à l'expansion probable du loup sur les territoires…

Lors de l'hiver 1993, un suivi de traces effectué dans la neige par des agents du parc national révèle la présence d'une meute composée de huit individus au moins. Peu après, on repère un couple qui ne tardera pas à prospérer à son tour. Mai 1995, deux ans plus tard, une dizaine de loups gîtent en Mercantour, mais personne encore ne se hasarde à croire qu'ils pourraient bientôt être des centaines !

La présence de *Canis lupus* est avérée aux Orres et dans le massif du Parpaillon dès 1996. Un an après, le loup est localisé en Queyras, Dauphiné, Savoies et Valais suisse. D'une année l'autre, son expansion, indubitable, se mesure aux milliers d'ovins broyés sous ses crocs. Var, massif de Sainte-Baume, plateau du Vercors, Haut-Diois, Ardèche, Lozère, cantons du Doubs, du Jura, Franche-Comté, Vosges… En 2012, des Pyrénées au Cantal, dix-neuf meutes seraient localisées, qui se partageraient vingt-neuf « territoires à loups » : deux cent cinquante, trois cents individus, selon les estimations du ministère de l'Environnement.

Mais que sait-on vraiment, en fait ?

N'est-ce pas le sort de l'homme,
qu'il soit dans nos montagnes, ou dans sa plaine,
ou dans sa montagne à lui comme un tigre,
où son repos est comme un orage,
où rien ne compte de ce qu'il a gagné,
où c'est tout à refaire ?

Jean Giono

Gagner la vallée de l'Ubaye, aux confins extrêmes du Sud, ne va pas de soi. La saveur, la lenteur du temps perdu s'imposent, celui qui voudrait rejoindre ces contrées ventre à terre devra renoncer. De Paris il faut trois heures de TGV jusqu'à la gare de Grenoble ou de Valence-Ville, au choix. Ma préférence me porte vers la Drôme. J'aime ses collines, cette porte des Provences toute de douceur, manière de s'acclimater à ce que promet l'alpe. Quai A ou B, c'est selon, cinquante minutes de patience, avant de grimper dans un TER pour Briançon. Trois heures sont nécessaires pour rejoindre Gap, deuxième étape du voyage. Des heures, accoudée à la fenêtre, les yeux perdus dans le charme des paysages, les affleurements calcaires, les dômes estompés, les ramières, les prairies incertaines, les sentes qui s'effacent au loin dans des replis, buissons de lentisques, taillis sombres au petit bonheur des aiguillages. Crest, Saillans, Pontaix, Die, Luc-en-Diois, Veynes-les-Alpes-en-Dévoluy, omnibus oblige... De contournements en courbes, de gares en gares, de vallons secs en éminences râpées, peu à peu le pays s'agrandit. Guère de panoramas, on progresse dans les plis synclinaux, des rayons de lavandes mauves, des carrés de mûriers, noyers, abricotiers, des champs d'épeautre bornés d'amples rangées de chênes, du maïs ici, une harde de chèvres, un carré de ceps, de clintons à la lèvre oubliée d'une colline semée d'amandiers, puis, de loin en loin, des maisons couronnées de génoises, des villages suspendus au tranchant d'une restanque. Au-dessus du spectacle, une barre de montagnes bronzées, leurs coulées de poussières schisteuses sous un ciel myosotis.

En dépit d'un arrêt imprévu (vingt minutes), des arbres affalés à la sortie d'un tunnel du Diois, le TER pénètre dans la gare de Gap. Il est 16 h 14, mon aventure ferroviaire s'achève ici.

Pierre Martin-Charpenel attend sur le quai, j'aperçois aussitôt sa longue silhouette de septuagénaire sportif, manches de chemise roulées au-dessus du coude. Sous l'auvent du bureau du chef de gare, une affiche, « Il était une fois les Amériques », vante l'intégrale de John Irving, Points Seuil.

Nos retrouvailles sont les mêmes, toujours, « alors, un bon voyage ? Contente d'être arrivée ? ». À son habitude, Pierre d'autorité s'est emparé de ma valise bourrée à craquer, le climat est un casse-tête là-haut, été ou pas. Pierre me le confirme : « Il fait doux à Gap, j'en profite, à Barcelo, c'est le contraire, froid, pluie, jamais vu saison pareille, mais ça ne va pas durer. Dans deux, trois jours, il fera grand beau, la météo le prévoit. »

Haut-Provençal, ce qui signifie constance, fidélité inébranlable, Pierre est mon ami de trente ans. Natif de Manosque, où son père, savant gavot, exerçait le métier de médecin de famille – Jean Giono était un patient et ami –, animé par sa ferveur de jeune ingénieur, Pierre a parcouru bien des horizons. Mais l'Ubaye, le berceau de sa lignée, en dépit des voyages demeurait la plus chère à son cœur. Par la force des choses, Pierre et Marie-France sont revenus pour toujours au pays. Quarante ans déjà. Chaque matin, d'un même élan, ouvrant sa porte sur « sa » montagne : « Jure, jamais tu ne t'habitueras à tant de beauté ! »

Pierre arpente les cantons, les massifs, les montagnes et les vallons entre Ubaye, Verdon et

Durance. Soixante-treize cols balisent les horizons, « vingt-neuf chemins muletiers, quarante-trois sentiers de randonnées ». Géologie, botanique, histoire, Pierre, inlassable, explore les moindres archives dans les mairies, les paroisses, il médite sur des papiers d'un patrimoine délaissé. Il s'aventure, il interroge, fouille, rédigeant notices et mémoires, sachant tout des sources imprimées de la vallée. Érudit, il sait partager ses découvertes, il écrit et compose, rassemble des livres savants à l'enseigne de la Sabença de la Valeia, le Savoir de la Vallée. Ainsi *Documents et notices historiques sur la vallée de l'Ubaye* du notaire François Arnaud (1898), fameux lettré, de la trempe de Pierre. En préambule de la relation d'une existence vouée à l'Ubaye, le tabellion écrit, par exemple : « Tout groupe humain, famille, cité ou nation, oublieux de ses ancêtres et insoucieux de son histoire, quelque modeste qu'elle soit, n'est que troupeau passant et paissant. » Ainsi encore le précieux *Voyage dans la vallée de Barcelonnette* (1815) du comte-préfet Villeneuve-Bargemont, dont j'aime les premières lignes : « Je voyageais en véritable amateur, c'est-à-dire à pied, suivi d'un chien : un mulet au pas lent, mais sûr, portait mes effets, mes livres, mes instruments, et me servait alternativement de monture quand je me trouvais fatigué par mes excursions ou par une trop longue journée. » Le *Voyage* est serré dans mon bagage.

Glaces abaissées, l'auto file dans un océan de cerisiers burlat, pêchers blancs et jaunes, pruniers reine-claude, abricotiers Bergeron. Un verger en rangs d'oignons, alignés à perte de vue. Les feuillages sont coiffés drôlement d'amples manchons, des résilles de teinte chlorophylle, une parade pour épargner les fruits des oiseaux voraces. Au centre de l'Éden fruitier, le ruban Véronèse de la Durance domestiquée, dont les fureurs dévastatrices hantent la mémoire des gens d'ici. Surplombant ce pays de fruits, la paroi mastodonte du Serre-Ponçon inquiète, *Serre* est le nom de l'éperon où s'appuie le barrage. Six cents mètres de largeur, dix à la crête bétonnée de cent vingt-trois mètres, six ans de travaux colossaux, trois mille ouvriers, trente mille tonnes d'alluvions et d'argiles arrachées au lit du fleuve. Une bénédiction pour ceux d'en bas, qui n'avaient plus à redouter les folies des torrents d'automne et de printemps, mais les villages de Savines, Ubaye et Rousset, sacrifiés, furent engloutis dans un lac bleu, 1 270 millions de mètres cubes.

Au volant, Pierre aborde notre préoccupation commune : voilà sept jours, le 28 mai, les loups ont attaqué. Premier carnage de l'année en Ubaye. À deux cents mètres des maisons, à l'adroit du village de Larche, au vallon du Lauzanier, Jean-Jacques Lombard venait de « monter » son troupeau, quatre cent cinquante-cinq brebis et leurs agneaux, huit « tardons » nés du printemps. Une meute a passé les filets du parc, l'attaque a eu lieu dans la nuit. Les loups devaient crier famine, sur place on a découvert une carcasse dévorée dont il ne restait que les ossements. Une autre, épaules à vif, palpitante encore, gisait, jarrets lacérés, pattes réduites en os saillants. On a dû l'euthanasier. Les rescapées, éclopées, « pincées », portaient des plaies de morsures ensanglantées. Selon la procédure, les agents du parc ont dressé constat le jour même. Pierre s'inquiète : que se passera-t-il dans un mois, quand les troupeaux seront à l'estive ?

Les ravages du loup... Pierre Martin-Charpenel ne pense qu'à ça, c'est d'ailleurs à son invitation que j'ai décidé de ce voyage en Ubaye. Pour comprendre.

De mes plaines briardes, où je demeure, je n'avais rien contre le loup, à vrai dire c'était le cadet de mes soucis ; or, à écouter Pierre, les massacres dans la vallée prenaient un tour alarmant, les bergers n'osaient plus s'écarter des troupeaux, les brebis boudaient l'agnelage et avortaient. Si seulement les loups se contentaient de croquer les chamois du Mercantour, non, désormais ils s'acharnaient sur des proies plus aisées.

Au fil des quatre années précédentes, des massifs d'Asse à la Haute-Bléone, des haut et moyen Verdon jusqu'aux Monges, le bilan des prédations dans les alpages de la Haute-Provence suffisait pour apprécier la mesure du « phénomène ». Des centaines d'ovins massacrés depuis 2008, le nombre des victimes allant crescendo d'une année l'autre, trois cent soixante-seize, six cent quarante-cinq, sept cent quatre-vingt-quinze en 2011 pour cent quatre-vingt-dix attaques ! Il n'y avait pas que les ovins, les bovins, équins et caprins, certes en nombre moindre, figuraient aussi au menu du loup. Un scénario identique se répétait dans les départements de l'arc alpin, Isère, Drôme, Hautes-Alpes et Alpes-Maritimes, jusqu'aux deux Savoies...

Pierre, en juillet 2011, avait vu les images du charnier du troupeau d'Yves Derbez aux infos régionales de FR3, puis, une semaine plus tard, les brebis massacrées de la famille Caire d'Enchastrayes. Porté par « le cœur et la raison », il s'était retranché alors dans la vaste bibliothèque à l'étage de sa maison du Pra-Soubeiran et, balayant le bureau d'un vrac de paperasses, il avait entrepris la rédaction d'un manifeste devant son ordinateur :

« Considérant les faits suivants :

– Depuis la haute époque médiévale, notre territoire n'a cessé sa pratique de l'élevage et du pastoralisme. Aujourd'hui, au terme d'une longue période de déprise paysanne générant l'exode rural, les activités pastorales demeurent le socle du destin des vallées. Nos paysages sont le fruit du travail des générations : sans troupeau, sans éleveur, ce patrimoine est en danger ;

– Le parc national du Mercantour à nos portes est devenu le sanctuaire des espèces végétales comme animales, toutes ressources vivantes de nos montagnes. Mais aujourd'hui, à quelle finalité répond l'errance des loups hors de cet espace ?

– Aujourd'hui, les loups se rapprochent des lieux de vie des gens de montagne. La littérature historique le démontre, les loups commirent de grands dommages aux troupeaux comme aux hommes dans le passé ;

– La prolifération des loups, au-delà des limites du parc, menace la pérennité, le maintien des exploitations pastorales, des troupeaux et des éleveurs. Il n'est pas tolérable de laisser cette profession immémoriale sombrer dans pareil désarroi. »

Mû par ses convictions, il avait conclu, envisageant l'action future : « Pour toutes ces raisons, il a été créé par des personnes non liées directement au pastoralisme une association se prévalant de la loi de 1901. Ses objectifs sont les suivants : informer les populations des méfaits, des dégâts du loup ; sensibiliser les citoyens afin qu'ils jugent du désarroi des éleveurs face à des situations de cohabitation conflictuelles hommes/loups ne cessant de s'accroître ; obtenir plus de justice de la part des pouvoirs publics dans la résolution des conflits provoqués par la divagation des loups. »

Manière d'identité à cette association hypothétique, Pierre, tout de go, baptisa le manifeste « Le loup et les Indignés de l'Ubaye ». Soucieux d'éviter le moindre malentendu, il avait pris soin de préciser l'esprit des protestataires : « Leur démarche n'est pas intéressée, ce n'est pas par corporatisme et ils ne sont mus par aucune idéologie. Les Indignés de l'Ubaye agissent simplement par bon sens face aux injustices flagrantes, nées de la présence des loups qui menacent gravement le pastoralisme. Cette activité séculaire dans nos Alpes fait partie de notre patrimoine humain, historique et naturel, il faut la protéger, l'encourager ; la qualité de nos paysages en dépend. »

Clin d'œil, cet amoureux des symboles tira de ses collections un antique cahier d'Instruction publique, dont il imprima la lithographie bistre de Wentzel : un loup posé sur son arrière-train, les crocs plantés dans le mollet d'un gamin terrorisé qui s'agrippe de toutes ses forces au tronc d'un chêne. La couverture était soulignée de cette légende : « Enfants, prenez garde de ne pas vous aventurer seuls dans la forêt. »

Manifeste sous le bras, Pierre gagna Barcelonnette, il parcourut la vallée de l'aval à l'amont. Cinq « indignés » de Saint-Paul, Méolans, Jausiers et Saint-Vincent-les-Forts devaient le rallier.

Quelques semaines plus tard, les lecteurs du *Dauphiné libéré* découvrirent ces montagnards singuliers. Un cliché en couleurs, chemises, tee-shirts et regards courroucés, les représente, côte à côte. « Nous ne sommes pas des intégristes, expliquent-ils, l'éradication du loup n'est pas notre propos. Nous ne nous élevons pas contre, mais pour quelque chose. Qu'un équilibre entre vie pastorale et vie sauvage soit respecté, simplement. »

Depuis lors, Pierre et les « Indignés » battent campagne, ils visitent les communes, s'invitent lors des débats des conseils municipaux, des chambres d'agriculture, ils bricolent leurs stands dans les travées des foires régionales, ils tiennent causeries et rencontres, harcèlent les élus, maires, députés, sénateurs, préfets et ministres, toutes bonnes occasions afin d'instruire, d'alerter. Vissé à son ordinateur, le soir, Pierre affine les arguments à la faveur des contacts, des dialogues tissés sur le Net avec des « indignés » de départements proches ou bien au-delà. Livres, documents et dossiers sont empilés sur les plateaux du bureau, *Loup, élevage, s'ouvrir à la complexité* ; *Mémoires du loup* ; *Le Retour du prédateur* ; *L'Élevage ovin en Haute-Provence* ; *Histoire du méchant loup* ; *Le Fait du loup, de la peur à la passion* ; *Les Alpages à l'épreuve du loup*. Le propos se peaufine : que les gens de l'alpe prennent la mesure, enfin, des ravages du prédateur !

Qu'on écarte les loups, qu'on les repousse des aires où ils ne peuvent s'installer, sinon ils occuperont bientôt l'ensemble du désert alpin ! Pourquoi, enfin, ne pas contester, formuler, obtenir des amendements aux traités européens, convention de Berne, Directive Habitats, par lesquels quarante-sept pays signataires consacrent désormais *Canis lupus* comme espèce sauvage « strictement protégée » ? Que ces juristes, techno et eurocrates fassent résipiscence : le loup n'est pas cet animal menacé d'extinction, en Europe les meutes réinvestissent les territoires d'autrefois. Pour preuve, on compterait cinq cents à cinq cent soixante loups en Pologne, deux à trois mille en Roumanie, de mille sept cents à deux mille cinq cents en Espagne, six cents en Italie… Enfin, le Conseil cantonal du Haut-Valais, où le grand prédateur se repaît de moutons Nez Noirs, n'a-t-il pas récemment percé une brèche ? Le parlement de la Confédération helvétique envisagerait son retrait pur et simple du traité de Berne ! Et au risque calculé d'une infraction au traité, la Suède elle-même, depuis deux hivers, n'autorise-t-elle pas des battues ? Pierre n'en démord pas, lui viennent des forces à renverser tous les obstacles.

La Bréole, Chancelas, Lautaret, les villages semés de seigle s'élèvent dans les contreforts alpins, le pays bas s'est estompé avec le barrage, son lac et ses plages, c'en est fini de « la mer à la montagne » des dépliants de l'Office du tourisme. À l'adret, les arêtes rocheuses du cirque du Morgon se confondent dans un fouillis de sommets en amphithéâtre qui rassemblent Embrunais et Haute-Provence.

Saint-Vincent-les-Forts, à l'ubac. Une jetée de ruines cramponnées à une falaise calcaire. Avant le traité d'Utrecht en 1713, le lieu-dit bornait la frontière des royaumes de France et de Piémont. La vallée de l'Ubaye commence ici. Vallis Nigra, Vallis Montium, Vallis Mutii, puis, au fil des âges, baptisée Hautes Montagnes, Hautes Terres, ou encore Terre-Neuve-de-Provence ; depuis le XIIIe siècle, on l'appelle vallée de Barcelonnette. Ses habitants disent la Vallée, comme s'il n'en était pas une autre au monde.

Dans ces parages, rapporte Villeneuve-Bargemont, on abattit en 1776 un ours brun d'une taille extraordinaire. « On a cité ce fait comme un phénomène, écrit-il, mais, s'il est vrai (ce dont plusieurs personnes doutent), il est à croire que cet animal, chassé des montagnes des Hautes-Alpes, où l'on en rencontre, avait passé la Durance pour chercher asile dans quelques forêts qui avoisinent les rives de l'Ubaye. » Comme il en est aujourd'hui des loups de Haute-Tinée, Clarée et Vésubie, qui franchissent les cols pour gagner ce pays-là…

Étudiant la dynamique des meutes depuis leur réapparition en Mercantour, l'Office national de la chasse et de la faune sauvage recense six zones de présence permanente de *Canis lupus* dans le département des Alpes-de-Haute-Provence : massif des Monges, sites Parpaillon-Ubaye et Trois-Évêchés, Haut-Verdon-Bachelard, Grand Coyer et montagne de Lure. Mais rien n'empêche les canidés sauvages de vaguer hors de leurs repaires de prédilection, de s'installer alentour, où bon leur semble, à des lieues parfois de leurs gîtes d'habitude, à la faveur d'une abondance de proies, ongulés, petits gibiers, troupeaux. Quand ils ne se hasardent pas aux lisières des lieux-dits, des hameaux, divaguant selon les ponts, talus, routes et chemins, jusqu'à la départementale 900, la route du Piémont italien par le col de Larche, soit une vallée de soixante-dix kilomètres.

À jauger les reliefs qui nous dominent, Tourniquet, Pas-de-la-Tour, on saisit mieux pourquoi le loup a lancé son dévolu sur pareils écarts. Si Dante était passé par là, il aurait ajouté à son *Enfer*, je le crois, les rocs empilés, les arêtes et les précipices, les ravins obscurs, tapissés de résineux, les couloirs et les dévalades où les torrents explosent, se fracassent en cascades. Reliefs impressionnants, grès froncés de nervures, schistes, calcaires gris fer aux croupes bombées, rouille le plus souvent. Les chevauchements, plissements, contractions, contorsions et saillies sont à la dimension des surgissements telluriques qui vitrifièrent le magma, à l'ère tertiaire. « Horreur délicieuse, joie terrible », écrivait John Dennis, voyageur anglais, en 1688. La nature, ici, n'est jamais quiète, elle apparaît comme menace tant le paysage géologique est meurtri, précipité, brisé. À la lecture des pérégrins qui frayèrent ces contrées, on ne peut s'empêcher de frissonner, quand l'idée même d'un chemin carrossable paraissait impensable. « Qui n'a pas vu les passages aux environs d'Ubaye ne saurait se faire un tableau fidèle de ce pays où des hommes sans moyens et sans industrie ont fait des communications », écrit le duc de Saint-Simon dans *Histoire de campagne*, en 1744. « À cet endroit, poursuit celui-ci, on a ménagé des passerelles de poutres sur des rochers escarpés, à pic comme des murailles. On les soutient par de simples bois de double potence, une extrémité appuyée dans le rocher de quelques pouces, l'autre à peine entaillée de traverses arrêtées dans le roc, toujours à redouter qu'elle ne perde l'équilibre, ou que, par un ébranlement trop vif, elle ne s'échappe de ses appuis et ne s'effondre avec ceux qui sont dessus dans d'effrayants abîmes. » En divers endroits, précise encore Saint-Simon, « un mulet dont la charge a trop de saillie ne peut passer, car s'il heurte le rocher le moins du monde, surtout dans les tournants communs de ces chemins, le choc lui fait perdre l'équilibre et il bascule dans le précipice ». Un demi-siècle plus tard, le préfet Villeneuve-Bargemont franchissait le torrent du Tourniquet « sur un pont en bois construit avec des arbres non équarris et absolument semblables à ceux de nos jardins chinois ». En 1843, Auguste Blanqui, économiste-voyageur, consigne que les communes de l'arrondissement de Barcelonnette sont « plus éloignées de l'influence française que les îles Marquises... Les communes ne sont ni grandes, ni petites, elles n'existent pas »...

Pour quitter la vallée, rejoindre Piémont, comté de Nice, Provence ou Dauphiné, des sentiers muletiers s'élevaient de hameau en hameau, grimpaient en lacets, tandis que le chemineau, au pas des brebis, cahin-caha, allait vers quelque dépression des crêtes, des échancrures et des cols, ainsi La Madeleine, Larche, Vermillon, Grange-Commune, Vars et Sestrières. Voyageurs et bêtes bâtées s'échinaient dans les hautes vallées, Stura, Tinée, Var et Verdon, Blanche et Durance. Pour franchir un passage par un flanc de montagne, passer de mille à deux mille mètres au moins, un valéian n'avait d'autre choix que de franchir cette gorge escarpée. Il faudra la monarchie de Juillet, enfin, pour que les hommes en soient épargnés : rude et montagneuse, cette Haute-Provence est alors taraudée, percée, lentement on ouvre un lacis de routes, d'évitements et de carrefours. Dès 1829, sans se laisser distraire par l'ivresse d'un tel enjeu, bureaux, administrations et ingénieurs se confrontent à ces verrous alpins, à bras-le-corps ils se saisissent du chaos. Sur les torrents, les rivières, ils lancent des ponts, forent et maçonnent passages et tunnels. Au fil des décennies, l'effort se poursuit. On perçoit les signes de ces combats de titans dans la succession ininterrompue d'un puzzle de chefs-d'œuvre paysagés, une haute muraille de pierres sèches, un aplomb, un redan façonné ici, une géologie où les culées des arcs-boutants sont amarrées. Des élans de grès taillés supportent des encorbellements qui épargnent la route des glissements de terrain. D'instinct, on comprend les technologies, tant d'efforts, tant d'innovations déployés pour contraindre de simples sources, les infiltrations, afin de protéger fabriques et ouvrages des gels terribles des hivers.

De nos jours, les constructions se poursuivent, sans relâche, ces engins mécaniques énormes en témoignent tandis que la voiture approche du secteur redouté de la Rochaille. « Travaux de sécurisation », préviennent les triangles de chantier. L'an dernier, ici, la départementale demeura interdite plusieurs jours, temps nécessaire aux cordistes de l'entreprise Simeco, travaux publics acrobatiques, pour précipiter la chute d'un bloc en suspension, cinq tonnes.

Adossé à la montagne, englouti, submergé par une forêt de feuillus et résineux mêlés, le Martinet est à peine perceptible. On dit qu'ici le soleil ne peut réchauffer les maisons que quatre mois l'an, « mais, lorsqu'il est parvenu à sa plus grande hauteur, il brille sur les sommets d'un rocher situé au nord, et alors tous les habitants s'empressent de gravir le tertre afin de le revoir pendant quelques moments », note Villeneuve-Bargemont.

Tapissée de cubes de paille serrée, énormes, de lattes sombres, une bergerie de belles proportions se dresse en contrebas du village. Un panneau rustique, fiché sur des échasses en bord de départementale, annonce : « Bienvenue aux agneaux de Sisteron. » Voici l'exploitation de l'éleveur Yves Derbez, dont le troupeau a été ravagé par les loups des Charbonnières le 17 juillet 2011. Tout juste une année.

Un berger qu'a eu une bête égorgée,
c'est plus le même homme.
Il sera plus jamais le même homme.
Il est changé et on peut rien y faire.

Fred Vargas

J'ai rencontré Yves Derbez à la foire agricole de Barcelonnette, quelques semaines après le massacre de son troupeau.

Ce 24 septembre de Saint-Michel, une marée de toisons grises emplissait la place du Gravier, un grondement de bêlements emportait les rues de la sous-préfecture de l'Ubaye. Après trois mois d'estive de haute montagne, deux mille brebis étaient descendues des alpages aux premières lueurs de l'aube, une tradition aussi vieille que le monde.

Au printemps, les troupeaux de Basse-Provence se répartissent les trente-sept mille hectares d'herbage d'une alpe partout vantée.

On évalue à quatre-vingt mille les moutons, brebis et chèvres qui transhument sous le grand ciel ouvert dès juin. Les premières rosées de la mi-septembre, glaciales, annoncent le « démontagnage ». Les brebis sur le point de mettre bas descendent les premières, tandis que le gros du troupeau, si le temps est favorable, demeure à l'estive jusqu'à mi-octobre.

Un soleil frisquet émergeait des falaises mauves du Chapeau de Gendarme, à Barcelonnette ce dimanche de septembre promettait le meilleur. Les flots laiteux de l'Ubaye, abondants déjà, heurtaient les rocs qui encombrent son parcours vif. Dans une rumeur assourdie de clarines, de bêlements apeurés, de sonnailles mêlées, les bétaillères, à tour de rôle, abaissaient leurs ridelles, libérant des effluves de suint. Goinfrées de fleurs, d'herbes, les lourdes bêtes s'écoulaient dans les barrières disposées en passage, elles bifurquaient vers les parcs, à gauche, à droite, où du foin répandu les attendait. Sur l'arrière-train droit, au pochoir, les brebis portaient des initiales d'huile de lin, ocre, bleues, vertes, entourées d'un cercle ou d'un cœur selon les élevages, Franca André, Rebattu Serge, Aglio Yves, Signoret Thierry, Proal Henri… Des silhouettes dominaient ce flot gris, blouses anthracite pour les chevillards munis de bâtons, jeans et tee-shirts des éleveurs, on échangeait à voix basse, en langue occitane.

On croit que les moutons se ressemblent tous, rien n'est moins vrai. Ainsi des mérinos d'Arles, leurs reins larges, potelés, des côtes rondes, de courtes encolures, le front busqué des Bourbons. Ces « étalons » de la race ovine, si bien adaptés aux altitudes, étaient la majorité à la foire de Barcelo. On les appelle « métis » dans le pays, pour signifier, sans doute, que cette race est née, en 1802, d'un croisement de Craven rustiques subalpines et de béliers mérinos d'Espagne, princes de laine originaires d'Afrique, dans le pas des sultans mérinides, au temps des Maures. Napoléon avait décrété : « L'Espagne possède vingt-cinq millions de mérinos, j'en veux cent millions pour la France. » Le naturaliste Daubenton lui en avait soufflé l'idée. Ses *Instructions pour les bergers et les propriétaires des troupeaux* s'étaient répandues dans toute l'Europe, celles-ci enseignaient que pareil élevage n'était pas seulement une ressource productive, mais qu'il requérait une discipline, un art savant en somme.

Identifiable à sa barboteuse laineuse à mi-flanc, la toison des Préalpes du Sud était bien présente au foirail, elle aussi. Ne pas confondre cette reproductrice féconde, synthèse de Savournon, Sahune ou Quint, avec la souche Commune des Alpes, singularisée par une abondante couverture bouclée. On remarquait les Bergamasques à poils longs, en Queyras on dit les « ravanes », de parfaites laitières appréciées des producteurs de fromages. C'était encore les gracieuses mourerous, torse, pattes et tête roux, qui se sont taillé une réputation fameuse pour la tendresse de chair de leurs agneaux, les « tardons » nés au printemps.

Bergers, bergères, feutres cabossés, flânaient parmi les stands forains répandus dans les ruelles adjacentes. On repérait leurs silhouettes aux carreaux de leurs amples chemises canadiennes, aux grolles râpées, terreuses. On aurait juré que les pâtres allaient sur des œufs tant leur démarche était drôle, avec un chien noir qui les collait, truffe sur leurs talons.

On trouvait tout ce qu'il est possible aux étals de la foire, fripes, pastilles au miel, pyjamas rayés, saucisses sèches au roquefort, cèpes, flacons de génépi, patates jaunes de Théus, parmesan Reggiano, beaufort, comté de lait cru, pâtes de fruits violettes, figues sèches, chaussures de travail, épaisses chaussettes de randonnée, chapeaux galonnés 100 % laine, pain d'épice cannelle et zestes, bidons d'huile d'olive, mais encore un amas jaune et vert de moissonneuses-batteuses sous un barnum, des poêles à bois, des pneus Goodyear crantés, des motoculteurs Kleber, des entassements de literie. Sans oublier les clochettes de sonnailles, de la minuscule à la considérable, *biasses* de cuir, sacs à dos, K-ways, cannes ferrées, pèlerines, parapluies et cirés, cordages et jambières, couteaux Opinel, tabourets à un seul pied, graisse à traire, faucilles et houlettes, ces bâtons recourbés de sept, huit pieds, utiles pour accrocher les brebis par la patte arrière.

Les onzièmes comices de la Saint-Michel débutaient sous les meilleurs augures, du moins en apparence, car, en coulisses, une ombre flottait.

Fait inédit en Ubaye, trois jours auparavant, un loup, une louve plutôt, avait été « prélevée » selon la novlangue administrative, c'est-à-dire traquée, abattue par décision de l'autorité préfectorale. L'animal avait été « tiré » par les gardes de l'Office national de la chasse et de la faune sauvage, et l'événement avait noirci la manchette du *Dauphiné libéré*. Cette louve de Thorame-Basse, âgée de moins d'un an, avait été réduite au terme de dix-sept jours d'affût. La chasse avait mobilisé cent vingt agents ONCFS, trente-huit lieutenants de louveterie, cent trente chasseurs bénévoles ! Des jours de traque dans le couvert des mélèzes, de l'aurore à l'aube, quand les meutes, en quête de proies, regagnent ou désertent leurs tanières. Garante du droit, madame la sous-préfète de Barcelonnette s'en était presque justifiée dans les colonnes du *Dauphiné*. Cette extraordinaire décision, plaidait Sylvie Espécier, relevait de trois clauses dérogatoires inscrites dans la loi de protection de *Canis lupus* : selon l'urgence avérée, l'autorité, en dernier recours, se devait d'intervenir quand toutes les méthodes de prévention avaient échoué. N'était-ce pas le cas en Haute-Ubaye ?

Hors les élevages Derbez et Caire, cent dix-sept troupeaux de la vallée avaient été attaqués au cours des huit derniers mois : cinq cent soixante-quatre brebis victimes, le double de l'année précédente. À lire le journal, Jausiers, Uvernet-Fours, Les Thuiles, Saint-Ours, Meyronnes, Parpaillon et Vars, il ne passait pas trois jours sans qu'une nouvelle « prédation » (formule novlangue maquillant l'expression « dévastation ») n'ait été constatée par les gardes assermentés. La Vallée était chauffée à blanc, les propos excédés des éleveurs et des bergers en témoignaient : « La présence de l'homme ne semble même plus l'effrayer, j'en ai débusqué deux à la porte de ma bergerie, confiait un exploitant des Sanières qui subissait sa cinquième attaque, on ne dort plus, on devient dingue, c'est invivable. » Un éleveur avait redescendu son troupeau des alpages depuis une grosse semaine, « comment faire autrement, mes brebis ne mangeaient plus tant elles étaient affolées » ; « J'ai le portable collé à l'oreille dès le petit matin, renchérissait un collègue, je languis de savoir comment la nuit s'est déroulée, mon berger n'en peut plus, il ne parle plus, il ne prononce pas un mot. C'est pas normal de vivre comme ça. » Le maire de Méolans menaçait de remettre son mandat puisqu'il n'était plus en mesure de garantir la pérennité des biens des administrés, quant à celui de Jausiers, il était prêt à mobiliser les battues du temps jadis…

Ce matin-là, le champ de foire bruissait des récits du flingage de la louve de Thorame-Basse, l'exploit des gardes, apparemment, n'avait pas apaisé les colères, comme si un seul loup abattu suffisait !

Le soleil grandissant dissolvait les fraîcheurs nocturnes, les falaises grises du Chapeau de Gendarme étaient à toucher tant l'air était léger, transparent.

Au foirail, col bas dans le tintement des sonnailles, les brebis mâchaient, les chiens, langue pendante, cherchaient l'ombre. P'tit blanc, Ricard-glaçon, tranches de saucisson, bretzels, rassemblés au bas de la tribune, apéro à la bonne franquette, les « officiels » badaient. La sono siffla tout à coup, aiguë, puis le silence aussitôt enveloppa la place, il devait être question du loup…

Protocole oblige, selon l'ordre le maire de Barcelonnette, puis le président de la Communauté de communes suivi du représentant de la Chambre d'agriculture, la sous-préfète enfin à tour de rôle prirent la parole. Tous s'accordaient, il fallait épargner les troupeaux, contrôler la divagation des loups. Comment ? D'un speech l'autre, les avis flottaient, ils ricochaient, contradictoires, puis, conclusion unique : la question du loup était bien éprouvante…

À l'arrière de la tribune, en retrait, un gars sortit du rang. La cinquantaine râblée, jean, tee-shirt sombre, cette allure tranchait dans l'aréopage endimanché. Solide et gauche à la fois, Yves Derbez s'adresse à son auditoire : « Désolé, je serai un peu long, mais le sujet qui nous préoccupe est tellement inquiétant que je me dois d'en parler profondément. » Il déplie une liasse de feuillets manuscrits, puis, timbre grave, il entame d'un ton monocorde : « En France, depuis des années, des dizaines de millions d'euros sont consacrés à convaincre petits et grands que le loup est un animal merveilleux, que le “grand méchant loup” n'a jamais existé. Communication de masse, car il s'agit bien de ça, elle affirme qu'il suffit que nous, éleveurs, adoptions des mesures de protection pour n'avoir rien à redouter pour nos bêtes. Nous savons qu'il n'en est rien. » Derbez rappelle ensuite ce que l'assistance ne sait que trop : attaques meurtrières en augmentation croissante, adaptation du prédateur malgré la mobilisation des hommes et des chiens, une audace qui défie les mesures de protection, les clôtures, les patous, les bergers d'alpage épuisés. « Il est bien difficile de faire partager, de transmettre notre désarroi à des responsables qui n'ont jamais posé un pied dans nos montagnes ! On a du mal à imaginer, derrière un bureau, ce que nous subissons quotidiennement, le traumatisme que les attaques provoquent chez les bêtes et les hommes, personne ne veut entendre, personne ne nous répond ! Nous sommes même rendus à une situation incroyable où l'éleveur apparaît comme le méchant de l'histoire… » Ton posé, uniforme, Derbez poursuit : « Certains estiment que nous ne pesons pas bien lourd, ils se trompent : notre disparition serait lourde de conséquences dans ce département, qu'adviendrait-il, sans nous, de l'élevage de l'agneau de Sisteron, du label rouge ? Notre travail à l'alpage est essentiel, nous participons, nous servons la préservation écologique, l'entretien des grands espaces que les touristes apprécient. » Et conclut : « À nous d'inverser la tendance, le chemin est long, mais nous parviendrons à nous faire entendre si nous parlons d'une même voix, par-delà les clivages partisans, les intérêts locaux, des Vosges au Jura, des Savoies en Drôme, en Isère, du Piémont aux cantons suisses. Éleveurs ovins, caprins, équins, bovins, ensemble, tous ensemble ! »

Par quelle mystérieuse alchimie éleveurs et bergers arpentent-ils encore les montagnes ? Le pastoralisme, serinent depuis trente ans au moins les techniciens, serait un archaïsme « en voie de redéfinition », ce qui signifie « mode de production en voie de disparition »… Que valent, en effet, trois cent soixante mille ovins sur quelque 866 000 hectares de pâture le long de l'arc alpin face aux quatre-vingt-neuf millions de moutons du *bush* australien, aux neuf millions d'hectares de Nouvelle-Zélande, ce « pays-ferme » du monde qui exporte des gigots surgelés jour et nuit vers les ports de l'Europe ? À quoi bon s'obstiner alors que le prix au kilo des agneaux français est deux fois et demi plus élevé que la vente du « poulet PAC standard » cultivé en batteries ? Les économistes libéraux l'assènent : les éleveurs doivent leur survie aux aides agricoles, aux primes communautaires que leur consent Bruxelles comme on donne l'aumône à ses pauvres, manne indigne qui constitue près de la moitié du revenu des éleveurs, le pire des métiers paysans. Est-il raisonnable de s'échiner à élever des agneaux de terroir, pareille obstination ne témoignerait-elle pas du pire non-sens marchand ?

« La passion conserve les tenaces, ceux qui persévèrent dans le métier sont des gens de passion... » Cette affirmation d'Yves Derbez est d'évidence, elle est le propre d'une éthique humaine. « C'est un monde étrange, un monde où l'on tombe et qu'on ne veut quitter jamais... »

Travailler, vivre avec les animaux : Yves a été « éduqué jeune » comme on dit dans la Vallée pour dépeindre ce métier exclusif, une vocation plutôt, qui, envers et contre tout, instille force et cohérence à la société pastorale. Il égrène des souvenirs, une enfance barcelonnette, lycée technique à Gap, les grandes vacances chez l'oncle, éleveur de Saint-Pons, la familiarité des brebis. Comment transmettre ce plaisir, dire ce monde d'émotions, de parfums, le sentiment du berger, le martèlement des brebis dans la rocaille des drailles, les sonnailles, les sons d'un troupeau en marche dans les nappes brumeuses d'une aurore ? « Ça m'a toujours plu. » Derbez choisit ses mots. S'incarner dans l'herbe haute des pentes, accompagner le mouvement des montagnes, le souffle des vents, le feu solaire, les pluies battantes, « tout ce que les bêtes vous donnent ». Songeur : « Ça te bouffe, c'est un truc dévorant, tu t'en rends même pas compte, tu glisses dans un monde à côté, disons... » La draille était toute tracée pour cet adolescent, il serait éleveur, comme son oncle.

Yves n'en dit rien, mais, dans ces années 1960, la condition d'éleveur battait déjà de l'aile dans l'alpe. Une politique agricole nouvelle, « socioculturelle » affirmaient les bureaux, était à l'œuvre. Celle-ci nécessitait des réformes, une modernisation des méthodes de production, le regroupement des exploitations condamnées, moins de producteurs, vieille rengaine ! L'objectif était la restructuration : une partie des cinq millions de paysans français devait abandonner, sacrifier leurs fermes pour permettre une rentabilité meilleure... Dans les vallons alpins, cette « moyenne montagne » disent les aménageurs, les techniciens et les banquiers s'emploient à faire « entrer » les paysans, ces êtres routiniers, dans le concert moderne de l'industrie agroalimentaire. Que les fils trahissent les pères, que les héritiers oublient la tradition, les temps devaient changer, la transhumance, ainsi, était considérée comme arriération, une fantaisie contradictoire avec les atouts de l'élevage scientifique ! Au diable les lubies d'autrefois ! Avec l'extension des prairies artificielles, une culture agro-industrielle des légumineuses, des combinaisons d'assolements, il n'était plus nécessaire de mener les brebis à la quête de leur provende loin de la bergerie, les « parcours », autrefois supports de l'élevage, devenaient inutiles, obsolètes. Les bêtes, sédentarisées grâce à l'abondance fourragère, parquées comme des porcs bretons ou ces volailles de Loire gavées, « traitées » grassement par les vétérinaires spécialistes, « produiraient » mieux et plus selon les innovations de l'industrie. Mécaniser, adapter étaient les maîtres mots. En Ubaye, où l'habitude n'est pas d'accomplir de hauts rendements, d'« industrialiser » les troupeaux, mais de compter seulement sur l'herbe, la bergerie, de bons quartiers de prairie, la fureur productiviste allait se révéler désastreuse. Nombre d'éleveurs flanchent, des villages agonisent…

L'oncle éleveur de Saint-Pons tient ferme. Il acquiert son premier tracteur, il se « mécanise », mais, un soir d'été 1976, mauvaise manœuvre, la machine se renverse, il meurt, broyé sous l'engin. Fin de l'histoire : tracteur, troupeau, cheval, tout le bien est cédé. Yves deviendra plombier-chauffagiste à Gap. Il le restera vingt ans. Mais Saint-Pons, Barcelonnette, la Vallée demeurent un horizon, aussi, la quarantaine approchant, il troque sa combinaison de plombier pour l'habit de Monsieur Bricolage… Courant 2000, Yves inaugure Bricotruc, première grande surface du genre à Barcelonnette, « mais la relation clientèle n'était pas vraiment mon truc, je n'étais pas fait pour ça ».

À vrai dire, le retour en Ubaye répondait à des mobiles bien plus profonds. Deux ans auparavant, Yves est « monté » au col de la Cayolle, à l'alpage, où Maurice Roux, un éleveur de Saint-Martin-de-Crau, en Camargue, « faisait berger » la saison venue. Yves est redescendu, lesté de dix-sept brebis mérinos que le Camarguais, pour lui plaire, a « soignées » avec son propre troupeau à l'estive. Chassez le naturel… Un an plus tard, Monsieur Bricolage achète trente-cinq métis, cent trente l'année suivante, puis cent cinquante… « Je me retrouvais éleveur, maître d'un troupeau de deux cent quatre-vingts brebis, j'ai donc arrêté Bricotruc… »

Il ne faudrait pas croire qu'Yves Derbez a sauté ce pas à l'aveuglette, des vents stimulants parcouraient alors les pentes et vallons.

En matière d'agriculture de montagne, c'était un renversement de tendance : les « décideurs » de Bruxelles revoyaient leur copie ! La désertification des écarts, l'émigration contrainte de paysans chassés par un productivisme qui favorisait uniquement la grande culture se concluaient par un double échec démographique et rural. Une nouvelle conception de l'aménagement allait alors l'emporter, l'élevage reprenait son lustre, des incitations jargonneuses, « réinvention des formes territoriales nouvelles de coordination civique », déferlaient. Jusque-là gages de modernité, la monoculture céréalière de la « corn belt » beauceronne, les « usines à viande », l'élevage intensif étaient soudain voués aux gémonies... C'était une fin jurée des remembrements, des effacements de haies, du comblement des talus, des drainages, de l'irrigation tout azimut. Les ministres de l'Agriculture successifs souhaitaient des campagnes « renaturalisées », des décors « sains », des paysages « rééquilibrés », qui redeviendraient des niches nourricières, propices aux oiseaux, insectes, ongulés et petits rongeurs, quasi éradiqués...

Révolution en montagne. Décriée hier, la « remue », c'est-à-dire la conduite des troupeaux vers l'alpage, est reconnue désormais comme un art ! Système pastoral antique transmis de génération en génération, la transhumance est célébrée par les « conseillers agricoles » pour sa contribution à la vitalité des espaces écologiques qu'elle préserve, accroît. Collines, pelouses d'estive, landes, friches et parcours boisés, maquis, garrigues comme steppes, éleveurs et bergers, ces professionnels condamnés, méprisés voilà peu, sont vantés à présent, promus « paysans-jardiniers » par les techniciens qui eux-mêmes s'intitulent « gestionnaires de la nature ». Les pasteurs ne participent-ils pas de la reproduction, de l'éclosion, du maintien, de la croissance des fleurs et des insectes, petits mammifères, reptiles, rapaces et oiseaux bénéfiques ? Cette politique agricole commune (PAC) revue et corrigée promet un accroissement des moyens, l'attribution de primes « agri-environnementales » suscitant la revalorisation des savoirs. Les éleveurs accèdent au statut de garants de pratiques agricoles « durables »...

Pour autant, on ne s'improvise pas éleveur, *a fortiori* dans des zones de moyenne montagne où les meneurs de troupeaux restent arc-boutés sur d'immémoriales traditions, fiers, jaloux des savoirs ancestraux. Dans la vallée, on moque Yves Derbez, ce bricoleur surgi de nulle part après vingt ans d'absence, avec pour tout bagage un lot de trois cents brebis métis qu'il mène d'une pâture l'autre, à la faveur de l'hospitalité de tel propriétaire. « Partout où je me présentais, une rumeur m'avait précédé, la même toujours : Derbez, on n'en veut pas... »

La propriété des terres est un impératif, c'est même une condition des dossiers d'installation des jeunes agriculteurs. Il est quasiment impossible à un jeune éleveur d'obtenir un quelconque soutien s'il n'est pas en mesure de certifier l'adresse d'un « siège d'exploitation » et bien entendu les hectares d'herbage nécessaires. Or, le plus souvent, le pastoralisme croît sur l'herbe d'autrui, libre à un propriétaire de refuser de louer sa terre, ses friches et sous-bois. Dénicher un alpage d'altitude, préserver un territoire pastoral d'une saison l'autre relèvent le plus souvent de la gageure. Yves, malgré tout, parvient à convaincre une éleveuse retraitée de La Maure, à l'amont de Barcelonnette, qui lui loue terres et bergerie. « J'agrandissais le bâtiment, mon troupeau s'accroissait. » Quand un propriétaire du Martinet propose de lui céder la bergerie qu'il possède. « C'était une occasion, 160 000 francs, bien que le bâtiment soit dans un piteux état. De La Maure au Martinet, une année durant, je passais les journées sur la route. » Pour assurer son existence, l'hiver, Yves loue ses bras à la station de ski de Pra-Loup. « Le matin, je m'occupais des bêtes, de 4 à 8 heures, puis, à toute blinde, je grimpais aux remonte-pentes, j'enfilais mes gants, je passais la combinaison de la station… Je redescendais auprès des bêtes dès 18 h 30, j'allais d'une bergerie à l'autre, ça ne pouvait durer longtemps, alors j'ai décidé de démonter les bâtiments de La Maure, puis d'agrandir ceux du Martinet. »

Aujourd'hui, Yves Derbez élève un troupeau de quatre cent cinquante brebis. Le temps aidant, il a su gagner la confiance de quelques propriétaires d'herbages, il a convaincu un élu d'accroître ses espaces de pacage, les prairies permanentes, les parcours, les champs de luzerne et de sainfoin, les prés de fauche. Non sans fierté, il égrène l'étendue de son territoire pâturé, les terres communales de Méolans, des espaces prompts à l'ensauvagement qu'il s'enorgueillit d'avoir reconquis par du labeur, le « travail » des brouteuses ; des rives de l'Ubaye aux Besses, il « pâture jusqu'à 3 000 mètres d'altitude » dit-il comme si brebis, hommes et chiens ne faisaient plus qu'un.

« Il faut savoir plus de choses pour le métier d'éleveur que pour la plupart des autres emplois de la campagne, remarque le naturaliste Daubenton au XVIIIe siècle. Un bon berger doit connaître la meilleure façon de loger son troupeau, de le nourrir, de l'abreuver, de le faire pâturer, de le traiter de ses maladies, de l'améliorer. Il doit savoir conduire son troupeau, le parquer… » Comme en écho, à voix basse, Yves Derbez poursuit le soliloque : pas de troupeau sans herbe, pas d'herbe sans gestion réglée savamment selon les saisons, le déplacement immuable des brebis, du printemps à l'automne. Pour « manger » les herbages de montagne, riches, nourrissants, il convient, au fur et à mesure de l'altitude, d'observer leur croissance. Des basses prairies aux plus hauts quartiers, il faut conduire le troupeau par étapes. À l'alpe, ce territoire d'altitude, la « montagne », dit Yves, hommes et bêtes vivent tout un été, ensemble, selon le cycle de la pousse herbeuse. « Dans le Laverq, là-haut, les brebis sont chez elles. Ces espaces leur conviennent, herbe abondante, soleil franc, pluies, vents, air vif, elles sont heureuses... » Des Trois-Évêchés à Vautreuil, de quartier en quartier, le troupeau pâture, il « mange » le moindre recoin d'estive, avant de redescendre, à l'approche de l'équinoxe d'automne, vers les fonds de vallée. L'histoire de l'humanité, depuis toujours dans les Alpes, est cette célébration de l'intime relation entre homme, animal, pentes et saisons, du village aux cimes, des cimes au village...

Yves s'attarde, comment épuiser un tel sujet ? « Pour être bon éleveur, j'essaie de mettre en pratique ce qu'on m'a appris, les animaux donnent beaucoup, en échange nous devons veiller sur eux, leur offrir notre temps. » Travailler, exister en compagnie des animaux ! Éleveur, berger, à entendre Yves, plus qu'un métier il s'agit d'un état, le fruit d'un labeur incessant, pailler la bergerie chaque jour, aider les agneaux à naître, croître et grandir, les nourrir, les soigner quand il est nécessaire, « faire » les foins, engranger les fourrages pour l'hiver, toutes occupations liées au cycle de l'existence de chacune des brebis, de l'agnelage à sa vente au chevillard. Les premiers temps, Yves « faisait berger », mais l'ampleur de la tâche, chaque jour, l'en empêche maintenant. Alors, depuis quatre ans, grâce au groupement pastoral, une structure juridique qui permet aux petits éleveurs de montagne de se regrouper pour exploiter les pacages ensemble à moindre coût, Derbez s'est associé à Nicolas et Daniel, deux jeunes éleveurs. Réunissant leurs troupeaux, les trois collègues assurent l'estive de conserve, à la saison, pour l'alpage ils embauchent Catherine, la bergère. Les expériences, peu à peu, entraînent Yves dans les méandres d'un métier difficile, précaire, à la merci des fluctuations du cours de la viande d'agneau, aux primes de la politique agricole commune. « Quand l'éleveur devient dépendant des aides communautaires, on ampute sa passion, et quand cette passion est entravée, on lui ôte tout, il ne lui reste rien. » Quel salaire notre éleveur perçoit-il ? Bon an mal an 930 euros par mois. « Je n'en ai pas honte, c'est cette vie que je veux. » Yves avoue sa fierté d'être à la tête d'un troupeau d'une belle allure, il n'est pas besoin pour lui de concourir aux comices, le label « Agneau de Sisteron » lui suffit. Chaque tâche mérite une organisation parfaite, une présence attentive selon la croissance des troupes, naviguer d'une parcelle l'autre, s'assurer du soin quotidien des agneaux, du gardiennage des brebis gestantes. La saison avançant, on progresse peu à peu, la bergère déplace son troupeau des quartiers proches de la bergerie, puis elle gravit les pentes vers les prairies d'alpage. Un travail de forçat.

Yves s'interrompt soudain, il reprend le fil, son propos bascule vers ce fameux matin du 17 juillet 2011 aux Charbonnières, où il arrive, choqué, hors de lui. « Cinquante-trois agneaux, six mères allaitantes écharpés, un troupeau apeuré, deux cents brebis et les agnelets tremblants, débandés, ça ruait dans tous les sens. À moins de cinquante mètres je ne pouvais plus les approcher, l'impression que tout s'écroulait ! »

Dans leur bulletin, *Quoi de neuf ?*, les pisteurs-enquêteurs du « Réseau Loup » de l'Office national de la chasse et de la faune sauvage chargés de l'observation du grand canidé inscriront le vallon du Laverq en « Zone de présence permanente » de *Canis lupus*... Selon les procès-verbaux, deux meutes de loups se partagent le massif de part et d'autre du Verdon, Trois-Évêchés à l'est, Haut-Verdon-Bachelard vers l'ouest. Au sein de la dernière meute, les pisteurs ont détecté six loups engendrés par deux individus « alpha » en six ans, originaires de Moyenne-Tinée pour la femelle, de Vésubie-Roya pour le mâle. Quant à la meute des Trois-Évêchés, précise un autre rapport, « contact a été établi avec un adulte dans la partie nord du Laverq, la récurrence des attaques laisse donc penser à la présence d'animaux dans le secteur, sans toutefois confirmer une reproduction ». Quelle meute s'en prit-elle au troupeau Derbez cette nuit du 16 ?

Une attaque, c'est un long moment de recueil de doléances, des paperasses, des palabres et les convocations des fonctionnaires. Lesquels devront établir le montant des dégâts, chaque administration défendant son bout de gras.

En France, selon la loi, les loups disposent de droits. Leur présence en montagne contribue au patrimoine naturel, affirment les « gestionnaires de l'environnement ». Que les herbivores sauvages, cerfs, chevreuils, chamois et mouflons soient les proies de prédilection du carnivore est dans l'ordre de la nature, hélas les ovins, ces transhumants, en font les frais aussi. Qu'à cela ne tienne, l'État se soucie autant du destin du loup que des animaux domestiques victimes des méfaits du prédateur. Comme il serait injuste que les éleveurs supportent de telles charges dans l'indifférence, la solidarité européenne pourvoira donc à la part du loup…

« Indemniser. Compenser à quelqu'un le dommage qu'il a souffert, les pertes qu'il a subies. "*S'il ne s'agissait que d'indemniser ces seigneurs, supposé qu'ils se plaignent, le roi le pourrait très aisément, sans altérer en rien la grande et heureuse loi de la liberté du commerce."* » Voltaire dans *Politique et Législatif*, selon *Littré*.

Indemnisation… On connaît le goût de l'Administration, des ingénieurs, pour apaiser, aseptiser la langue commune, assouplir son sens, affaiblir l'épreuve… Au nœud du dispositif : la Direction départementale des territoires, la DDT, dont la fonction est de « mettre en valeur les politiques publiques d'aménagement et de développement durable ».

Un « protocole » strict (« *formulaire contenant la manière dont les rois, les grands princes et les chefs d'administration traitent dans leurs lettres ceux à qui ils écrivent* », selon *Littré*) se révèle impératif. Dès la réception du « constat des dommages » provoqués par le loup – il doit être réalisé en « temps réel » sur les lieux du carnage –, une fiche individualisée pour chaque brebis victime est dressée par les assermentés de l'ONCFS. À son tour, un technicien de la DDT rédige une conclusion technique selon la « grille d'analyse nationale type », fruit de six années de réflexions juridiques… Le dossier est ensuite transmis à un responsable de la « cellule pastoralisme » qui examine la précédente conclusion, puis propose un montant d'indemnisation… Comme il se doit, la décision finale revient à un chef de service chargé d'analyser cette proposition avant de délivrer son blanc-seing final… Une compensation est calculée selon la « catégorie » de la victime, est-elle âgée de moins de six mois, ovin ordinaire, ovin inscrit, ovin reproducteur, etc. Un calcul identique s'applique aux bovins et aux équins victimes de *Canis lupus*. Guidé par une nomenclature, sous la rubrique « animal disparu » le préposé ajoute un forfait de 20 %, puis une prime estimée, dite « de stress », selon l'importance du troupeau : jusqu'à trois cents brebis 0,80 euro par animal, 0,40 à partir de trois cent un...

« Indemniser. N'indique pas que la réparation soit égale au dommage », selon *Littré.* Traduction fonctionnalisée : « On ne sait pas chiffrer le reste... » Que recouvre donc ce « reste » ? Les victimes sont-elles des brebis pleines, proches du terme, des agneaux mort-nés, avortés ? Pour une brebis légalement indemnisée, combien de bêtes inquiètes, déboussolées, sur le qui-vive à tout bout de champ, qui interrompent leur rumination, col relevé, nerfs à vif ? Combien descendront de l'alpage amaigries, stériles ? La langue de bois avoue son incapacité à nommer, à désigner, quand elle ne camoufle pas une défausse hypocrite. Un troupeau est un monde clos, où les brebis demeurent solidaires, ensemble elles obéissent selon un ordre non formulé à des lois subtiles qui appartiennent à cet être collectif, au même titre que les ruches, les fourmilières ou les cités humaines.

Pourquoi, enfin, un éleveur admettrait-il que son travail patient soit annulé par les prédateurs en une seule nuit, puis « réglé » au prorata des bêtes égorgées, selon un oukase bureaucratique ? « L'argent n'achète pas tout, s'insurge Derbez, ce n'est pas ma manière de concevoir la vie, mon travail. Je refuse un tel constat : le loup est revenu, il est là, préservez-vous, l'Administration vous versera des sous et tout ira bien… Non, je souhaite une société décente, une société qui n'humilie pas bêtes et hommes, qui croit que les existences n'ont pas un coût seulement, mais une valeur supérieure. »

« Depuis longtemps la France moderne s'emploie à mépriser, à dénigrer l'autre, à dénoncer son poids, son inertie, remarquait Fernand Braudel. Au XVIIIe siècle déjà, en Provence, pour l'homme des villes, l'éleveur, le berger était un animal méchant, rusé, une bête féroce à demi civilisée. » De telles aménités ont traversé les temps, « l'élevage est un métier de paresseux qui n'exerce pas l'homme, qui au contraire le gâte et l'abêtit », estimait l'économiste Henri Norre au XIXe siècle… Le banquier Jacques Laffitte renchérissait : « Ce pays [la Haute-Provence] livré à l'ignorance, à la routine et l'indigence, se trouve fort en arrière de la France qu'on peut appeler civilisée. » En 1920, l'écrivain Daniel Halévy relate une rencontre avec un paysan corrézien qui avait remis ses vignobles en état avec un acharnement magnifique. « L'âge venant, devra-t-il se contenter d'élever des moutons ? lui dis-je. “Regarder l’herbe pousser et les moutons la tondre… Jamais !” Berger, quand il répète le mot, c’est avec ce mépris du sédentaire pour le nomade, du civilisé pour le primitif… »

Yves Derbez : « Que se passe-t-il dans la tête du berger quand le troupeau qu’un éleveur lui a confié est détruit par un prédateur que l’État a décrété sacré ? La vie d’un animal élevé n’est pas celle du loup dont les brebis sont des proies. Éleveur comme berger, nous avons une responsabilité vis-à-vis de nos animaux, de tout ce qu’ils nous offrent, nous leur devons une vie bonne ! Les loups seraient-ils vainqueurs du territoire qu’ils ont conquis sans aucune vergogne ? »

Il cherche ses mots, s’interrompt, s’emporte : « Attention ! Il faut que vos bêtes soient bien menées, faites comme ça, pas le contraire !”, parc de regroupement nocturne des troupeaux, chiens de dissuasion, équipements de protection électriques, tir d’effarouchement, tir de défense… C’est le sens même de notre métier qui est inversé ! Bientôt, il n’y aura plus de berger, qui voudrait pratiquer ce métier avec la peur constante au ventre ? Je ne comprends plus. Non, je ne comprends pas une telle société. »

Quelques semaines après l’attaque de son troupeau aux Charbonnières, Yves Derbez a reçu quelques lignes, revendiquées XXL, dans sa messagerie : « Quand on exploite le vivant comme on exploitait les bipèdes du temps des nazis, il ne faut pas venir s'étonner que la nature reprenne ses droits. Les bergers ne sont pas chez eux, la montagne ne leur appartient pas. Ici, l'homme n'est pas plus légitime que le loup, il n'a aucune raison légitime de tuer, que ce soit les animaux domestiques qu'il exploite ou les loups. Puissent-ils prendre conscience de leurs actes un jour, se regarder en face une bonne fois pour toutes, au lieu de chialer sur leurs deniers perdus… »

Borné dans sa nature, infini dans ses vœux,
l'homme est un dieu tombé
qui se souvient des cieux.

Lamartine

Les animaux, pour Ésope, sont pourvus de caractères contrastés, nobles pour quelques-uns, humbles pour tant d'autres. Aristote, Plaute et Phèdre dans cette veine, et plus près de nous La Fontaine et Fénelon rivalisent dans cette idée que chaque espèce est dotée de qualités humaines. Les hommes, observant les animaux, leur dessinent des singularités qui leur ressembleraient, renard rusé, chèvre lubrique, fourmi prévoyante, pie voleuse... Le cochon, à l'inverse, est souillon, le tigre cruel, le serpent perfide, la belette vorace et dissimulatrice. Sous la plume de Nietzsche, la tarentule concentre les figures du ressentiment, de la jalousie et de la haine d'autrui. Dans l'araignée géante, moquant l'aigreur du curé ou du prédicateur, il discernait, dépeignait une aptitude au prêche et à la calomnie en vertu d'une « justice prétendue » qui masquerait le dépit et la rancœur.

Au registre symbolique, le loup, de tout temps, se tailla une posture à la mesure de sa réputation, sauvage et féroce. Il incarnait la bravoure dans les communautés archaïques, quand le meurtre était l'apanage du héros[1]. Deux recueils anonymes qu'on attribue à Saemund le Sage évoquent ainsi les Ulfhednars, ces guerriers sanguinaires qui à tout bout de champ en appelaient à Tyr, dieu de la Guerre. Hurlant comme des sauvages quand ils fondaient sur l'ennemi, ils invoquaient le loup Fenrir, autre mythe scandinave de l'an mil, censé vaincre le monde et les dieux. Une telle prophétie les entraîna à encager Fenrir, où il ne fit que croître en taille, en force, jusqu'à ce que plus rien ne fût en mesure de résister à sa puissance. Pour le maîtriser, on lui plongea une épée au travers de la gorge. Dès lors, le loup ne cessa de baver, un flot de bile qui engendra deux rivières, Wan et Wil, Volonté et Espoir…

Peuple germain soumis à la férule d'un chef obsédé par les territoires à conquérir, les Winnilis se prétendaient, comme les Lutices germano-baltes, les héritiers du loup. Ainsi en allait-il encore dans l'Égypte antique, quand *Canis lupus*

1. Cf Henri Joannet, *Mémoires du loup*, Equinoxe, 2011.

régnait sur Lycopolis, une cité dédiée au dieu-loup Ourouaourt, qui était doué du privilège de guider les guerriers en terres ennemies. Lors de la célébration de Zeus sur la montagne aux loups d'Arcadie, en Grèce, un célébrant, tous les neuf ans, dévorait des entrailles humaines mêlées aux viscères d'un animal aussitôt métamorphosé en bête sacrée, le loup.

Redoutable, impitoyable, le fauve n'en était pas moins auréolé de tendresse, au point que *Lupa* recueillit Romulus et Remus. Était-ce une louve, un des chiens lupoïdes de l'Europe préhistorique puis étrusque qui aurait substitué les jumeaux à ses propres chiots défunts ? Tite-Live, puis Plutarque contredirent la légende. Les enfants survivants auraient été sauvés, en réalité, par Faustulus, le gardien des troupeaux d'Amulus, réfugié dans une grotte du Lupercale. L'éleveur de brebis, à son tour, aurait confié les enfants trouvés aux soins de sa propre épouse, la prostituée Larentia, que les pâtres du pays appelaient Lupa en latin. Emblème de la *pax romana*, le mythe de la louve ne serait donc qu'une fantaisie de scribe qui tenait à tirer parti du loup, animal redouté, au bénéfice de la cité des Romains.

Ce récit des origines romaines possède son équivalent dans les monts Altaï, où le Livre des Wei prétend que la branche Ruru des Huns serait issue de l'accouplement de la fille cadette du roi avec un loup. « Leurs descendants se multiplièrent pour former un pays où les citoyens, à pleins poumons, chantent d'une voix qui ressemble aux hurlements des loups. » Le mythe fondateur allait se diffuser en Asie centrale, où le loup était encore vénéré à l'époque de Gengis Khan (1167-1227), l'invincible prince mongol s'enorgueillissant d'être l'enfant d'une biche blanche et d'un loup bleu tombé du ciel : « Le Fils illustre, chef d'une petite tribu, mit en déroute l'armée des Kin forte d'un million d'hommes, puis il vainquit des dizaines de royaumes. Comment put-il accomplir pareils exploits ? Il possédait la force des loups, oui, mais il était armé aussi de leur patience. Sans patience, il n'y aurait ni loups, ni chasseurs, ni Gengis Khan. » L'empire, à la fin du cycle, s'étendait de Pékin à Budapest…

Au gré du temps, cependant, cette représentation de l'alliance homme/loup se disperse avec le changement d'usage des territoires, l'accroissement des communautés humaines, pastorales, le loup, ce « partenaire », ce commensal redoutable, se mue insensiblement en adversaire des hommes et des troupeaux et devient l'intrus que l'on s'efforce de repousser. Dès le VIe siècle avant J.-C., selon les lois du législateur Solon considéré comme un des sept fondateurs de la démocratie athénienne, on le pourchasse, on offre des récompenses quand on l'exécute. De la même manière, les Burgondes, les Saxons et les Wisigoths gratifieront de présents ses chasseurs courageux.

Parmi quatre cents fables d'Ésope, vingt-cinq traitent du fourbe, du loup prompt à égorger les brebis. Après lui, Pindare durcit le ton. Le canidé dans ses écrits combine ingratitude et injustice, et transgresse le calme des communautés pacifiques. Deux siècles plus tard, sans quartier, Aristote fustige ce destructeur de moutons, d'ânes et de taureaux. À son tour, le poète comique Plaute imagine la plus cruelle des formules : « *Homo homini lupus* », l'homme est un loup pour l'homme, que Thomas Hobbes, au XVIIe siècle, assouplira : « À l'état de nature, l'homme est un loup pour l'homme. »

Ainsi fixés, les traits vont se durcir à partir du Moyen Âge, l'iconographie désignera le loup comme la figure du Malin avec une profusion d'images de Jésus combattant l'animal « oblique ». Au VIIe siècle, dans son *Encyclopédie*, l'évêque Isidore de Séville avait réservé à *Canis lupus* le statut de *bestia*, au même titre que lion, léopard et tigre, qui « de la gueule ou des griffes manifestent leur rage ». « Diabolique », « maligne bête », « ravisseur », le loup incarne une malédiction qui mérite chasse et perce. Synonyme de ruines, de carnages, aucune chose ne semble être plus rusée, mieux armée, plus subtile que l'Ysengrin des comptines et des contes. Les mercenaires des princes, lansquenets, naturalistes, bourgmestres, louvetiers, seigneurs, nobles comme roturiers se liguent contre le prédateur. Quant aux plus humbles, redoutant ses rôderies, ils éprouvent des terreurs, des cauchemars ensanglantés. « Aucun animal comme le loup n'a sans doute fait l'objet, de la part du Moyen Âge occidental, d'une condamnation aussi ferme et catégorique, écrit Jean-Marc Moriceau, historien du loup. Aucune hésitation n'est de mise : il est le pire de tous, le seul animal à être méchant aussi bien vivant que mort. » Pour une large part, les troupeaux ravagés, éviscérés, justifiaient sans doute cette aversion, comme en témoignent les documents rassemblés par Moriceau. Bardés d'expérience, les capitaines, les maîtres de chasse, véritables héros des populations, entretiennent longtemps la crainte, ainsi le Grand Veneur Jacques du Fouilloux, au XVIe siècle, qui dépeint le loup de cette manière : « Entre tous les animaux sauvages vivant dans les bois et sujets à la chasse des hommes et des chiens, le loup est le plus méchant qui fait le plus de mal et de nuisance et qui plus mérite d'être questé, couru, chassé et halé des chiens et des hommes. » Outre-Manche, la condamnation n'est pas moins franche, ainsi le commentaire de l'historien Keith Thomas : « On accordait droit (c'est-à-dire une chance de se sauver) aux lièvres, aux daims parce qu'ils sont des bêtes de chasse, mais on n'a jamais compté comme cruel ou comme déloyal de frapper sur la tête des renards ou des loups quand on peut les trouver, parce que ceux-ci sont des bêtes de proie. » Du bandit, du hors-la-loi on dit qu'« il porte la tête du loup ». Sous le règne de l'Écossais Jacques Ier, un chef Campbell offrait la même récompense pour la tête d'un Mac Gregor et celle d'un loup, quand, en Irlande, à l'époque de Cromwell, on comparait les Tories à des loups dévorants.

Hommes de science et de parchemins, savants naturalistes et collectionneurs de faits criminels se surpassent, « le loup est l'un des animaux dont l'appétit pour la chair est le plus véhément », note l'intendant du Jardin du roi, Georges Louis Leclerc, comte de Buffon dans sa monumentale *Histoire naturelle* (1755). La condamnation ne souffre aucune remise : « Le loup est l'ennemi de toute société, il ne fait pas même compagnie avec ceux de son espèce. Il n'y a rien de bon dans cet animal, il exhale une odeur infecte par la gueule ; comme pour assouvir sa faim il avale indistinctement tout ce qu'il trouve de chairs corrompues, des os, du poil, des peaux à demi tannées, il vomit fréquemment et se vide encore plus souvent qu'il ne se remplit. Enfin, désagréable en tout, la mine basse, l'aspect sauvage, la voix effrayante, l'odeur insupportable, le naturel pervers, les mœurs féroces, il est odieux, nuisible de son vivant, inutile après sa mort. »

Pas de quartier : concentré sauvage d'agressivité, antithèse d'une nature apaisée par les efforts des hommes, que la Bête meure !

Mars 2012. Une brève information apparaît sur le site Internet de *Vosges-Matin* : après un siècle d'absence, le loup serait de retour aux Pays-Bas, on aurait aperçu un spécimen à l'est de la province de Gelderland, non loin de l'Allemagne voisine. Cette annonce suscite aussitôt les commentaires des blogueurs : « Excellente nouvelle ! Dans moins de dix ans, les loups du Nord, venus de Pologne ou d'Allemagne, rejoindront les loups du Sud venus d'Italie. Comme ces derniers seront mélangés aux loups ibériques, nous retrouverons de magnifiques loups européens. Un tel brassage génétique ne peut qu'être favorable à l'espèce, une fois de plus le loup montrera à l'homme la voie de la sagesse ! » « Eh oui ! renchérit l'autre, le brassage génétique se fera d'autant mieux avec cette nouvelle arrivée des loups de Pologne. Oui, si les loups d'Espagne pouvaient envahir rapidement les Pyrénées, je pense, j'espère que le loup alors recolonisera la France entière et c'est tant mieux. » « Super ! s'enthousiasme celui-ci, il nous appartient de nous plier à leur loi qui n'est pas si oppressante. Comme nous il doit se nourrir, et c'est normal. Les loups étaient là avant nous et nous nous sommes installés sur leur territoire. »

21 juin 2012. « Loup et agneau : cohabitation impossible ? » interroge Catherine Vincent, journaliste du *Monde* télématique. « L'été. Pour les moutons, le temps des alpages. Pour les ber-

gers, celui de la peur du loup. En 1992, lorsque le loup réapparaît naturellement en France depuis les Alpes italiennes, les mouvements écologistes avaient salué son retour avec ferveur. Personne semble-t-il n'avait prévu que les représentants de l'espèce, qui se comptaient à l'époque sur les doigts d'une main, seraient aujourd'hui près de deux cents en France. Ni qu'ils viendraient fragiliser à l'extrême une agriculture pastorale déjà bien malmenée. »

Commentaires des blogueurs : « Au Moyen Âge, un million d'hommes, un million de loups. Aujourd'hui, soixante millions d'hommes, quelques centaines de loups... À votre avis, quelle espèce a exterminé – le mot n'est pas trop fort – l'autre ? Pourtant, qui a eu le mauvais rôle dans nos imaginaires (prédateur, nocturne, sanguinaire, féroce) ? » « Libérer le pastoralisme des contraintes de la prédation... qu'est-ce que qu'il ne faut pas entendre ! Les brebis sont quand même élevées pour être mangées, ce ne sont pas des animaux de compagnie. » « Mais qu'ils arrêtent [les éleveurs d'agneaux] ! Personne ne leur demande de se sacrifier, personne n'est prêt à payer pour qu'ils puissent continuer ! A-t-on subventionné les rémouleurs, les rétameurs et les cardeurs de matelas quand ces métiers sont devenus inutiles ? Pourquoi pas les charrons, les savetiers et les tresseurs de scoubidous tant qu'on y est ? Par contre, nous sommes prêts à payer pour qu'ils se recyclent, qu'ils apprennent à faire quelque chose d'utile de leur vie. »

Les points de vue célébrant le retour du prédateur après des décennies d'absence font fureur sur le Net tandis que journalistes locaux, naturalistes, ethnozoologues, éthologues et zoologues, tous « spécialistes » de l'avant-scène louangent la résurrection de cette victime de l'indignité humaine au fil des siècles. Modernes pythies, ceux-là entendent faire justice au loup, « bouc émissaire que les princes archaïques et leurs héritiers avaient qualifié Fléau de Dieu ». Cette résurgence du grand canidé signifierait désormais la restauration victorieuse d'une nature brute, authentique. « Le loup représente à nos yeux un contact avec ce qui est réellement sauvage. L'absence de cette sensation nous a laissés dépouillés, comme en attente de quelque chose. Il porte en lui un élément symbolique qui échappe à l'homme totalement : son existence exprime la liberté absolue, ceux qui veulent tout dominer – nature, vie sauvage, Ouest et la terre entière – ne peuvent le tolérer » s'enchante la biologiste Renée Askins. « Regardons les loups, contemplons-les ! Dans l'absolue liberté de leur course, de leurs amours, ils nous apprennent ce sens de la vie qui nous échappe, qui se dérobe à nous, nous effraie et nous attire. Lorsqu'ils hurlent sous la lune, nous savons que le paradis est ici, là où ils sont », renchérit la pianiste Hélène Grimaud.

D'autres, puisant des arguments dans un « refoulé » psychanalytique, discernent dans la figure du loup l'incapacité humaine à exprimer ses pulsions profondes… « À travers les siècles, nous avons projeté sur le loup des qualités que nous haïssions, que nous craignions le plus en nous-mêmes. Car nous avons vu en lui notre alter ego sauvage et libre. Le loup n'a pas seulement été mal perçu, incompris, mais diabolisé au paroxysme d'un mépris envers nous-mêmes. Le loup que nous avons persécuté n'est pas celui qui chasse, hurle dans la nuit, dans les solitudes de son territoire, mais un loup conçu par nos soins, quelque part dans les régions hantées et infernales de notre psychisme », estime Barry Lopez, écrivain américain.

Certains, lyriques, célèbrent le fauve comme un chef-d'œuvre de la Création : « Le loup incarne un art des plus raffinés, il est impossible de se trouver en présence de cet animal sans se sentir sublimé. Comment côtoyer tant de beauté sans ressentir l'envie de lui ressembler ? » déclare le philosophe américain Marc Rowlands. Le canidé est encore l'acteur d'un patrimoine vif : « Il est certain que l'on pourrait vivre sans loup en France, mais alors il faudrait admettre que l'on puisse vivre sans Mozart », confie le vétérinaire François Moutou, président de la Société française pour l'étude et la protection des mammifères. Dans cette présence, quelques-uns perçoivent une figuration des exclus du monde : « Le loup dans l'esprit humain, c'est le Juif des animaux », écrit Boris Cyrulnik, psychanalyste, neurologue-psychiatre-éthologue ; « Refuser le loup, c'est refuser le diable, la femme, la nature, l'hérétique, c'est refuser tout ce qu'on veut… » renchérit Geneviève Carbone, éthologue.

Quant à l'écologue Pierre Jouventin, un temps directeur de recherches au CNRS, il affirme, catégorique : « Le loup est lié au monde des hommes comme aucun autre animal, ne serait-ce qu'au plan métabolique, l'origine de l'homme n'est-elle pas la même exactement que celle du loup, c'est-à-dire des chasseurs en meute, ne sommes-nous pas nous-mêmes des animaux ? Nos modes de vie, nos comportements sociaux étaient identiques, voilà pourquoi nous sommes si proches psychologiquement. » S'épanchant sur l'extrême sociabilité du loup, son courage, sa prudence au combat, une férocité qui n'exclut nullement une solidarité à l'égard de ses pairs, malades, jeunes ou blessés, celui-ci, fort de ses compétences, s'interroge : les canidés seraient-ils naturellement plus policés, plus civilisés que nous-mêmes ? « L'homme est moins altruiste que le loup, qui l'est surtout par instinct, alors que nous le sommes par culture, un système de transmission plus rapide que l'hérédité certes, mais plus fragile aussi, qui peut casser à chaque génération, ce qui est le cas en ce moment dans notre civilisation en crise. Lorsque le vernis culturel se craquelle, quand la société perd ses ancrages locaux et familiaux en accroissant sa population, notre infériorité génétique apparaît. S'il n'a pas été éduqué, ou s'il remet en question cette éducation, l'homme ne ressent pas comme le loup cette pulsion instinctive qui l'oblige à le faire. Par conséquent, cette civilité peut disparaître de nos sociétés en une génération, alors qu'elle est plus solide et durable chez les loups. » Et de conclure : « Notre espèce, si elle veut perdurer, devrait prendre modèle sur le loup au lieu de le mépriser. »

Vérité de la nature contre une artificialité sociétale, telle serait la singularité profonde du loup. « Ce retour tant attendu, c'est un peu de la couleur du vivant, du sauvage, de la spontanéité peinte sur la grisaille de nos champs bourrés de pesticides, gavés de nitrates jusqu'à la nausée, truffés de mutagènes, se réjouit France Nature Environnement. Sans ce super-prédateur, nos écosystèmes montagnards et forestiers s'appauvrissent, s'abâtardisent, se transforment en poulaillers à ciel ouvert. »

Effacée la Bête médiévale destructrice, place au prédateur symbole d'une nature restaurée, emblème des espaces reconquis sur les déprédations humaines ! Au concert des louanges, on ajoute l'intérêt scientifique. S'il appartient au « patrimoine faunistique », le loup constituerait même le nœud des interactions d'une biodiversité inextricable, son expansion surprenante serait une bénédiction, un signe émergent de la santé des écosystèmes en cours de régénération, le repeuplement inéluctable d'un empire. « Le loup met en valeur l'espace protégé, avec son retour, la chaîne alimentaire est complète, sont présents désormais tous les prédateurs, toutes les proies », déclare ainsi Florian Favier, porte-parole du parc national du Mercantour. Pourchassés naguère pour les ravages qu'ils infligeaient aux troupeaux, voire aux hommes, les loups sont érigés en gardiens des forêts, gestionnaires d'une nature qu'ils rétabliraient, « réguleraient » en éliminant des parts de la surpopulation des herbivores sauvages qui nuisent à l'équilibre des grands espaces... Et si aux mouflons, marmottes, chevreuils et sangliers il arrive que les loups préfèrent un abondant cheptel d'ongulés domestiques, moutons, agneaux, ces proies aisées, offertes, n'est-ce pas dans la nature des choses ?

L'aube du XXIe siècle annoncerait-elle un Âge du Loup démontrant l'égarement des anciens à son encontre ?

Mais enfin, que sait-on vraiment de *Canis lupus* ?

Canis, « chien », *lupus*, « loup ». Le botaniste suédois Carl Linné l'inscrit en 1758 dans son système de recension et de classification des espèces. Inclus dans la famille des Canidés[1], le loup gris comprendrait des sous-espèces en Eurasie, au Mexique, Canada et en Alaska. Celles-ci, voilà trente mille ans, se seraient différenciées au gré des isolats lors des périodes de glaciation. Selon les connaisseurs, leur nombre varie, leurs singularités étant objets de controverses au regard des études menées depuis le siècle dernier. On dénombre ainsi une dispersion de huit, douze, puis d'une quinzaine de sous-espèces selon de récentes conclusions, les estimations pour l'Europe identifiant des « lignées » espagnole, *lupus signatus*, et italienne, *lupus italicus*, dont les quelques centaines de spécimens installés en France.

Comme les carnivores contemporains, *Canis lupus* relève des Miacidés. *Leptocyon shermanensis*, ou *Canis davisii*, serait le premier canidé surgi à la fin du miocène, il y a cinq millions d'années, époque des premiers singes évolués, tandis que les continents poursuivaient leur dérive.

En Europe, les premiers loups seraient apparus au début du pléistocène, il y a deux millions d'années environ, selon la découverte en val d'Arno de *Canis etruscus,* son espèce fossile.

1. De treize à quatorze genres, une quarantaine d'espèces parmi lesquelles chiens, dingos, coyotes et chacals.

D'une taille inférieure à celle du loup de l'Europe d'aujourd'hui, il se serait éteint au profit de *Canis lupus mosbachensis* à la fin du pléistocène supérieur, entre 900 000 et 600 000 ans. L'alternance des périodes glaciaires puis tempérées à l'échelle planétaire aurait provoqué un gigantesque brassage de faune, suscitant d'intenses migrations herbivores suivies de leurs prédateurs. Voilà 750 000 ans, les loups colonisèrent l'Amérique du Nord, l'Asie, le Moyen-Orient et l'Europe. *Canis dirus*, autre canidé, peuplait déjà l'Amérique. De taille élevée, plus massive que le loup gris continental, ce carnivore taillé pour la course chassait en groupe, semble-t-il, et se nourrissait de chameaux, comme en témoignent les quelque trois mille six cents fossiles de l'espèce découverts par les zoo-archéologues. Outre *Canis dirus*, le fameux loup gris *Canis lupus* évoluait donc en Amérique. Ces deux espèces auraient coexisté dans la partie nord du continent jusqu'au déclin progressif, voilà 14 000 ans environ, de *dirus,* au gré des évolutions climatiques et de l'extinction de ses proies de prédilection. Le loup gris, alors, serait devenu le plus grand canidé du continent nord-américain, où il s'adapta morphologiquement à la faveur de la diversité des habitats.

Fréquentant les steppes découvertes, dotée d'une plasticité hors pair, l'espèce se répandit peu à peu dans les toundras, les taïgas de Sibérie, les déserts arabiques, les pentes de moyenne montagne, les forêts de plaine, les garrigues et les maquis méditerranéens, landes, zones marécageuses. Plus vaste que celui de n'importe quel autre mammifère, son domaine devait s'étendre progressivement sur l'hémisphère Nord, l'hémisphère Sud, où finalement il céda la place à d'autres canidés, les zones amazoniennes et sahariennes demeurant hors de son peuplement.

Aujourd'hui, on estime la population mondiale de *Canis lupus* de deux cent mille à quatre cent mille individus, une démographie remarquable si l'on considère que l'animal fut chassé par le peuplement humain et condamné sans trêve, des siècles durant, sur l'ensemble des continents. Le loup, de fait, reconquiert les espaces perdus, en Europe notamment, à la faveur de son nouveau statut d'espèce protégée selon la convention de Berne de 1979…

À l'orée du XXIe siècle, il est recensé dans quarante-six pays. Outre quarante mille spécimens russes, *Canis lupus* évolue dans les républiques d'Asie centrale, Kazakhstan, Kirghizistan, Ouzbékistan, Tadjikistan et Turkménistan, sans omettre les deux à trois mille individus de Roumanie. Avec vingt mille loups, la Mongolie n'est pas en reste, tandis que la Chine compterait une population de douze mille animaux. Alaska compris, ils seraient près de soixante mille en Amérique du Nord.

Deux mille cinq cents animaux évolueraient en Espagne ; comparativement, les quelques centaines de *lupus italicus* installés en France et en Suisse constituent un contingent modéré, tout comme la dizaine de loups polonais nichant en Allemagne, ou les vingt spécimens suédois peuplant la Norvège… Cette expansion, néanmoins, témoigne des facultés de reproduction de l'espèce, de sa dissémination à la faveur de la désertification agricole des terroirs d'Europe occidentale.

« Les loups se nourrissent par leurs pattes », dit un proverbe russe, leur singularité en effet n'est pas la vitesse, mais l'endurance. D'une constitution robuste, doté de longues pattes, de « pieds » larges, d'assises musculeuses, cet infatigable coureur de fond en quête de proies peut franchir cent kilomètres en une seule nuit, surgissant où l'on ne l'attend pas… En Finlande, l'été, remarque le géographe Xavier de Planhol dans *Le Paysage animal*, il peut arpenter quatre à cinq cents kilomètres par les lignes de collines, les cordons morainiques, au fil de pistes calquées sur les parcours des grands ongulés sauvages, ses proies de prédilection. Le « pistage » d'un loup équipé d'un collier GPS près de Parme, en 2004, a permis, neuf mois durant, de suivre son cheminement depuis les contreforts des Apennins. Passant routes et autoroutes à maintes reprises, ce loup témoin approcha le littoral méditerranéen près de Rapallo, avant de poursuivre sa divagation dans les plaines et les collines de Mondovi, pour se diriger enfin vers la France par le Pesio, le col de Turini. Cet individu solitaire regagna l'Italie ensuite, bouclant un parcours d'un millier de kilomètres... Le « pisté », après une période de stabilisation, fut découvert finalement, à l'état de cadavre, dans le Valle Pesio, à proximité du Mercantour, victime probable d'un congénère.

Empruntant sans désemparer des cols, des passes à 2 900 mètres, le loup franco-italien, pour autant, n'est pas inféodé aux seuls territoires d'altitude. Opportuniste, il hiverne entre 800 et 1 800 mètres dans les forêts denses des fonds de vallée, au rythme des migrations saisonnières des hardes ongulées, chamois et mouflons, puis, à l'approche de l'été, il gagne les crêtes, au gré de ses proies, des troupeaux ovins transhumants.

À première vue, *Canis lupus* ne paie pas de mine. De faible envergure, bien moins corpulent que ses congénères sibériens et nord-américains qui peuvent atteindre un poids de quatre-vingt-dix kilos, le sien oscille entre vingt-six et quarante kilos pour une taille de cent dix centimètres environ. Efflanqué, pelage hirsute, longs poils gris auréolés de colorations jaunâtres, camouflage adapté à l'environnement, queue épaisse, courte, portée bas, son allure générale tient du berger allemand. Mais il ne faut pas s'y tromper. Outre des membres antérieurs pourvus d'un cinquième doigt sur leur face externe, un ergot acéré, crochu, une gaffe qui lui permet d'accrocher sa proie, *italicus* concentre sa puissance dans sa gueule. Ses mâchoires ont une capacité de pression de 150 kg/cm^2, deux fois supérieure à celle du pitbull, sept fois celle de l'humain. Le rotweiler, seul, peut prétendre à pareille efficacité. Pour maîtriser une proie, qui peut représenter plusieurs fois sa taille, *Canis lupus* dispose de quatre grandes canines, ces crocs, longs de six centimètres souvent, lui permettent de maintenir sa victime en gueule. Les carnassières, les « croqueuses », comparables à des cisailles, déchirent, découpent les tendons et les chairs les plus coriaces, tandis que ses molaires peuvent broyer les os les plus solides.

Complétons ce tableau par un odorat aiguisé, subtil, le loup « a du nez ». Alors qu'un chien chasse, truffe au sol, le loup « prend » le vent, une source d'informations qui instruisent sa traque. Grâce à cette vertu olfactive, le loup parvient à jauger si sa proie potentielle est éloignée ou proche, apaisée ou fuyante. Il peut « capter » un cervidé, un marcassin ou un renard, « éventer » des brebis à des kilomètres, bien avant de les visualiser. Ajoutons une ouïe affolante, capable d'identifier un infime mouvement, un rongeur tapi sous la neige, par exemple. Nonobstant un regard qui « transperce littéralement », selon le lieu commun, *Canis lupus* n'est pas doué d'une vision exceptionnelle. Implantées à l'oblique, ses pupilles noires sur fond jaune, « ambré » disent les connaisseurs, distinguent un sujet éloigné de deux à huit mètres, mais la vue se brouille au-delà, elle devient floue comme une photo prise au grand objectif à faible distance. Cette myopie résulte d'un défaut de *fovea centralis*, une dépression derrière la rétine dont humains et primates sont heureusement dotés. En revanche, le loup jouit d'une parfaite vision périphérique qui lui permet de percevoir le moindre mouvement, jusqu'au minuscule moustique situé à une distance de trois mètres, et, au-delà, de « suivre » le déplacement du gibier convoité. À dire vrai, les loups voient mieux la nuit, sous les étoiles, grâce au *tapetum lucidum*, une substance réfléchissante qui tapisse l'arrière de leur rétine, accroissant par dix la source de lumière perçue.

Qu'on imagine maintenant ce super-prédateur, pourvu de pareils accessoires, rôdant, invisible, aux lisières des forêts, des pâturages, des bourgs et des hameaux, à l'affût, prêt à user de tant de puissance pour satisfaire son appétit journalier, soit huit à dix kilos de viande fraîche. Dès lors, on saisit mieux pourquoi éleveurs et bergers redoutent ses divagations dans les alpages, sa liberté d'agir à sa guise en vertu d'un traité international de protection...

Certes, admettent ses laudateurs. Mais, arguent-ils aussitôt, l'élément déstabilisateur, le perturbateur ne serait-il pas l'élevage ovin précisément ? Nostalgiques des chasseurs-cueilleurs, ceux-là sont unanimes : *Canis lupus* et les premiers hommes vivaient en bonne intelligence, ensemble, sans concurrence ni conflit !

Ces discours répétés à satiété depuis vingt ans s'escriment à « inverser » l'image du loup carnassier, dévoreur d'enfants pastoureaux selon les contes et les légendes. Que cessent ces croyances d'un autre âge, restituons plutôt ses titres de noblesse à ce protagoniste, quand le loup gris était l'allié, non l'ennemi à tuer ! Empruntant la machine à remonter le temps, gommant, usant sans vergogne de tous les raccourcis, une étonnante épopée de l'homme et du canidé nous est contée...

Voilà deux millions d'années, il était une fois l'ancêtre loup ! Manteaux de forêts denses, steppes, glaciers, landes, déserts sans frontières, vallées, escarpements inhabités, où seule régnait la loi biotique, cette antédiluvienne chaîne alimentaire. Dans cet Éden exempt de l'homme prédateur, la famille Canidé se développait, elle se diversifiait et conquérait la planète.

Tout juste dressé, dorsale encore fragile, *Homo erectus* est alors un mammifère comme tant d'autres dans une nature vierge, il cueille, chasse et pêche sans perturber aucun équilibre. Ne pouvant compter que sur de médiocres forces, *erectus* survit dans la seule angoisse des ténèbres, redoutant le loup, auquel pourtant il voue une adoration paradoxale. Les carnivores à quatre pattes traquent le même gibier que lui, de taille analogue ils chassent en groupe, comme lui ils sont dotés de structures sociales qui leur assurent survie dans un univers hostile. Dans cette âpre quête de pitance, *Homo erectus* n'a de cesse qu'il ne suive, ne copie les comportements du loup, n'imite sa vélocité, appliquant ses ruses, prenant exemple de sa patience et de sa vivacité silencieuse, de son discernement pour atteindre la proie. « Frère aîné » supérieur en tout, *Canis lupus* sera donc éducateur des premiers hommes, ceux-ci le prendront pour modèle. Ne pouvant rivaliser avec les fauves dotés de crocs, de griffes dont il est dépourvu, *Homo erectus* substitue à cette faiblesse des éclats de galets, des pointes de silex. *Canis lupus,* pour sa part, n'a qu'avantages à tirer de la fréquentation de cette espèce bipède, lente mais astucieuse, armée surtout. Ainsi, à force de frayer des terrains de chasse identiques, de traquer le même gibier selon des techniques complémentaires, observation, pistage, poursuite, rabattage des animaux de haute taille vers des embuscades fatales, émerge entre les deux espèces, selon nos éthologistes contemporains, une « chasse coopérative interspécifique ». Rivaux d'abord, canidés et humains découvrent le parti qu'ils peuvent tirer les uns des autres, les premiers contraignant leurs proies à une course éperdue, tandis que les seconds s'embusquent sur le parcours du gibier convoité... Ce « réseau de comportements socialement transmis » durant les millénaires accouche d'une « culture » construite entre les deux espèces, chacune se mêlant des parades de son partenaire ! Déséquilibres et désaccords se résolvaient à l'amiable, chacune des parties s'adaptant à l'existence, à la « conscience », à la croissance de l'autre...

Las, fondé sur un pacte de non-agression homme/loup, une symbiose, une coalition en somme, cet « écologisme spontané des chasseurs-cueilleurs » se serait interrompu dans l'épisode final du paléolithique. Plutôt que de s'épuiser en traques de gibier, en cueillettes harassantes, baies, graines, grains de céréales, *Homo sapiens sapiens*, résolument moderne, rassemble animaux et plantes dans un espace fixe, une aire limitée que lui-même ne quittera plus ! Partie inhérente de l'espace terre, climats mêlés à une nature proliférante, le chasseur nomade se mue en éleveur sédentaire, « fournisseur » d'animaux domestiqués selon ses besoins exclusifs. « Survient alors, pour le plus grand malheur du loup, un double phénomène conjoint qui instaure les conditions de son rejet violent : l'adhésion des cultures ouest-européennes au système agropastoral et au christianisme », écrit l'éthologiste Geneviève Carbone dans *La Peur du loup*. « Dans notre histoire avec le loup, tout a basculé avec l'élevage, dès lors il cessa d'être un prédateur digne d'être imité pour devenir la bête à craindre et à haïr », renchérit Luigi Boitani, professeur de biologie animale à l'université romaine de la Sapienza, dans le magazine *Terre sauvage*.

Une industrie de la mort du loup commence alors. L'invention d'armes redoutables, arcs, flèches, lances, poisons et pièges, va permettre à l'espèce humaine de déployer une technologie de la tuerie dont les anciens « partenaires » à quatre pattes seront les victimes.

L'ère des persécutions s'ouvrait...

Cette construction évolutionniste forme l'armature des arguments répétitifs des associations de protection du grand canidé qui foisonnent sur la Toile. « Fut un temps où l'homme prenait le loup en exemple. Les conflits sont apparus quand les hommes ont commencé à élever, à produire leur propre nourriture, au lieu de chasser les animaux et de récolter des plantes sauvages. Les loups ont continué à chasser comme avant, mais ils ne trouvaient plus de gibier aussi facilement puisque les humains avaient domestiqué les animaux sauvages, les moutons et le bétail pour leurs propres besoins. Alors sont nées les rumeurs, le loup a été déclaré nuisible, prédateur à abattre[1]… »

« Les "écologistes" ont adopté avec enthousiasme cette idée du massacre pléistocène, y voyant une manifestation de plus de l'action destructrice de l'homme, écrit Xavier de Planhol dans *Paysage animal.* Le destructeur incriminé est le paléolithique. Ce n'est plus le civilisé, notre contemporain, homme du progrès matériel et de la technique, qui est chargé de tous les maux, c'est l'homme lui-même. » Au risque d'irriter les nostalgiques d'un Éden interrompu, le géographe, soucieux de retracer l'histoire complexe, subtile ô combien, des rapports entre hommes et animaux sauvages dans l'espace et le temps, s'attache à rectifier quelques idées à l'œuvre : « Le chasseur collectif n'avait de pouvoir attractif qu'occasionnel sur le monde animal en quête de nourriture et de confort ; en revanche, par sa production agricole, les animaux domestiques qu'il accumule autour de lui, les aliments carnés et végétaux qu'il se procure en abondance et rapporte chez lui grâce à la collecte, la chasse, la pêche, l'homme développa chez les animaux sauvages

1. amilou.net

une tendance évidente à la commensalité. Un très grand nombre d'espèces, sinon toutes, des plus chétives aux plus imposantes, pressentaient en lui, plus ou moins, une source de richesse dont le voisinage ne pouvait qu'être fructueux. L'épisode décisif fut évidemment l'apparition du complexe agropastoral du néolithique, il est même probable que les félins, ainsi que les canidés, loups, renards, aient connu un accroissement numérique notable avec la multiplication des troupeaux domestiques… »

Étrangement, cette dimension est « négligée » par les amis de *Canis lupus* réécrivant le passé à la lumière des « valeurs » en vogue. Comme il faut un coupable, le soupçon pèse désormais sur la domestication des animaux et des plantes, un ressort « antinaturel » qui devait faire de l'homme un être de puissance à la conquête du monde. De site en site, l'argumentaire est relayé par les blogueurs : « Au moment de l'histoire où l'homme s'est séparé du loup, il n'a pas seulement renoncé à un ami, bon nombre de changements allèrent de pair avec cette rupture. » Le réquisitoire est simple, abrupt : « Quand il s'est arrêté de chasser pour transformer ses proies en bétail, l'homme a entamé un processus contraire à la nature. Domestiquant ses proies, moutons, chevaux, vaches, chèvres et chiens, il a rompu le cours de l'évolution naturelle, la loi élémentaire de la vie, où survie, évolution de chaque espèce dépendent de l'action directe du prédateur qui lui est associé. À chaque prédateur, sa proie[1]. »

Fort répandu, ce principe d'équilibre interne à la nature suggérant que chaque espèce imperceptiblement s'inscrit dans une chaîne continue du vivant n'est pas sans rappeler l'interprétation théologique de la continuation des espèces comme part magique d'un plan divin. Ainsi ce commentaire glané dans la sphère numérique : « L'homme n'est qu'un maillon de cette grande chaîne sur cette terre, un maillon plus important, c'est vrai, mais qui n'est pas indissociable de cette chaîne. Pour preuve, comme chaque être vivant sur cette planète, l'homme meurt, chacun a donc droit à une place, l'ours, le loup, le renard, la belette, le moustique ou l'homme, aucun de ces êtres n'étant au-dessus ou en dessous, tous participent d'une chaîne vivante[2]. » Ne croirait-on pas entendre, dans cette harangue, les prédicateurs d'antan : « Nous disputons dans les écoles pour savoir dans le cas où il serait possible à l'homme de détruire l'une quelconque des créatures de Dieu, même si ce n'était que les espèces de crapauds et d'araignées, car ce serait

1. reportage.loup.org

2. Ce commentaire fait suite à l'article critique, « L'année du loup », publié dans *Le Monde* (12 mai 1999) par Jacques Gaillard, maître de conférences à l'Université Marc-Bloch de Strasbourg.

supprimer l'un des maillons de la chaîne de Dieu, une note de son harmonie[1]. » Le blogueur poursuit : « Comment pouvons-nous décider du droit de vie et de mort sur un animal qui fut sur terre avant l'homme ? Pouvons-nous décimer une race sous prétexte qu'elle est sur le territoire que l'homme occupe ? N'est-il pas immoral de concevoir que l'homme ait le droit à la terre et que l'animal doive se plier à ses décisions ? Nous ne pouvons jouer avec la nature sans avoir des retombées : chassez celui-ci, exterminez-le, et vous verrez qu'un autre fléau naturel s'abattra, entraînant des conséquences peut-être plus graves. Nous avons les moyens d'empêcher ces excès de violences et de rage qui nous hantent depuis les siècles envers le loup, ne sommes-nous pas dotés d'intelligence, ne sommes-nous pas une race dite supérieure ? En réagissant ainsi, nous ne sommes même pas au niveau animal, car jamais vous ne verrez un loup exterminer sa race. »

Asservissant la vie sauvage, l'homme, prédateur suprême, aurait donc profané, détruit un équilibre naturel sacré, à seule fin d'établir sa domination. Quant aux animaux domestiques, ils n'appartiennent plus à la faune, ils sont autres... Les loups massacreurs de moutons placides ? Pourquoi en irait-il autrement, quand

1. Keith Thomas, *Le jardin de la nature*, Gallimard, 1985.

« des siècles de domination ont fait des brebis des créatures dépendantes, privées d'un instinct naturel leur permettant de réagir face au danger », lit-on dans le magazine *Terre sauvage*. « Il faut comprendre que pour le loup, le mouton est un animal aberrant, débile, qui ne sait ni se défendre, ni s'enfuir, précise un fonctionnaire, agent du parc du Mercantour. Du coup, ils ne peuvent réprimer leurs réflexes instinctifs les plus vitaux, ça les rend fous. Un chevreuil leur aurait demandé quelques jours de chasse, une stratégie élaborée, alors qu'un troupeau soumis et passif... »

L'inadaptation d'un bétail « dégénéré », « imbécile », serait donc coupable des prédations du carnivore sauvage. Mais que l'on se rassure, rien ne semble perdu : des éleveurs canadiens, semble-t-il, œuvrent en compagnie de biologistes pour « façonner » des lignées ovines et bovines belliqueuses, capables de tenir tête au loup dévoreur...

« L'opposition sauvage/domestique n'est pas biologique ou écologique, mais anthropologique, écrit Jocelyne Porcher dans *Vivre avec les animaux, une utopie pour le XXIe siècle*[1]. Les processus de domestication ne se sont pas faits sans les animaux, mais avec eux, de nombreuses espèces demeurant réfractaires. » La commensalité serait donc consubstantielle aux origines de la domesti-

1. La Découverte, 2011.

cation ? « L'homme a attiré, par sa seule présence et par celle de ses installations et de ses travaux, une foule d'animaux qui se sont groupés autour de lui, constituant une véritable "association de l'homme" au sens biologique du terme, constate Xavier de Planhol. Le phénomène est extrêmement complexe dans ses modalités comme dans son évolution, avec toutes les formes de transition jusqu'à la domestication, qui en a été souvent la conséquence. La charrue et la roue furent les agents décisifs du processus. La liste des commensaux ne cessa de s'allonger, elle s'enrichit au rythme des fluctuations climatiques, les sécheresses par exemple, qui poussaient des animaux affamés, ne trouvant plus leur subsistance dans l'environnement, à se rapprocher de l'homme. On ne connaît pas d'exemple d'espèce animale qui ait renoncé spontanément à la commensalité, bien fol aurait été celui qui serait sorti de l'environnement plantureux créé par les hommes pour retourner vers une nature infiniment moins généreuse. Parmi ceux qui cherchaient à se rapprocher de lui, l'homme, de bonne heure, en distingua certains, dont il pouvait tirer parti. »

Ces réflexions font écho à celles de Buffon, qui envisage en 1733 un pacte dans cette relation binaire, une sorte d'entente mutuelle entre les hommes et les bêtes : « Si l'on fait attention à la faiblesse de la brebis, si l'on considère en même temps que cet animal sans défense ne peut même trouver son salut dans la fuite ; qu'il a pour ennemi tous les animaux carnassiers qui semblent le chercher de préférence et le dévorent par goût ; que d'ailleurs cette espèce produit peu, que chaque individu ne vit que peu de temps, on serait tenté d'imaginer que, dès le commencement, la brebis a été confiée à la garde de l'homme, qu'elle a eu besoin de sa protection pour subsister, de ses soins pour se multiplier ; puisqu'en effet on ne trouve point de brebis sauvages dans les déserts, que dans tous ces lieux où l'homme ne commande pas, le lion, le tigre, le loup règnent par la force et la cruauté ; que ces animaux de sang et de carnage vivent plus longtemps et se multiplient beaucoup plus que la brebis ; et qu'enfin, si l'on abandonne encore aujourd'hui dans nos campagnes les troupeaux nombreux de cette espèce, ils seraient bientôt détruits sous nos yeux et l'espèce entière anéantie par le nombre et la voracité des espèces ennemies. Il paraît donc que c'est par notre secours et par nos soins que cette espèce a duré et pourra durer encore : elle ne subsisterait pas par elle-même. »

À sa manière, Jocelyne Porcher poursuit les observations de ce maître des Lumières : « Le travail avec les humains permet aux animaux de s'émanciper de leur destin de proie, de moins souffrir de la faim, de la soif, du froid, de blessures. Et si la vie est dure, elle l'est pour les hommes comme pour les animaux, mais pour chacun moins que s'ils n'étaient pas ensemble. (…) L'élevage, certes, est fondé sur une relation asymétrique dans laquelle les humains ont un réel pouvoir sur les animaux, dont celui de vie et de mort, assumé comme tel, mais la relation entre humains et animaux dans l'élevage ne renvoie pas moins effectivement à la famille, à l'affection, à l'autorité et au respect. » L'historien britannique Keith Thomas évoque cette relation de proximité entre paysans et animaux fondée sur cette nécessité de faire front, ensemble, face à la nature : « Il est parfaitement vrai, comme le dit avec mépris un observateur du XVIIe siècle, que les paysans et les pauvres gens font très peu de différences entre eux-mêmes et les bêtes. Ils vont avec elles aux champs le matin, s'échinent avec elles toute la journée et rentrent avec elles le soir. » Il décrit la « grande maison », combinaison d'habitation et d'étable à vaches, où hommes et bétail vivent sous le même toit, séparés d'un mur bas, d'un couloir, mais franchissant une même porte. Les animaux vivaient si proches des hommes que ceux-ci les considéraient en alliés, membres subsidiaires de la communauté humaine, liés par un intérêt réciproque envers leurs protecteurs dont la vie dépendait de leur fécondité et de leur santé. « Les bergers connaissaient les têtes de leurs moutons aussi bien que celles de leurs voisins, et certains agriculteurs pouvaient suivre le bétail volé à la trace en distinguant l'empreinte de leurs sabots. On adressait la parole aux animaux domestiques, on les traitait comme s'ils étaient moralement responsables, car leurs maîtres, à la différence des intellectuels cartésiens qui considéraient les animaux comme de purs et simples machines ou automates, ne les ont jamais crus incapables de comprendre. » Keith Thomas note encore le langage même des hommes pour exprimer un sentiment d'affinités entre leur communauté et les animaux, ces termes descriptifs s'appliquant également aux uns comme aux autres : « Les enfants sont les *kids* (chevreaux), *cubs* (chiots) ou *urchins* (hérissons) ; un petit apprenti est un *colt* (poulain) ; et indifféremment on utilise le même terme pour un enfant chétif ou le petit dernier d'une portée. »

Dans un XXIe siècle commençant, où l'animal sauvage est porté au pinacle, ce processus historique de domestication ne serait rien d'autre qu'une entreprise de domination fondée sur un lien d'appropriation, de soumission et d'exploitation, un esclavage des animaux rendus à l'état d'idiots naturels. « L'homme est le seul prédateur qui rend ses proies plus bêtes et moins agiles, le seul qui a rompu le cours de l'évolution[1]. » On décrie les ruraux, ces vilains qui « depuis le

1. reportage.loup.org

Moyen Âge méprisent, placent le loup au niveau du voleur de poules, alors qu'au contraire les peuples chasseurs de l'Arctique, qu'ils vivent en Eurasie ou en Amérique, le vénèrent, lui attribuent des pouvoirs surnaturels bien qu'ils soient en concurrence avec lui ». Pour ces « écologistes » de type nouveau, les éleveurs de montagne, ces péquenots, seraient les véritables prédateurs d'une nature que la réapparition du loup gris, promesse d'une harmonie restaurée, réhabilitera, au prix, s'il le faut, de l'extinction d'une économie agropastorale devenue anachronique ! « La question est de savoir si le pastoralisme dans ses formes actuelles est compatible avec les dangers de la montagne, avec les garanties sanitaires qu'on est en droit de demander aux troupeaux et aux produits issus de ces troupeaux, et tout simplement au bien-être – si l'on peut prendre cette expression – des troupeaux qui peuvent rencontrer des situations imprévues », confie François Moutou, le président de la Société française pour l'étude et la protection des mammifères. « Je ne veux pas jeter la pierre aux bergers, renchérit Pierre Jouventin, chercheur au CNRS, il n'en reste pas moins qu'il va falloir changer la manière d'agir. Ils [les éleveurs] ont perdu la tradition, ils ne savent plus… Ils devront abandonner le métier. De toute manière, ils n'arriveront pas à éliminer le loup, il y en a partout, il débarque de toutes les frontières… »

Que cesse, en somme, la relation anthropologique de l'homme et de l'animal dans l'espace nature ! Que brebis et pasteurs déguerpissent des alpages, que les premières regagnent le confinement de la bergerie, se soumettent à leur fonction d'objet marchand, de « machine à viande » ! Que représentent, au fond, dix mille ans d'élevage ? « Parce que l'homme a été chasseur depuis plus longtemps qu'il n'a été berger et fermier, le lien positif avec le loup s'est enraciné dans notre conscience collective », décrète Pierre Jouventin.

Trois genres d'hommes figurent au panthéon de la science, prétendait Einstein : ceux qui ont choisi de servir, de développer des innovations utiles au bien commun de l'humanité ; d'autres, captés par la dimension sportive de la science ; puis d'autres enfin qui aspirent à satisfaire une ambition en recourant à l'exercice de leurs aptitudes. « Si un ange du Seigneur survenait pour chasser ces deux dernières catégories du temple, ajoutait-il, il n'en resterait que bien peu[1]. » Dans quelle catégorie Einstein aurait-il fait figurer les « spécialistes » de *Canis lupus* ?

1. Cité par Edward O. Wilson, in *Biophilie*, José Corti, 2012.

Eh ! qu'aimes-tu donc, extraordinaire étranger ?
J'aime les nuages… les nuages qui passent…
là-bas… là-bas… les merveilleux nuages !

Baudelaire

Petit matin. Des étoupes grassouillettes, tourmentées, cerclées d'argent, encombrent un ciel laiteux. Du soleil se devine, mais l'emportera-t-il ? Pour l'heure, un lainage est de rigueur. Les mains dans les poches, je traînaille dans une herbe crépitante de rosée. Le parfum des gardénias et des rosiers blancs embaume le Pra-Soubeiran. La conversation de Pierre et Marie-France, en cuisine, s'échappe par la croisée béante, tandis qu'au pas de l'entrée le chat s'étire, l'œil braqué, mine de rien, sur le matou rouquin de la maison d'en face qui flâne, pépère, aux abords de la chapelle de pierres sèches.

J'aime les matins, leur douceur, cette vacuité, éprouver la lumière, l'air, ce plaisir qui colore les choses. Croupions jaunes, huppes cramoisies, un couple de piverts picore l'écorce boursouflée du noyer centenaire, ponctuant sa chorégraphie de « toc toc » sonores. Je ne le vois pas, mais un coucou fredonne, son salut repris à l'envi vaut tous les soleils. Depuis le début de mon séjour, pas un seul matin sans son chant. Est-ce le même trille aujourd'hui ? Ses variations me plaisent. Le ronflement étouffé de l'Ubaye monte du creux de la vallée, j'entrevois ses flots, ses chaos au travers de la ramée. Un miroitement argent, en arc de cercle, dessine les contours de Barcelonnette. Une lumière franche accompagne le déroulement des collines, des bois et bosquets noirs, l'enchevêtrement des crêtes des cimes, très haut, où des traînées de neige affleurent encore. Porté par un frémissement de bise, un tintement résonne au dos de la maison. Des brebis pâturent à l'épaule de la colline ombrée par la falaise assombrie du Chapeau de Gendarme, sous le drap des nuages qu'un souffle de vent malmène j'aperçois le grand troupeau, ses tons craie-blond tranchent sur le vert des prairies pâles. Hier soir, j'ai grimpé le chemin de caillasse à la rencontre de l'éleveur qui déplaçait son parc. Richard vit aux Sanières, près de Jausiers, à l'amont de Barcelonnette. Une chienne border collie l'observait, « elle est en retraite maintenant, je l'emmène pour une promenade, a dit son maître, elle a dix-sept ans, elle en avait sept quand je l'ai prise ». L'éleveur se préparait à monter avec le troupeau vers Cuguret, un massif au-dessus de Jausiers, « je devrais être là-haut depuis une semaine, mais je recule… Depuis deux ans, je suis attaqué par le loup, onze brebis la première fois, treize, la deuxième… » En attendant, il irait prêter la main aux Caire d'Enchastrayes, une semaine de fauche contre l'échange d'un stock de foin. « Hier, ils ont découvert un faon à moitié dévoré, ils ont aperçu un cerf et une biche déboussolés. Ça les inquiète… »

Dos à l'est, les brebis, têtes basses, vont en mouvement parfait, enlaçant la pente sans la moindre rupture, la moindre discordance. Ont-elles conscience du plaisir qu'elles suscitent ? Qu'adviendrait-il de ces paysages si les brebis n'étaient plus ? Chez moi, en Brie, un troupeau qui accourt au-devant d'un voyageur était un signe d'accueil autrefois, croiser un troupeau, un présage. Apercevoir une brebis le matin augurait d'un jour bon.

Ce matin, justement, je dois monter à Pra-Loup, vers l'ouest. Du point où je suis, je distingue à peine les blocs marronnasses des immeubles de la station, ils s'élèvent sur la masse forestière de la Gimette qui se déploie dans des lambeaux d'humidité comme les fumées d'un campement. Pleuvrait-il, là-haut ? Catherine et ses brebis pacagent par là, dans les creux découverts d'un ciel bas.

J'ai fait sa connaissance deux jours plus tôt, Yves Derbez son employeur avait laissé ce message sur mon répondeur : « Catherine garde tout juin dans les hauts de Pra-Loup. Pour l'agnelage. Ensuite, elle montera aux Trois-Évêchés, après, ce sera Vautreuil. Si tu veux saisir le métier... Je lui ai parlé de toi, elle t'attend, si ça te dit... Premier chemin à droite... »

Depuis belle lurette, je m'interroge à propos des bergers, le plus ancien métier qui soit, ce « collectif de travail » qu'ils forment avec les chiens, leurs brebis, cette relation physique, intime, qui les rend indissociables de l'alpage. Au spectacle des moutons, l'émotion me saisit inévitablement quand ils se débandent au flanc d'une pente, puis se rassemblent de nouveau ; par quel mystère, au signe imperceptible du berger, le chien tournoie-t-il autour de deux mille brebis dispersées ; en un parfait ensemble, elles se réunissent alors, trissent dans la direction qu'a décidée leur gardien...

On ne séjourne pas impunément dans les crêtes, d'autant qu'il ne s'agit pas d'une journée solitaire, mais de semaines, de mois. Qui peut demeurer seul aussi longtemps au cœur d'un espace dépourvu de la moindre présence ? Hors un plaisir d'être sur les plateaux, le berger peut-il nous confier cet art de se suffire à soi-même ?

Depuis le temps de leurs ancêtres sumériens, Perses, Hébreux et Grecs, les pastoureaux provençaux savaient parler aux bêtes, aux chiens et aux brebis. « Ils lisent le temps à ciel ouvert, guérissent par les plantes. Qu'ils soient à la fois craints, jalousés ou méprisés par les gens du bas pays n'est que la répétition, sur un cas particulier, d'une règle presque sans exception. À travers l'Europe entière, le berger a toujours été un individu à part », écrit Fernand Braudel dans *Identités de la France.* Si la domestication, puis l'élevage des temps premiers allaient accomplir l'avènement de la civilisation, les errances de ce nomadisme pastoral, ses mouvements, ses déplacements continus constituaient un antagonisme avec les gens des plaines. Le pasteur, au fond, avait beaucoup du chasseur, comme lui il entretenait un lien singulier avec l'animal. Des graminées aux étoiles filantes, rien ne lui semblait étranger. On saisit, dès lors, la défiance du sédentaire à l'encontre de ce pérégrin, sa coiffe à larges bords, ses chausses de socques, les molletières nouées, cette limousine de grosse laine, de poils de chèvre du roulier, les déambulations perpétuelles de ce ludion contrevenant aux règles de l'enracinement en un seul lieu. Le plus souvent, poursuit Braudel, « il a la réputation d'être un *armier* comme on dit dans le Midi, un "messager des âmes", cet intermédiaire entre morts et vivants, capable de causer avec l'au-delà, doté parfois d'une seconde vue. Ce n'est pas sorcellerie, magie noire – bien qu'on puisse à l'occasion l'accuser de "commercer avec le diable" –, mais une puissance au-delà du normal, un pouvoir mystérieux et inquiétant. Un pas de plus, il eût été maudit ».

Rebouteux, guérisseur, amateur des simples, « jeteu » de sorts, que n'a-t-on dit du traîneur de brebailles, aux marges de la vie rurale, dernier des derniers des personnels de ferme, étrange, mutique… C'était faire peu de cas de son influence, de son rôle de transmetteur entre montagnes et vallées. Homme aux semelles de vent, n'est-il pas le berger de Tyr menant troupeau sur les grèves de Phénicie, ce cueilleur de coquillages dégorgeant d'un jus ensanglanté, « d'un rose tirant sur le noir », qu'évoque Pline ? Depuis la haute Antiquité, le roulage, les sentiers de pèlerins, les pistes caravanières, leurs trafics d'encens, d'or, de blé et de soies contrebandières empruntaient la route des troupeaux. Les bergers colportaient les manières des pays bas, dans le sillon des brebis, sur leur passage, ils établissaient des haltes apaisées. L'empreinte de leurs migrations fit naître tout un commerce rural, de secours et de gîtes du bétail nomade. Dans les courbes pâles de l'horizon, il faut observer l'infinité des tracés à l'adret de l'Ubaye, drailles, chemins de terre, signes infimes, imprimés dans les herbages couchés. On distingue le vocabulaire que des générations de troupeaux et de pâtres, à force de partir, de revenir, ont inscrit dans la découpe des pentes. Combien de traces disent la décision des naturels de construire un hameau ici, là, ancrant les hommes dans ces terroirs ? Qui sait que le mot « alpe » puise sa source dans *alpage*, que les dessins aigus, « sommet », « pic », chers aux amateurs de grimpe, sont des inventions, mots-images, des pasteurs de brebis ?

Je me rappelle Barcelonnette, un épisode de la Saint-Michel. La foire touchait à sa fin, les brebis démontagnées, en assourdissant concert, bêlements et sonnailles, s'engouffraient dans les habitacles d'une noria de bétaillères. Tandis qu'un guide remuait la cloche de la brebis meneuse afin de rassurer les suiveuses, à l'abord du camion, une dame, la soixantaine, photographiait la scène. « C'est le troupeau de ma fille, me confia-t-elle, très fière, elle a vingt-trois ans, elle est bergère, elle a passé tout l'été avec ses bêtes au col de Restefond, au-dessus de Jausiers. C'est sa troisième année. J'ai fait exprès le voyage de Belgique pour démontagner avec elle. Hier, nous avons redescendu les brebis, ensemble. Voyez celle-là : c'est la meneuse… elle ne m'a pas quittée de tout le trajet, ça me pince le cœur de les voir partir… » La saison était close jusqu'à l'année prochaine, comment sa fille allait-elle s'occuper maintenant ? demandai-je. « Oh ! elle ne manque pas de projets, entre-temps ! Avec son salaire, elle prépare un voyage en Mongolie cet hiver, l'année dernière elle était en Australie, celle d'avant, au Népal… Il lui reste l'Irlande probablement, la Patagonie, qui sait ? Ma fille a la passion des brebis, vous comprenez ? »

La passion des brebis… Une bonne partie de l'après-midi, au stand Éleveurs et Montagnes, j'avais entendu ces évocations de lointains pays. Je me tenais au siège de l'association d'Yves Derbez, je bavardais avec Marie, sa compagne, une bergère… Petite trentaine, longs cheveux bruns noués en queue de cheval, un beau visage, des traits francs. Curieuse de tout, Marie m'avait posé des questions sur mon séjour à Barcelonnette, puis, de fil en aiguille, d'une voix empreinte d'oc chantourné, elle s'était racontée. Bribes par bribes, Marie avait dévoilé sa manière, le sens du métier de berger[1], qu'elle menait depuis dix ans. En quelques mots, elle m'avait confié son enfance, le Lot, « je suis originaire de Figeac, la ville natale de Champollion ! », le baccalauréat, la fac de lettres, deux ans, Aix-en-Provence, puis l'ethnologie, le tournant. Un été, le hasard mena Marie à Barcelonnette, dans les montagnes d'Ubaye. Là, elle découvrit les troupeaux, les bergers. « Ils m'ont surprise. J'ai commencé à droite et à gauche, j'apprenais sur le tas, j'accom-

1. Cette étymologie remonte au XIIe siècle, *bergier*, décliné du latin vulgaire *berbicarius*, dérivé de *berbex*, « brebis », signifie « gardien ».

pagnais la transhumance, toujours à ma place, derrière. Partout où les moutons allaient, j'étais là. » La voie était tracée, Marie avait vingt-deux ans. Salon-de-Provence, l'École du Merle, le centre de formation au métier de berger, dans un domaine de la plaine de Crau. L'établissement, fondé en 1931, ne retenait que dix-sept candidats parmi des dizaines. Marie était des élus. Douze mois de formation, rude initiation pour qui vient des villes. Marie, un brin railleuse : « Il y avait de tout parmi nous, un prof de fac, des ouvriers, des étudiants en rupture, des chômeurs, même une conseillère financière... Certains étaient moins portés par la passion des brebis que par un ras-le-bol de la ville, ils étaient, disons... portés par une vision bucolique du berger, retour à la montagne, tout l'été, quatre mois à cloper, tranquillos... L'atmosphère se dégradait au fur et à mesure de l'apprentissage, en cours mes condisciples traînaillaient, pieds nus, ils ne se rasaient plus, ils ne se lavaient plus, ils buvaient un peu : ils faisaient bergers ! Ils n'ont pas tenu. Berger, c'est un métier, il n'est pas offert à tout le monde ! »

Marie avait-elle lu ces lignes de Giono : « Il ne viendrait à l'idée de personne de s'improviser du jour au lendemain serrurier, cordonnier, tailleur, maçon, etc., mais on trouve naturel de s'improviser berger comme on trouve naturel de s'improviser romancier, ou poète, ou peintre, écrivait-il au début des années 1960. On se dit : berger, c'est facile, mener les moutons, c'est par définition à la portée de tout le monde. Au lieu de continuer de venir à ma banque, à ma compagnie d'assurances, à mon bureau de fonctionnaire tous les matins à 9 heures pour y rester assis jusqu'à 18 heures, je vais aller garder les moutons dans les collines de Provence parmi le thym et la sarriette. Mais les moutons ne mangent pas de ce thym-là. Rien n'est facile. »

Marie, sans transition, avait évoqué sa première estive, solitaire, dans les Alpes-Maritimes, puis un autre gardiennage, en Savoie : « Je faisais tout à cheval, ma cabane était plus que pourrie, un tas de pierres, mais quelle montagne ! Mille quatre cents brebis métis, cent chèvres du Rove, magnifiques ! J'adore les gros troupeaux ! »

Alors, dès la fin de l'estive, Marie décida de partir au pays des immenses troupeaux. Elle trouva à s'employer, un trimestre à cheval, la steppe mongole, les pasteurs nomades, « leur manière de tuer l'agneau me choquait : ils ouvrent le ventre, ils passent un bras dedans, puis ils pincent l'aorte jusqu'à ce que l'animal expire. Alors, ils en extraient un paquet coagulé, et voilà ». En Nouvelle-Zélande, Marie éprouva la douleur des tendons, des muscles noués, quand elle dut affronter l'écussonnage des moutons, l'amputation de la queue des agneaux, la tonte surtout, « un concours permanent... 7 heures du matin pile, deux heures de boulot, la demi-heure de pause, puis rebelote, clac, clac, clac, j'adore ! L'horloge omniprésente, le rythme de ses aiguilles, tous les quarts d'heure, accompagne ton travail ; tu changes de contre-peigne au quart de tonte, une demi-brebis, puis toute la brebis, tu exploses le compteur, tu as gagné ! Deux cents brebis en huit heures. Ailleurs, je n'ai jamais pu en faire autant, je ne sais pas pourquoi »... Espagne, Australie, Russie, Nouvelle-Zélande une fois encore, Chili, Patagonie, il n'est pas au monde de grands élevages que Marie n'ait connus. « Je n'ai jamais gagné un sou, le nécessaire juste, de quoi payer le billet d'avion du retour... Après chaque voyage, je revenais dans la Vallée. Au bar de Barcelonnette, je retrouvais toujours les mêmes types, ils buvaient la même chose, à la même heure, alors que moi j'avais vécu un trimestre, un an, à sillonner l'autre côté du monde, aux antipodes... »

Selon un recensement du ministère de l'Agriculture, sept cent cinquante bergers auraient travaillé avec leurs troupeaux en 2001 ; chaque saison, deux cent quarante seraient embauchés par les éleveurs transhumants des six départements alpins, mais va savoir tant les modalités de ces recrutements sont régies par des usages qui échappent encore à l'Administration. Pour « faire affaire », rien ne vaut le bouche-à-oreille. Qu'elles soient bonnes, honorables, les réputations se colportent vite en vallée d'Ubaye ; on connaît les bergers qui, sur un coup de tête, abandonnent l'estive, d'autres, congédiés pour négligence, faute grave, biffés impitoyablement des carnets d'embauche ; quant aux habiles meneurs de troupeaux, « on se les garde » aussi jalousement qu'un chercheur d'or sa bâtée. Au fil des ans, en montagne, il est des bergers qui emportent les lauriers du champion. On loue ainsi André Leroy, 45 ans. Depuis vingt ans, chaque année, il « fait berger » dans les estives du Saut-du-Laire, en Hautes-Alpes, où le glorieux « gouverne » un bon millier de brebis *Commune des Alpes*, les bêtes d'une douzaine d'éleveurs confiants. L'hiver, Leroy regagne le sud de l'Ardèche, dans les landes, les bois de chênes, il garde deux cent cinquante moutons d'un éleveur du pays. Il apparaît comme un génie selon les rumeurs. Des bergers, ses collègues, rivés à leurs jumelles, se plaisent à suivre ses exploits. Ce berger modèle est d'autant plus respecté qu'il s'est formé sur le tas. On sait tout du parcours de ce néo-rural post-soixante-huitard originaire des Flandres, une adolescence en Île-de-France, des études supérieures vite délaissées au profit d'une formation en menuiserie industrielle… Quelques années d'usine au mitan des années 1970, que Leroy interrompt pour concrétiser son rêve de berger, enfin. Stagiaire à tout faire dans une exploitation des Hautes-Alpes, le jeune gars, l'année suivante, en compagnie d'un ami aussi inexpérimenté que lui, accomplit sa première estive. On ne naît pas berger, on le devient…

Bien des éleveurs avouent leur prédilection pour les bergères, lors de la saison d'agnelage surtout, ils apprécient leur manière consciencieuse, confient-ils, bien contents de les voir rappliquer, plus nombreuses chaque année. De 1999 à 2009, cent quarante bergères ont quitté l'École du Merle, 35 % des enseignés au cours des dix dernières années.

Mais qu'est donc le bon berger ? Il faut attendre le *Traité de l'état, science et pratique de bergerie et garde des brebis et bêtes de laine*, le premier savoir technique réclamé, en 1379, par Charles V, roi de France, à Jehan de Brie, un autodidacte, gardien de troupeau à 8 ans, pour se rendre compte que le métier de berger n'est pas seulement de danser autour d'un arbre de mai orné de fleurs et de rubans, d'accompagner à la flûte la ronde des gavottes dans la branle de cornemuses et de tambourins. Avec l'*Encyclopédie*, les Lumières en diront plus, grâce à Tessier, Gilbert, Trudaine et Buffon. Les hommes de la Révolution, aux frais de la Nation, ont fait imprimer *Instructions pour les bergers et les propriétaires des troupeaux* de Daubenton, une vulgarisation composée de nouvelle façon, des questions suivies de réponses lumineuses. Ces pages, commentées, traduites, devaient se répandre dans toute l'Europe. Naturaliste et médecin, Daubenton tordait le cou aux idées reçues, il démontrait les savoirs d'un métier qui, décidément, n'était pas celui du premier venu. Lisons quelques pages de ce *Que sais-je ?* Pourquoi confie-t-on la garde des moutons aux enfants ? « Parce qu'on néglige de faire soigner les troupeaux, écrit Daubenton, ou parce qu'on ne connaît pas assez le profit qu'on pourrait tirer d'un bon troupeau soigné par un bon berger. Au lieu de chercher de bons bergers pour remonter les troupeaux, on les fait conduire par des enfants, au lieu de leur faire apprendre le métier de berger on les dégoûte bien vite, parce qu'on n'en connaît pas l'utilité. » Faut-il beaucoup de savoir pour être berger ? « Il faut savoir plus de choses pour le métier de berger que pour la plupart des autres emplois de la campagne. Un bon berger doit connaître la meilleure façon de loger son troupeau, le nourrir, l'abreuver, le faire pâturer, le traiter dans ses maladies, l'améliorer. Il doit savoir conduire son troupeau et le faire parquer, élever ses chiens, les gouverner et écarter les loups. »

Deux siècles plus tard, on retrouve à l'identique les compétences requises dans le contrat de saisonnier contemporain, au chapitre des obligations qu'un berger doit à son éleveur : « 1) Le berger effectue une surveillance attentive de l'ensemble du troupeau, il le conduit d'une façon rationnelle sur l'alpage, en veillant à ce qu'il ne manque pas d'eau, ni de nourriture, ni de sel pendant toute la durée prévue de l'alpage ; 2) Il note les pertes sur un carnet, il les justifiera en fournissant les boucles d'immatriculation ou la peau ; 3) Il maintient les parcs, clôtures, points d'eau en bon état, ainsi que tous les outils ou bâtiments mis à sa disposition ; 4) Il décèle, dans la mesure du possible, les animaux atteints de maladie, il procède à leur isolement, il effectue les soins courants (piétin, gros pieds, fractures, plaies, etc.) ; 5) Il signale, dans les plus brefs délais, aux propriétaires les incidents constatés : maladies, accidents, etc. »

Curieusement, on ne lit pas la moindre observation à propos de *Canis lupus*, le mot « loup » ne figure même pas dans un des paragraphes contractuels. En revanche, depuis Daubenton, les obligations de l'éleveur à l'égard de « son » berger se sont singulièrement étoffées : « 1) Une cabane-logement gratuite est exigée dont la porte possède un système de fermeture à clé ; l'habitation doit comporter une literie totalement équipée avec blanchissage tous les quinze jours, une armoire, des ustensiles de cuisine, appareils de cuisson, cent litres d'eau potable par jour, un chauffage et le combustible nécessaire afin de maintenir une température d'au moins 18 degrés, une table et des sièges, des poubelles ; quant au volume de la chambre, il est d'au moins 11 m² par personne ; 2) L'employeur met à disposition du berger l'ensemble des outils et objets nécessaires à l'activité professionnelle sur l'alpage (clous, marteau, grillage, pelle, pioche, etc.), ainsi que le bois de chauffage, le sel, le foin pour les bêtes malades ou accidentées ; 3) Il porte assistance et secours au berger en cas de maladie et l'assiste à la montée et à la descente du troupeau ; 4) Il aide le berger en toute circonstance exceptionnelle telle qu'épidémie ou risque d'épidémie, enneigement précoce ; 5) Il fournit au berger un troupeau en bon état sanitaire, conformément aux règlements sanitaires d'alpage en vigueur ; 6) Il fournit une description précise du troupeau au berger (nombre de bêtes, nombre de marques) ; 7) Il descend les brebis prêtes à agneler et les bêtes malades qui ne peuvent être soignées sur place. »

Il est tout juste 8 heures, la lumière fléchit sur Pra-Soubeiran, le voile cotonneux s'est même épaissi sur Pra-Loup, à l'ouest. La matinée annonce un jour peu encourageant, le soleil a-t-il abandonné la partie ? Le coucou s'est tu, à l'envers de la maison le tintement des sonnailles est troublé par l'écho de détonations régulières, les Chasseurs alpins s'exercent au tir. Pierre est à l'étage, depuis des jours il est en relation avec des éleveurs, des bergers italiens des vallées piémontaises, Stura, Maïra, des universitaires zootechniciens de Turin et Milan. Sous les auspices des Indignés de l'Ubaye, dont il est le fondateur, Pierre s'occupe activement de l'organisation de rencontres franco-italiennes à Barcelonnette, la semaine prochaine. Au programme : le retour du loup, ses conséquences sur le pastoralisme de part et d'autre du col de Larche. Pierre escompte beaucoup de ces échanges, une « première ». Par des témoignages, il s'agit de montrer, travaux socio-économiques à l'appui, que le prédateur, n'en déplaise à ses partisans, ne provoque pas moins de ravages sur le versant piémontais de la frontière alpine. Ses interlocuteurs l'affirment : chaque année, comme du côté français, les loups attaquent toujours plus de troupeaux sur les pentes italiennes, une lassitude équivalente gagne l'alpage, éleveurs et bergers, épuisés, abandonnent les quartiers d'habitude, ils n'ont plus assez d'entrain, de courage, bon nombre déjà ont cédé leurs bêtes à l'abattoir…

Les initiatives de Pierre Martin-Charpenel ne semblent guère du goût de tous dans la Vallée, à en juger par le mail récent d'une certaine Danielle : « Vous n'avez pas le monopole des Ubayens !!! monsieur Charpenouille. Il vous faudra trouver d'autres pistes si vous briguez la municipalité de Barcelonnette, car, dans le milieu de la nature en Ubaye, nous serons toujours plus nombreux que ces pollueurs qui envahissent l'espace montagnard, l'été. Et quand on voit, comme je l'ai vu, un éleveur ravitailler ses bergers avec des sacs de provisions Auchan, on se demande en quoi ceux-là participent à l'économie locale. Les commerçants de Barcelonnette seraient peut-être ravis par un apport touristique lié à la présence de loups, mais non : vous en êtes resté au Petit Chaperon rouge, tandis que dans la culture italienne Romulus et Remus sont sauvés de la mort par une louve qui les nourrit… »

Je pense à Catherine, là-haut, j'imagine la bergère au milieu des moutons, dans l'herbe trempée, tandis qu'à pas menus du brouillard s'emberlificote dans les arbres noirs, dégoulinants d'eau glacée. Un troupeau a essuyé une attaque dans les parages, l'an dernier…

Je suis montée à Pra-Loup il y a deux jours, le ciel était dégagé, un temps bon comme il faut. Au débouché du chemin de terre, je revois la clairière, la caravane dévernie, poncée par les éléments, comme on en croisait autrefois sur l'autoroute du Soleil aux premiers jours d'août. Haut perchée, plantée sur un terre-plein gazonné, incongrue à mi-pente d'un déroulé herbeux ceinturé par la forêt. Dans l'abri d'un bouquet feuillu, non loin, quatre brebis, leurs agnelets, l'un tenant à grand-peine sur des pattes grêles, ruminaient, pelotonnés derrière les mailles vert fluo. Sur l'autre côté du chemin, plus bas, un flot laineux s'ébrouait dans un clair-obscur de sous-bois. Deux cents brebis, cinquante de plus, que sais-je, cinq chèvres… Catherine surgit soudain. Ample chemise jusqu'aux genoux, carreaux jaunes et verts, pantalon kaki serré dans des bottes de caoutchouc, la silhouette, flottante, disparut tout aussitôt dans les arbres. Quelques instants plus tard, elle courait aux trousses d'une brebis bêlante. L'animal regagna prestement le troupeau dans les filets du parc. M'apercevant enfin, essoufflée, le visage cramoisi, elle se rapprocha : « C'est une fugueuse, fit-elle de sa voix fluette, doigts dans sa tignasse à la diable, comme si elle se reprochait cette entrée en matière insolite. Elle a bousculé le parc, c'est la deuxième fois, et hop ! Il a fallu faire vite pour empêcher les autres de la suivre ! Mais où sont les chiens ? Mozart ! Hannibal ! » Deux border collies, poil noir, col blanc, surgirent des arbres, à l'unisson, queues battantes, on aurait dit des fusées. Museaux dans mes jambes, ils me tournèrent autour, puis ils s'avachirent à moins d'un mètre.

Pour décrire la bergère, le premier mot qui me vient aux lèvres est contraste. La cinquantaine, visage gracieux de musaraigne. Des traits délicats, une peau brique, façonnée par le soleil et l'effort. Une cicatrice pâle sur le front, au premier coup d'œil on perçoit une existence excessive. Contraste encore, quand Catherine vous fixe de son regard vert-bleu, droit, candide et tranchant. Contraste toujours, cette douceur, un timbre précipité, murmuré, qui hésite et trébuche. Une silhouette enfantine, un mètre soixante-cinq de muscles longs, étonnamment menue dans sa liquette molletonnée, falzar aux poches jambières profondes, aisées pour la blague à tabac Fleur de Pays, du papier OCB et un briquet. Contraste pour finir, des mains larges, puissantes, des battoirs. Je le remarque, à la main gauche le majeur manque.

Un elfe.

Catherine avait pris deux boîtes de jus de pomme dans la caravane, nous nous sommes assises côte à côte tout près du troupeau, dans l'herbe. Sur le qui-vive sans cesse, elle ne quittait pas ses bêtes de l'œil : « Les brebis sont lourdes, toutes grosses, elles ne vont pas tarder à mettre bas, tu vois... » J'ai grillé une Philip Morris, Catherine préférait rouler du tabac. Nous sommes restées un long moment ainsi, à contempler les brebis qui allaient, mollement, entre les filets, nous bavardions de choses et d'autres, nous fumions, comme de vieilles connaissances. À nos côtés, Mozart et Hannibal roupillaient.

Je l'entends : « Il faut se méfier de la légende de Panurge, ce lieu commun. Les brebis ne sont pas aussi moutonnières qu'on le dit. Il en est des prétentieuses, des goinfres, des souffre-douleur, des autoritaires, des angoissées, celles qui sont toujours de mauvais poil. On ne s'en rend pas compte, pour une personne extérieure surtout, les brebis changent radicalement leur comportement en présence d'un inconnu. Le mouton est un animal inquiet, timide, il faut passer du temps, un certain temps, le temps qu'il s'habitue… » Était-ce une invite à mon intention ?

Un air de Bourvil l'interrompit. … *Non, je ne me souviens plus du nom du bal perdu… Ce dont je me souviens, c'est de ces amoureux qui…* La ritournelle de son téléphone…

Catherine grimpa la pente, portable à l'oreille. « Si tu veux, tu n'as qu'à venir, me lança-t-elle, de loin. Tu prendras la cabane, là-haut. J'ai la clé, la place ne manque pas… »

Si tu as peur du loup, reste à l'écart de la forêt.

Proverbe russe

Pra-Loup : contraction de *pra, ro, lovin*, dérivé de *pralovin*, forme provençale « patoisante » de clairière, maison isolée, et du latin *lupinus*, pré au loup ; quant à « loup », il est issu de *olim*, le *lau*, le hameau ; ainsi Pra-Loup : pâturage, pré cultivé pour le foin. Sur les contreforts du sommet de Peguieu (2 479 mètres d'altitude), le lieudit Pra-Loup-Molanès existait vers 900 avant J.-C., selon des chroniques appartenant aux fonds de la médiathèque de Barcelonnette. Remontant des rivages de la Méditerranée à la traîne des troupeaux affamés d'herbe fraîche, des bergers ligures se seraient installés là. En groupe, les hommes se nourrissaient du lait des brebis, des ongulés qu'ils chassaient, ils habitaient des abris rustiques, des huttes, des cabanes recouvertes de chaume.

Aujourd'hui, l'Office du tourisme de l'Ubaye vante Pra-Loup, « village montagnard dans l'âme, avec ses chalets, ses bâtiments décorés. Une espèce de rêve pour un séjour vivifiant. Une station unique, conciliant habilement détente et activités sportives aux portes du parc national du Mercantour. Et qui, de surcroît, jouit d'un ensoleillement exceptionnel grâce au mistral qui vient régulièrement chasser les nuages en caressant les sommets. Une nature idéale pour le farniente, qui autorise la pratique de toutes les activités de montagne, car Pra-Loup se veut avant tout une station dynamique pour des vacances en mouvement ».

Un crachin londonien, ce matin... Dans le chlac-chlac des essuie-glaces, j'ai grand-peine à distinguer la présence des immeubles. Aucun bruit alentour, sinon le ronflement du moteur et, en sourdine, le ton de Christophe, larmoyant, radio Nostalgie : « Allô, Stéphanie, ne raccroche pas... La nuit est douce près de la mer... » Pas une âme, pas un chat dans la montée, des barres d'immeubles contigus, « les Mélèzes », « les Horizons », « Cheverny I », « Cheverny II ». Pas le moindre signe de vie au travers des baies vitrées, personne sur les terrasses, les balcons. Entre deux lampadaires, une banderole pendouille : « Bien-être, ouvert tous les jours sur rendez-vous » ; « aire de déchargement, ne pas stationner », signale un panneau au ras du vide ;

« attention, chutes de neige, garez-vous en épi », conseille un autre devant la gendarmerie bouclée pour la saison.

« Edelweiss souvenirs & jouets », « Sherpa alimentation », « Édouard's pub », « Loup-Garou discothèque », « Restaurant Lou Pingouin, spécialités de montagne, crêperie, glacier », des enseignes, malhabilement stylisées, ornées de marmottes, de chamois, de silhouettes de loups hurlant à la lune, brinquebalent sur les rideaux de fer abaissés. Taxitourisme, minibus toutes distances, sapeurs-pompiers, tout est immobile, silencieux, rien ne vit, à l'instar de l'horloge géante, aiguilles figées sur 6 h 43, au pied des pieux du remonte-pente des Clapiers. Cette désolation semble indiquer les souvenirs d'une catastrophe.

Au lendemain de la Grande Guerre, exode rural aidant, un seul Praloupien vivait ici, il subsistait en autarcie, bon an, mal an, dans sa ferme-auberge, avec son moulin à grain, un fournil. À la fin des années 1950, Pierre Grouès, médecin philanthrope, eut l'idée de créer une station de neige pour restaurer l'attractivité de ce lieu-dit. Il appela ses meilleurs amis auprès de lui, dont Henri Bonnet, l'entraîneur de l'équipe nationale de ski alpin. La station prit forme en 1960. Au lieu des trois mille lits prévus initialement, on en construisit dix mille ! Cinquante-trois remontées mécaniques, cent quatre-vingts kilomètres de pistes, on vient de loin pour skier dans les Alpes du Sud, à Pra-Loup !

Forfait studio compris, ce paradis de la glisse selon l'Office de tourisme ne me convainc pas, cette ville fantôme, pétrifiée dans un enduit gris, provoque l'angoisse plutôt. Les fatalistes, raisonnables, en conviennent dans la Vallée : par suite d'un « réchauffement » imprévu, tout s'amollit là-haut. Les moraines ont perdu un quart de leur superficie, les glaciers des massifs de l'Ubaye ont quasiment disparu. Les simulations des ingénieurs du Centre d'étude de la neige, à Grenoble, inquiètent les gestionnaires des stations de Pra-Loup et du Sauze. Les chercheurs tablent sur un accroissement de température de 1,8 °C pour la prochaine décennie. Conséquence redoutée : la disparition, en deçà de 1 300 mètres, du manteau neigeux des Alpes du Sud, de 30 à 40 %. D'ores et déjà, une géographie nouvelle se dessine dans l'alpe, des routes oubliées ressurgissent ; naguère infranchissables, les cols de grande altitude réapparaissent, d'anciennes cartes les dévoilent, demain ils seront accessibles toute l'année…

Je range ma voiture « en épi » sur une esplanade aménagée à l'aplomb du chemin de randonnée Rocher Jaunas-La Grande Cabane, au sommet de la station fantôme. La brume se dissout, libérant de soudaines volées de pluie, une raille brutale, les gouttes, comme des noix, grêlent sur le capot. Comment faire ? Il me faut marcher trois quarts d'heure au moins, lestée d'une dizaine de kilos, avant de rejoindre Catherine et les moutons. La pluie s'interrompt tout aussi subitement, le ciel soit loué ! Dans une échancrure de la nuée, un pan de forêt se dévoile. Chasuble imperméable dans une poche de mon anorak, je hisse péniblement le sac sur mon dos, puis, échine ployant, je m'éloigne. Chaque pas est une épreuve sous la charge de l'attirail. Demi-tour… Les jambes tremblotantes, je retourne à la voiture. Je me libère du fardeau, ce sac-poubelle Carrefour-Market, dans le coffre, une aubaine, « 100 % recyclable, certifié contact alimentaire, réutilisez-moi en fin d'usage ». Je transvase en hâte de mon sac à dos le nécessaire, clopes, chaussettes, baskets, brosse à dents, écran total et jean de rechange. J'enfile une veste polaire par-dessus mon anorak, elle n'est pas superflue.

Épicéas. Cette forêt n'est qu'épicéas, ils envahissent des pans de vallée, partout. Je n'aime pas les forêts de sapins, leurs fûts serrés, rigides, leurs ramures ternes, griffues, cette nature où pas un seul oiseau ne chante, où le vent ne parvient pas à souffler. La mousse est si abondante dans le chemin que je ne perçois pas même le chuintement de mes pas, mon souffle de marcheuse à la peine, seulement.

Le chemin s'élève, les arbres grandissent, le sac-poubelle pèse, mon souffle s'accélère, le silence devient plus dense. Que se passerait-il si d'aventure un loup gris déboulait ? C'est ridicule, j'en conviens, mais la question me tombe dessus, tout à trac... Au long des derniers mois, j'ai consulté des récits à propos de ces « rencontres fortuites », comme les qualifient les privilégiés pour exprimer la grâce, ce don du ciel. Apercevoir un loup « par corps », le « contacter », prétendent les initiés, n'est pas offert à n'importe qui. La bête grise se mérite ! Cette vision suppose des journées, des mois d'affût, des nuits sous le couvert forestier, dans les aurores glacées, les intempéries. Il faut savoir se mouvoir, braver les ronces en silence, guetter les empreintes dans la neige, renifler les crottes sur les passages, planquer, escalader des affleurements, en vain le plus souvent. Les jumelles sont de rigueur, un boîtier photo, au cas où, le top : Fuji Film S 5000 zoom 10 + objecteur double... Avec beaucoup de chance, le chasseur se dévoilera, non pas babines retroussées, canines ensanglantées, bave à la gueule, mais saisi sur un roc, immobile, comme les anciennes idoles. Parfois, il approche sans aucun bruit, « tu ne sais même pas qu'*il* est là ». Les heureux guetteurs sont unanimes, le cœur s'arrête alors : « C'est comme en rêve, un moment suspendu, fort, beau, très puissant. Grandiose. » Les veinards, bien peu le sont, confient avoir baissé le regard face aux iris jaunes de la Bête. « Je peux vous l'assurer, ce regard est impressionnant, vraiment, quelque chose d'hypnotique, de précis, vous traverse. J'ai gardé la chair de poule plus d'une heure, et elle ne devait rien au vent froid », m'a juré un témoin de confiance à Barcelonnette, ces jours derniers.

Je ne prétends pas que les histoires de loups m'obsèdent tandis que je chemine, solitaire, encombrée de mon barda, sous les ramures géantes, n'empêche… J'ai étudié minutieusement le code des *Signaux optiques du loup* de l'éthologue Rudolph Schenkel (1947), dans son article fondateur. Il a saisi les attitudes, les humeurs de la créature, mais les signes apparaissent si complexes, leurs variantes tellement subtiles que les plus évidentes, seules, me reviennent : un battement de queue ample, détendu, est amical ; si cette extrémité s'agite, discrète, sur un unique côté du flanc, l'animal est apeuré ; en revanche, une extrémité dorsale haute, nerveuse, fouettant l'air d'un rythme rapide, d'une faible amplitude, indique l'excité prêt à l'attaque, *a fortiori* quand une crinière de poils dressés se dessine sur son échine aiguë. Vaut, de même, la position des oreilles : couchées vers l'arrière, celles-ci signifient la soumission ; pointues, droites, vers l'avant, elles « disent » une préparation au combat. Le grognement, évidemment agressif, « a pour but de faire reculer, c'est-à-dire augmenter la distance entre l'émetteur et celui auquel il s'adresse ». Un museau plissé, babines retroussées découvrant des crocs respectables ? Pas besoin de manuel pour comprendre.

Admettons un tel scénario… Je sais tout de l'attitude qu'il faut adopter alors : faire face, épaules droites, debout – la verticale est une figure capitale –, éviter de trébucher surtout, ne jamais tourner les talons, l'odeur de la peur s'exhale, manifester de la lenteur, maintenir égale la tonalité de sa voix. « Que le bon saint Georges te ferme la gorge, que le bon saint Jean te casse les dents », ânonnaient les paysans, naguère. Si de hasard un loup approchait, les chasseurs russes, ai-je lu, parvenaient à immobiliser l'animal à mains nues, un bras bloquant sa gorge, son échine solidement plaquée…

Les « connaisseurs » prétendent qu'un cri, un simple jet de pierre suffit à l'effrayer. Un loup « sain », sauvage, affirment ceux-là, est pacifique par nature car poltron, et jamais il ne s'en prendrait délibérément à l'humain… à moins de circonstances anormales, l'épuisement d'un promeneur égaré dans la toundra, l'abandon de la posture verticale, une blessure sanglante qui pourraient égarer l'animal, provoquer sa propre « erreur d'évaluation »…

En d'autres termes, si un loup apparaissait subitement, si d'aventure il réagissait mal, la responsabilité m'en incomberait par mon comportement inadéquat, j'en serais responsable… Mais le scénario du loup acculé, ne pouvant se résoudre à la fuite, contraint d'attaquer contre son gré, n'a rien d'impossible… Enfin, outre les brebis, le redoutable, jadis, n'hésitait pas à s'attaquer à des proies humaines, enfants, vieillards de préférence, si l'on se réfère aux recherches historiques. S'échinant à dépouiller les registres paroissiaux pendant des années, Jean-Marc Moriceau n'a-t-il pas recensé, de la guerre de Cent Ans au premier conflit mondial de 1914-1918, plusieurs milliers d'attaques sur l'homme, hors les décès provoqués par les morsures de loups enragés ? Trois cents victimes, âges et sexes confondus, pour la seule province du Gâtinais, sous le règne de Louis XIII, deux cents dans les Yvelines, alors que Louis XIV installait la cour à Versailles ! Certes, précise Moriceau dans *Histoire du méchant loup*, les cas de loups anthropophages étaient inhabituels selon les contemporains eux-mêmes. Certes, ces prédations étaient sans doute favorisées par les guerres, les troubles qui parsemaient les campagnes de cadavres privés de sépultures, suscitant chez les canidés un goût pour la chair humaine. Certes, les circonstances ont bien changé depuis. N'empêche… Les attaques, révèle sans surprise l'historien, avaient lieu dans les espaces boisés, à la fois refuges et terrains de chasse. Contrairement aux idées reçues, l'hiver était une saison plus paisible, les chaleurs de mai à septembre en revanche étaient particulièrement redoutées, juin et juillet constituant le pic des alertes, quand les animaux domestiques et les communautés paysannes s'affairaient au temps des fenaisons. Ne sommes-nous pas en juin ?

Foutaises ! insistent les « connaisseurs », le loup depuis des lustres ne s'en prend plus aux bipèdes. Est-ce si vrai, ou préfère-t-on repousser des faits contraires ? Me trotte à l'esprit une information, trois lignes relevées dans *Le Monde* cet hiver, elles évoquaient la mort d'un certain Vladimir Petrov, paysan de Primorsk, dévoré par des loups : « Les villageois, patrouillant à motoneige, ont tué plus de quarante loups dans la région de Krasnoïark, Sibérie, où des meutes chassées des forêts par de grands froids attaquent les fermes, hurlent à la lune, terrorisent étables et poulaillers. Les habitants tirent les loquets le jour, quant aux enfants, ils sont consignés dans les maisons. »

Un éthologue espagnol, José Valverde, n'a-t-il pas recensé huit attaques au commencement des années 1970, dans la province agricole de Galice, où les prédateurs ont l'habitude de se repaître de proies domestiques et des ordures des décharges publiques ? Le chercheur établissait un bilan de sept victimes enfantines, dont quatre lacérées mortellement. Publiée par la revue américaine *The Fear of Wolves* en 2002, une étude démontre bien que si le loup ne semble pas considérer l'homme comme proie potentielle, des spécimens asiatiques, en Inde notamment, ne dédaignent pas les humains à défaut d'ongulés sauvages, leur prédilection se portant vers des enfants laissés à la garde des ovins. L'éthologue américain David Mech lui-même admet qu'aucun scientifique ne peut sérieusement prétendre que l'animal ne s'attaque jamais à l'homme, même si un tel risque demeure infime. Le chercheur, gourou célébré par les admirateurs du carnassier, constate, au contraire, une augmentation des agressions de « loups sans peur de l'homme » dans les parcs nationaux au cours des années récentes, un phénomène engendré, estime-t-il, par un accroissement des meutes combiné à celui du public des visiteurs, qui stimulerait une « habituation loup/homme ».

En novembre 2011, il y eut encore une attaque de loups dans les Abruzzes, si je m'en réfère au témoignage de ce berger rapporté par *Il Centro*, un titre de la presse locale. En quête de brebis égarées, ce pâtre s'était trouvé cerné par une douzaine de loups, au point qu'il avait grimpé en toute hâte dans un arbre pour échapper à la meute. Le journaliste indiquait que de tels incidents étaient de plus en plus fréquents dans cette contrée. « On ne peut encore évoquer une situation d'urgence, estimaient quant à eux les agents de la station locale de foresterie, ce phénomène est une anomalie inexplicable… »

Admettons que le loup soit inoffensif à l'égard des bipèdes, comme ses partisans l'affirment, il n'en demeure pas moins un mammifère sauvage, pourvu de griffes, de crocs et de mâchoires carnassières... David Mech, encore lui, cite l'exemple de ce chasseur agressé aux environs de la ville américaine de Duluth : le suint d'un cerf chassé et abattu auparavant émanait de ses habits...

Un bruissement confus de grelots, de bêlements me parvient, mon pas se fait plus léger, mon souffle s'apaise, le chemin s'élargira bientôt, je serai soulagée enfin de mon barda. Brebis et agneaux pelotonnés lèveront le nez dans leur parc-nursery, mères et agnelets doivent être une bonne dizaine, maintenant... À mi-pente de la colline, Catherine, ciré, bottes de caoutchouc, enjambera les mailles fluo, elle viendra à ma rencontre, Mozart et Hannibal sur ses pas. « Tu es quand même venue, malgré la pluie », lancera la bergère, un peu moqueuse. « J'ai monté des pains au chocolat, ça te dit ? »

Tant vaut le berger, tant vaut le troupeau.

Proverbe cévenol

Encapuchonnée dans son ciré, depuis une demi-heure Catherine progresse à l'arrondi de la colline. Courbée, minuscule sous la pluie qui tombe dru, l'herbe à la taille, elle déploie, pas à pas, les mètres de filet. La bergère installe le parc amovible où le troupeau doit passer la nuit. Hannibal et Mozart, les chiens, suivent, têtes basses, stoïques. Cet attirail de clôture mobile a été importé de Grande-Bretagne, terre bénie des moutons de plein air. Depuis une vingtaine d'années, il n'est pas un éleveur, un berger à l'estive qui, de guerre lasse, ne se soit résigné à ce procédé, puisque le loup est revenu. La légèreté de l'appareil – six fils de mailles électro-plastiques reliés, tous les trois mètres, à des piquets alimentés par un capteur solaire – en fait sa force. Mais sa faiblesse aussi : pour peu que son usager devienne brouillon, les mètres de dentelle nylon ont tôt fait de s'emmêler. Il faut donc déployer lentement le filet, un pan après l'autre, enfoncer les tiges bien droites dans le sol, de façon à tendre comme il convient les mailles graciles, prendre soin, surtout, d'écraser, de tasser les paquets d'herbe, de contourner le moindre branchage, les bois morts, d'épouser les taillis, les éboulis, tous écueils susceptibles d'interrompre le flux électrique dans le délicat treillage, au risque des courts-circuits. « Quand on a l'habitude, ça va… » Catherine a beau dire, cette corvée, à plusieurs reprises, tout le jour, a quelque chose du purgatoire, *a fortiori* quand la pluie tombe, battante. Huit cents mètres carrés de parc, deux cent quarante brebis bien à l'aise, le troupeau répugne à trop de promiscuité… Blotties sous les arbustes, flanc à flanc, navrantes, les toisons grises paraissent inertes, n'étaient les bêlements moroses sous l'assaut des trombes crépitantes.

Je n'ai pas insisté quand Catherine m'a suggéré de rester à l'abri de la caravane, « reste là, pas la peine que nous pataugions toutes deux, de toute façon il faut que j'aille voir les bêtes »… Elle dit souvent « aller voir les bêtes », ce qui signifie surveiller, ou plus exactement « veiller sur le troupeau ». En dépit des averses incessantes, tous les trois quarts d'heure, au fil de la journée, Catherine va donc « voir les bêtes », houlette dans une main, casier de désinfectants et antiseptiques de l'autre, les chiens aux talons. J'accompagne cet équipage, bécassine sous un ample parapluie rouge que la bergère m'a fourré dans les mains, à défaut de jambières et de bottes de caoutchouc. Je grimpe, dévale l'herbe glissante, en nage sous les tubes d'un jean trempé, mais ces visites au troupeau, répétées à l'identique chaque heure, m'ont envahie à force, au point d'effacer le décor navrant qui nous enveloppe.

« Aller voir les bêtes »… L'exercice obéit à un rythme constant, tout de retenue, dont Catherine est la clé de voûte. Silencieuse, le pas lent, elle progresse le long des filets où le troupeau « travaille », broute, tond, fauche, happe, pince et triture les touffes de graminées et de légumineuses aqueuses. En retrait sur leur séant, sans en avoir l'air, les border collies guettent la bergère au ciré. Catherine enjambe le maillage, souple, démarche déliée, sans brusquerie ni éclat, elle déambule, « navigue » parmi le troupeau qui va, vient, tranquille ; parfois la mastication s'interrompt, des têtes se relèvent, frémissantes, des regards se figent, en alerte, sur la silhouette indolente. Bien qu'associé à l'homme depuis si longtemps, le mouton n'a pas abandonné la crainte qu'il en éprouve, une brusquerie, un geste inopiné, un bruit insolite suffit à l'émouvoir, toujours prêt à détaler.

À l'écart, cette brebis chevrotante signifie une prochaine mise bas, ses reins arqués, sa vulve gonflée, proéminente, indiquent le terme du parcours utérin. Cette autre découvre une vulve sombre, pourpre, enflée, Catherine la contourne, attentive, elle revient sur ses pas, repasse les mailles fluo : « Retournement de matrice… c'est pas joli-joli », murmure-t-elle à mon intention. Elle fouille dans son fourniment, elle en extrait une pommade désinfectante, elle en badigeonne ses mains, elle s'inquiète à voix haute : « Il ne faudrait pas que les intestins se répandent pendant la mise bas. C'est arrivé, il y a deux ans, il a fallu que je saigne la mère, trancher la carotide. Je n'aime pas… » Lentement, doucement, Catherine s'incorpore au bloc laineux, la masse frissonne, s'ouvre mollement ; précautionneuse, la bergère approche la brebis grosse qui se raidit, apeurée. Catherine digresse, louvoie, contourne l'animal par l'arrière, glisse le long du flanc. Hannibal, à l'extérieur du filet, s'est redressé, gueule tendue, braquée sur la scène, en alerte. Catherine, en un tournemain, s'est précipitée sur l'arrière-train de la brebis, à pleines mains elle agrippe une patte, l'animal se cabre dans des bêlements à fendre l'âme, alentour le troupeau se débande en une folle cacophonie. Catherine, solide, maintient la brebis. À l'extérieur du parc, le border collie court, revient. Pattes fléchies, reptilien, Hannibal gémit, le regard capté par le combat de la frêle silhouette. La bergère l'appellera-t-elle à la rescousse ? Sous le poil trempé, on perçoit les muscles du chien, tendus à rompre. Torse arc-bouté sur l'arrière-train de la brebis ahanante, Catherine ne lâche rien, des ondes de buée s'échappent de ses lèvres, on dirait les bulles d'une bande dessinée. Flancs battants, fléchissant sous l'étreinte, la brebis s'abandonne. Langue pendante, immobile, Hannibal a repris la pose, hors du parc.

Ce matin, quatre agneaux sont nés, parmi eux des « bessons », des jumeaux. Les mères ont « fait » leurs petits sans que Catherine ait eu à s'en préoccuper. Soulagement. C'est la première fois que la bergère « garde dehors », à la pâture, un troupeau composé exclusivement de gestantes. Deux cent quarante... Les « vieilles », m'a-t-elle confié, agnèlent facilement, au contraire des jeunes, au bassin étroit, celles-là s'agitent, elles grincent des dents, submergées par ces douleurs incompréhensibles. Je sais maintenant qu'une expulsion tardive de l'enveloppe amniotique signifie le pire ; qu'une torsion de la matrice peut entraîner une rupture de la poche des eaux, au risque de la survie du fœtus, sans exclure la mauvaise présentation de l'agneau, museau vers l'arrière, une « jambe » emprisonnée dans le cordon ombilical. La main, les doigts du berger sont alors nécessaires, mais Catherine en possède l'expérience depuis la Crau, à l'École du Merle. Un souvenir lui revient tandis que sous la pluie, derrière le maillage, une brebis lèche son nouveau-né gluant : « J'appaillais, je préparais la litière, mais je n'avais pas aperçu une vieille brebis qui n'en pouvait plus dans un coin de la bergerie… Son museau cyanosait déjà, alors je m'agenouille, avec mes grosses mains fortes je vais chercher l'agneau, je sens ses pattes, merde ! dans quel sens faut-il tirer, vers le haut, vers le bas ? Le troupeau s'impatientait, il voulait sortir… Je trouve les pattes, je tire, très fort ! Ça marche… Je sors un agneau tout gonflé, je le libère des mucosités qui encombrent son nez, sa bouche, la mère était trop épuisée pour s'en charger. Je chatouille son nez avec de la paille bouchonnée pour l'énerver un peu, puis je souffle fort, fort, qu'il respire pour de bon ! Il éternue. C'est gagné ! »

L'agnelet, ébouriffé, s'est redressé sur ses pattes allumettes, à l'aveuglette il cherche le pis, la mère chevrote, cou tendu vers son petit qui tombe, il se relève, cogne de son museau l'énorme mamelle, il cherche, trouve enfin, le frétillement soudain de sa queue en tire-bouchon le démontre. « Il tète, la mère l'a reconnu, léché, tout va bien… » Il ne faudrait pas penser pourtant que l'agnelage soit aussi aisé que celui-ci : « Il est des brebis maternantes, d'autres qui expulsent le premier agneau et qui ne savent comment poursuivre, celles qui abandonnent leur progéniture, d'autres, envieuses, les "marraines", des "filles" qui tentent d'accaparer l'agneau de la voisine... Un peu comme les faits divers des hommes... »

À chaque naissance son rituel... La bergère enjambe la clôture, elle s'approche de la mère, s'empare du nouveau-né, saisit ses deux pattes avant comme on le fait des oreilles d'un lapin, puis elle s'écarte, lentement, psalmodiant des « prou ! prou ! », collée de près par la brebis mère qui s'abandonne dans des bêlements plaintifs, douloureux presque. Le trio franchit le treillage que Catherine a rabattu, puis, dans un ballet lent, gestante derrière, il se dirige vers la « nursery », sous les arbres, au bas de la pente, où mère et agnelet sont enfin réunis.

Mais une brebis ne se comporte jamais comme sa voisine. Col tendu, celle-ci s'immobilise à mi-parcours. Dans des bêlements éperdus, elle pivote, se tourne vers le troupeau rassemblé, elle semble égarée, comme si soudain elle avait conscience d'être arrachée au clan. Nouvelle flexion, la brebis se détourne, elle lance un regard affolé vers Catherine imperturbable qui avance, « prou ! prou ! », l'agnelet saisi par les membres dans son poing. La mère hésite, elle esquisse un mouvement, s'immobilise de nouveau, bifurque, revient sur ses pas. Elle tourne sur elle-même, bêlant, elle paraît hagarde, conques des oreilles dirigées vers la rumeur du troupeau, jaugeant la distance qui l'isole de ses congénères. Deux, trois, quatre fois elle se reprend, l'attachement l'emporte finalement. Soumise, elle suit Catherine et son agnelet.

Que peut le berger quand ses extrémités, ses pieds, ses mains, engourdis par le froid, le feraient crier de douleur ? Louis Daubenton conseille : « Il faut prendre des précautions pour empêcher la gangrène, elle fait des progrès rapides. La partie refroidie pâlit et rougit avec une forte démangeaison, ensuite elle devient pourprée et noire. Alors, elle ne tarde pas à se détacher et à tomber. Pour l'empêcher, il faut couvrir et frotter la partie gelée avec de la neige, ou mettre dessus des linges trempés dans l'eau la plus froide, ensuite on frotte cette partie avec des linges pour la réchauffer. »

Mes doigts, couleur écrevisse, sont saisis par la tremblote, mais mes phalanges ne ressentent nulle démangeaison encore... La pluie s'est interrompue, c'est heureux. Comment Catherine résiste-t-elle là-haut ? Les bêlements vont crescendo, les brebis s'impatientent.

Repliée sur la banquette de mon abri, genoux en ciseaux, les mains dans les poches de la polaire, vaguement morose, je m'astreins au détachement, le regard perdu sur le vrac qui jonche la tablette de la caravane de la bergère, une radio Sony vieillotte, une blague à tabac, du papier OCB, un rouleau de Sopalin, une lame Opinel, un thermos rouge, des boîtes « saladinette taboulé oriental », des prospectus ornés des visages des candidats aux élections législatives. À ma gauche, le lit-couette, un sac de couchage roulé en boule, un chapeau de toile quechua, un havresac débordant de fringues. Un alignement de bouquins sur un rayon, *Les Grands Chemins,* Giono, *La Ligne verte,* Stephen King, *La Cinquième Femme,* Henning Mankell, *Un savoir-faire de bergers*, Michel Meuret, *Minuit en plein jour*, Daniel Easterman, « je ne sais pas si je lirai ce thriller, m'a dit Catherine ce matin à la pause-café, il y a bien assez de sujets d'inquiétude en montagne ». Au pied du lit, une pile de grilles *sudoku*, « un truc logique, rationnel, pas mal pour garder les pieds sur terre ». Une mini-bombe Butagaz, côté « cuisine », une casserole en inox, des tomates dans un filet suspendu à un clou, des alvéoles gaufrées, les œufs, deux boîtes de Nescafé, une de chicorée, des pâtes, sachet familial, des packs de soupe, un jerrycan d'eau, un énorme sac de croquettes pour les chiens. C'est tout. « Je l'aime bien ma caravane, j'y ai mes aises », m'a-t-elle dit.

L'air de rien, nous avons beaucoup échangé au fil de la journée, en grimpant, dévalant les creux sous une pluie tenace, ou encore dans l'abri de la caravane, pour casser la croûte, prendre un café brûlant, en griller une bien au sec, avant de ressortir pour « voir les filles ». Au gré de l'inspiration, à la faveur d'un fou rire, d'un silence, d'une pensée saisie au bond, ou de rien, le timbre fluet de Catherine s'est imposé tandis que nous évoluions dans la pente : « Tu vois, ça monte sans arrêt. Descendre, monter, on ne fait que ça. Ça change des plaines, hein ? » D'une même impulsion les mots allaient et venaient, murmurés, soupirés souvent. Je me moque du cliché, mais la personne de Catherine tient de *L'Eau vive* de Jean Giono.

Elle « fait bergère » depuis quatre ans et, quand je la questionne, elle ne sait pas dire ce qui l'attache à « ses » brebis. Elle aime leur inclinaison au calme, leur candeur, cette harmonie singulière que rien ne peut distraire de la rumination. « Tu vois, c'est sans fin, elles mâchent, remâchent leurs pelotes d'herbe, indéfiniment, comme si tout restait identique, comme si elles ne désiraient rien d'autre. Mais il ne faut pas s'y fier, elles sont malignes, plus fines et compliquées qu'elles ne le paraissent… » Vivre, travailler dans cette compagnie, c'est, dit-elle, appareiller dans cette apparente tranquillité, domestiquer, apprivoiser ses propres élans, ces remous impondérables que l'humain provoque du fait de sa seule présence. Un état d'esprit, gestes, mouvements, maîtrise, sans quoi on ne sera jamais bon berger. « L'herbe, le troupeau, les chiens, comprendre l'équilibre entre ces entités ne va pas de soi… Il faut sans cesse apprendre, je veux dire tenter, ajuster, se tromper, ne pas perdre le moral surtout… »

Sans cesse, Catherine en revenait à cette trilogie, tandis que nous arpentions la colline, elle dans son ciré dégoulinant, moi sous mon parapluie Bécassine, les border collies tout près, courant autour de nous, « chaque berger a le sien propre, c'est important ». Catherine, tout de même, avait demandé à Yves Derbez, « son » éleveur, de lui « prêter » Hannibal, car Mozart, son chien à elle, « marche sur deux pattes, il refuse de jouer son rôle de chien de berger, comme le cabot des dessins de F'Mur ». Elle l'avait appelé Mozart justement en salut au personnage du *Génie des alpages*. Catherine aime la « tête de chien de F'Mur », sa façon artiste d'illustrer la douceur d'un herbage gras, le dépouillement, le vertige des pentes, la nudité de la solitude, et aussi les randonneurs qui dérangent tant ils ignorent l'ordonnancement du troupeau, les marcheurs obtus, les fonctionnaires obsessionnels, les crétins scientifiques de « l'agropastoral ». Et ses brebis, héroïnes solitaires des sommets, qui râlent tout le temps, indifférentes aux fureurs d'en bas. « Attention, les animaux ne sont jamais fous, mais les hommes, c'est autre chose ! » dit-elle.

Avec humour, Catherine m'a raconté les conditions de sa première garde, voilà quatre saisons. Yves Derbez l'avait recrutée au pied levé. Tout un mois au Clos de l'Aigre. « Un mauvais rêve… » L'éleveur, un beau matin, l'avait lâchée dans la nature avec le troupeau, comme ça, trois cents brebis et les chiens. « Comment leur parle-t-on, comment les guides-tu ? » Aucune explication, sinon une réponse rogue : « Tu verras bien. » Pour ça, elle se revoyait ! « Il était 7 heures. Nous avions laissé la bergerie depuis deux heures au moins, la chaleur montait, les brebis bêlaient de faim, elles ralentissaient, moi j'étais comme perdue, mais où était-il ce foutu chemin sur la gauche qui devait nous conduire au pâturage ? Ce n'était plus la transhumance, mais une transerrance… » Précisément Catherine remettait tout en scène : « Un bûcheron surgit au volant d'un 4 × 4. Il ralentit, le troupeau le contourne, non, il est pas d'ici, non, il ne connaît pas ce chemin. Les bêtes crient famine, elles fatiguent, c'est terrible ! Le type me semble bienveillant, mais il se tire quand même… Le troupeau fait demi-tour, les filles, les chiens me lorgnent comme si j'étais une question ! “Titou, titou, titou ! allez, mes filles !” De clairière en clairière, elles se jettent sur l'herbe rase. Trois heures plus tard, le bûcheron est de retour, il me demande si ça va, “Vous savez, ce métier, tout est terrible”, dit-il, et il se casse de nouveau. » Remuée par les souvenirs, tenace, elle poursuit : « Je me retrouve sur une colline, je ne la connais pas, mes brebis, par contre, la reconnaissent, elles en avaient l'habitude… Des vallons, des bois de chênes blancs, des genévriers et des cades, des chênes verts, des genêts et des ronces, un paradis de brebis ! Elles ne m'écoutaient pas, je courais, non, je galopais, je courais sans cesse, comme d'habitude, j'étais perdue. » Elle rit. « Et puis, j'ai compris... Je repérais les coins peu pâturés, les parcours riches en glands. Les brebis adoraient les touffes de filaire, les garances, le thym, la baouque parfois. Les filles me connaissaient maintenant, elles étaient contentes, calmées. Zazie, la border collie, Sarah, la vieille crow, ne me lâchaient plus d'une semelle, elles avaient tellement envie de bien faire que je devais les gourmander, "doucement, doucement, reste ici !" Elles étaient belles, mes brebis, c'est bien simple, rondes comme un œuf... »

D'où lui vient ce goût des moutons ? Le hasard, sans plus, prétend-elle. Mais qu'avait-elle vécu avant les moutons ? Elle avait marché, beaucoup marché, dès l'âge de seize ans elle n'avait fait que marcher, Espagne, Turquie, Italie, Belgique et Allemagne, Malaisie et Sri Lanka. À Hong Kong, elle avait croisé un type, il confectionnait des orgues de Barbarie. Elle l'avait suivi, puis elle était revenue, à l'oblique, vers la Grèce, puis elle avait changé d'avis, repris la route de l'Asie, pour bifurquer finalement vers le Grand Ouest... En auto-stop, trois mille bornes. Elle partait en Amérique, car, dit-elle, elle n'avait rien vu encore. Se déplacer plutôt que demeurer immobile, « il suffit de passer la porte, la fermer derrière toi, c'est très simple ».

18 heures passées. Un œil par l'encadrement de la caravane, la brume s'est dissipée, l'herbe a retrouvé des couleurs. Un épouvantail en ciré dévale la pente, Hannibal et Mozart sur ses talons. Au parc, les bêlements enflent, redoublent. Frémissantes, cous tendus, les brebis se dressent, les pattes s'emberlificotent en ciseaux. Loin encore, Catherine m'avise, elle me fait signe de la rejoindre, par la gauche. Les brebis râlent, « ça va, ça va, du calme les filles, une minute »... Avec une patience d'ange, Catherine gagne les mailles fluo, rabat un pan de filet, les toisons ondoient, on dirait que les muscles leur poussent au travers du corps. Hannibal esquisse son pas de deux. La brèche à peine entrouverte, les notes flûtées de Catherine s'élèvent, « prou ! prou ! prou ! ». Tintamarre de bourdons, de cris rauques, le troupeau s'élance. Un torrent furieux. Endigué par Hannibal qui trisse à gauche, à droite, le flot s'écoule en colonne, se répand dans la pente gazonnée. La masse roule, roule vers le pacage frais que Catherine lui a réservé. La rumeur décline alors, peu à peu, on ne perçoit que des chevrotements assourdis, des hoquets d'aise, de plaisir. Il faut les voir, l'herbe jusqu'aux mamelles, de-ci, de-là, grisées, ne sachant où donner des lèvres. Les mâchoires mâchent et remâchent, à nouveau.

Catherine arpente la clôture, vérifie l'état des filets, elle connecte la batterie électrique. « Je n'aime pas ces clôtures mobiles, c'est des parcs de cow-boy, je préfère les parcours libres. Les bêtes aussi, d'ailleurs, l'enclos les rend idiotes, incontrôlables. C'est autre chose en montagne, elles sont chez elles, là-bas ! En juillet, aux Trois-Évêchés, elles veulent toujours tirer plus haut, grimper, trouver la nouvelle herbe, bien verte, bien tendre. C'est pas une mince affaire de les guider, il faut tout faire pour qu'elles n'avancent pas si vite, freiner la marche vers le sommet. Il y a des manœuvres, des goulets, des passes à éviter, un peu comme si tu engageais ton voilier dans les récifs par temps de grosse mer. » Catherine fourrage sa tignasse tandis que son regard, réflexe, navigue d'une brebis l'autre, estimant la souplesse d'une peau, les finesses d'un poil, un port de tête, une démarche.

Chiens dans les jambes, nous redescendons, tranquilles, vers la caravane. Il y a vingt minutes à peine, les nuages drossaient, ils se sont dissipés maintenant, la montagne se dévoile, un filet bleuté court les cimes en une onde de fumée de cigarette. Catherine a repris le fil de ses propos. En montagne, dit-elle, le troupeau est le contraire de la masse informe que l'on croit, il possède son intelligence, un rythme, ses hiérarchies, ses affinités. « Il vaut mieux ne pas perdre de l'œil les meneuses. Sans oublier les farfelues, les drôlesses ! Il y en a toujours dans le troupeau. Elles te testent, elles pointent les oreilles quand elles t'aperçoivent, tu ne sais pourquoi, tout à coup, ton troupeau se rassemble, et il droppe, au grand galop, dans la direction opposée à celle que tu souhaites... Imposer ton choix ? Tu peux toujours courir ! Ça ne marche pas comme ça, tu dois ruser, composer, établir la confiance, l'esprit d'équipe, à partir de là tu peux faire beaucoup. La montagne devient un chez-nous... C'est grand, tu es comme sur une île déserte, ou un navire, c'est selon, toujours à guetter le ciel, sans arrêt, le temps qui passe. Certains jours, tu as peur pour toi, pour les brebis. Des loups, d'en perdre une, du froid qui vient, de la neige et du brouillard. Qu'elles tombent malades, qu'elles meurent... » Elle rit.

... *Non, je ne me souviens plus du nom du bal perdu...* Bourvil chante. Catherine détale, s'engouffre dans la caravane. Yves, au téléphone : « Combien de petits aujourd'hui ? – Onze. – Peut-être vaut-il mieux que je vienne les prendre, il ne va pas faire chaud cette nuit. – Non, laisse faire, il ne fait pas si froid que ça... » Catherine raccroche. Elle évoque un bouquin sur l'émigration des Basques au Canada, une histoire d'éleveurs, de bergers, un orage de neige une nuit, le troupeau pétrifié, gelé, au petit matin. « On n'en est pas là tout de même. »

Catherine se débarrasse du ciré, elle allume la flamme sous la casserole, remplit deux grands bols de croquettes à ras bord. Sur le pas de l'huis, nous prenons un café, tandis que les chiens sous le vide de la caravane bâfrent, ils geignent de contentement. Catherine scrute l'horizon. J'observe la limpidité de la ligne de son visage, menton net, cheveux sombres, taillés sur la nuque. Elle revient sur le loup. Elle le redoute, bien sûr, il est si proche. « L'an dernier à Vautreuil, ils étaient là, une meute, c'est sûr. » Roc l'avait senti, ils n'étaient pas loin, le patou avait viré tout l'après-midi, tourné autour du troupeau comme un cinglé, gueulant à perdre son souffle. La suite, Catherine se souvient… Les bêlements d'affolement, une gigue de sonnailles, les aboiements du patou, une furie dans la nuit noire, le maillage du parc de protection abattu, une partie des brebis serrées, blotties, toutes en boule, agglutinées. D'autres avaient disparu dans la nature obscure. « Où chercher, où se diriger ? Va savoir… Roc hurlait comme un diable, Hannibal s'était planqué, Dieu sait où. Quoi faire ? J'avais évoqué cette situation avec Yves, une fois : que dois-je faire en cas d'attaque ? Il m'avait rétorqué : "Ce que tu sens…" Point barre ! » Alors, en hâte, Catherine avait redressé le parc, que les brebis épargnées ne s'échappent pas au moins ! Courant vers la cabane, elle avait attrapé son duvet, puis elle s'était allongée au milieu des filles. « Il faisait rudement froid, j'avais tellement peur, pour mes brebis, pour moi. "Vous en faites pas, les filles, je suis avec vous." » Au matin, Catherine avait retrouvé les fuyardes, indemnes, couchées sous une barre rocheuse, plus haut. Elle avait eu de la chance, sur l'autre versant un voisin avait subi dix attaques, ce juillet-là.

À Digne, le mois dernier, Catherine a obtenu un permis auprès de l'Office national de la chasse et de la faune sauvage. Un assouplissement récent du protocole national de protection du loup accorde désormais aux bergers et aux éleveurs, qui le réclamaient depuis longtemps, le droit d'user d'une carabine à canon rayé, d'une portée de deux cent cinquante mètres, pour défendre l'alpage en cas d'attaque du prédateur. Mais ouvrir le feu sur un animal protégé a ses règles : les « tirs de défense », précise l'arrêté, sont autorisés, de jour et de nuit, mais à proximité immédiate du troupeau seulement, et à condition que celui-ci ait été l'objet d'une attaque antérieure, ou s'il pacage non loin d'un cheptel ayant subi des dommages… « Yves m'a offert son flingue, mais je me vois mal dans les barres rocheuses des Trois-Évêchés ou de Vautreuil avec cet engin à l'épaule. Non, vraiment pas… »

Catherine compte sur son « arsenal » personnel, des innovations qu'elle a testées l'hiver dernier, dans sa maisonnette de Manosque, où elle habite quand elle ne « garde » pas en montagne. « Des trucs de rien, vingt euros par-ci, quarante par-là, on verra bien si c'est efficace… » Elle s'attarde sur le Cerbère, un système d'effarouchement radiophonique alimenté par une batterie. Le haut-parleur, selon une cadence programmée, diffuse un tintouin du diable ; volume maximal, cet appareil aux loupiotes clignotantes est capable de déverser dans la montagne la transmission d'un match de foot de division 2, un concert des Clash, un opéra, un débat du *Masque et la plume,* au choix… Catherine a déniché cette trouvaille de deux cents euros sur Internet. La notice du fabricant affichait : « Très efficace contre les animaux nuisibles, sanglier, chevreuil, renard. » L'inventeur avait rayé le mot « loup » de la liste, des écolos le menaçaient d'un procès, le loup n'était pas nuisible !

Catherine invente, elle aussi, elle bricole ses propres engins de parade. Cette créature scrofuleuse, par exemple, en photo dans son portable. Attifé de fripes flashy jaunes et bleues, l'épouvantail est accoutré de bras filiformes, interminables, qui se finissent en griffes blanches, menaçantes, pointées en direction d'un hypothétique intrus. Le monstre est affublé d'un masque à la gueule grimaçante, béante, yeux bleus énormes, exorbités. N'était la tignasse hirsute, le masque tout craché du *Cri* de Munch ! « Docteur Jekyll mesure un mètre soixante, ses yeux clignotent la nuit, mais Yves ne tient pas à ce que je l'installe à Pra-Loup. Les touristes en auraient peur. Je le monterai aux Trois-Évêchés, on verra bien si tout ça fonctionne. »

À sa manière, Catherine poursuit la tradition des anciens, quand l'imagination était l'unique moyen pour écarter le loup, « lou ped », disaient les Provençaux qui n'osaient le nommer tant ils le redoutaient. Au Ier siècle, Pline recommandait une parade pour le moins singulière : « Les loups n'entrent plus dans un terrain si, après en avoir pris un, lui avoir brisé les pattes et l'avoir égorgé, on répand peu à peu son sang autour des limites du terrain, et qu'ensuite on l'enterre à l'endroit même où on a commencé à le traîner. » Une gueule de loup égorgé était le moyen, encore, d'éloigner un congénère malfaisant ; une patte clouée dans l'enclos même devait agir, au risque que la puanteur de cette putréfaction n'affole les moutons. À défaut, les gueux plaçaient des colliers de gousses d'ail autour du col des brebis, d'autres enfin confectionnaient un « gâteau du loup » triangulaire, référence à la Sainte-Trinité des chrétiens, on le perçait de cinq trous afin de rappeler les plaies du Christ crucifié. Rationnel, Daubenton préconisait d'allumer de grands brasiers pour éloigner la malebête… Au XIXe siècle encore, les bergers dauphinois enguirlandaient les parcs à brebis de tisons ardents et de lanternes perforées : les lueurs vacillantes inquiétaient le prédateur. Avec le feu, le vacarme des cloches, sonnailles, casseroles et trompes était des procédés courants, provoquer un boucan avec deux sabots s'entrechoquant, hurler au loup à pleine gorge, voire jouer des ritournelles suffisaient à effaroucher l'animal, prétendait Carlier, l'abbé grand spécialiste du mouton à l'époque de Buffon : « Le loup est tellement ennemi de l'harmonie que le son des instruments le fait fuir. »

Flûtes et pipeaux remisés dans l'armoire, aujourd'hui, bon nombre de bergers désemparés s'en remettent au « tonne-fort » ! Bricolé à l'aide d'une bouteille de gaz, ce procédé, toutes les dix ou vingt minutes, déclenche une détonation à soulever l'alpage. D'autres suggèrent de placer un couple d'ânes au sein du troupeau, prompts à braire à la moindre intrusion, ils n'hésiteraient pas, espère-t-on, à lancer des ruades pour garantir leur territoire. Aux fameuses tresses d'aulx, une bergère des Vosges préfère les bourres de mèches de cheveux humains noués aux clôtures de l'enclos, comptant sur l'effet répulsif de leurs émanations olfactives. Une biologiste, Laetitia Becker, propose de parfumer les brebis d'un spray dont on vaporise appartements et habitacles des automobiles. Au registre des fantaisies, il en est qui décorent les parcs de ballons multicolores, de bouteilles en plastique retournées, de fanions colorés qu'il faut déplacer régulièrement, car « s'il se méfie de tout ce qui est nouveau dans son environnement, le loup, doué d'une faculté d'adaptation extraordinaire, aura tôt fait de trouver une parade »... Résolument moderne, un biologiste suisse, Jean-Marc

Landry, prétend avoir trouvé la solution : harnacher le poitrail de chaque brebis d'un « cardiofréquencemètre » censé transmettre au berger, par SMS, les accélérations des battements cardiaques des ovins en cas de stress intempestif…

20 heures. J'ai pris mes quartiers à la cabane. Quand Catherine est trop lasse, qu'elle n'en peut plus, qu'elle bégaie, que ses jambes la « tirent », comme ce soir, elle préfère rester seule, s'isoler. En surplomb d'un bouquet de feuillus, à trois mètres du parc à brebis tout au plus, le refuge agreste (il a été restauré en 1986, l'inscription dans la pierre l'atteste) ne peut que me plaire. Glisser une clé géante dans la serrure, passer la porte, éprouver un plancher sous ses pieds est un plaisir déjà. Se laisser choir dans la cotonnade rose et verte du canapé, rôtir devant le poêle à bois, poser les coudes sur une nappe cirée, découvrir quatre chaises d'osier impeccables, un bougeoir à trois branches, cette ribambelle de bougies minuscules dans leurs godets, vaut un palais. Contre un mur, des bûches sont soigneusement ordonnées, des plus minces aux plus lourdes ; un buffet de bois sombre, encombré de trois assiettes de porcelaine, une fourchette, un verre, un pot de grès, une flasque d'alcool à brûler pour alimenter le réservoir de la lampe-tempête suspendue à la poutre. Sous les combles,

dans la mezzanine, deux matelas, un oreiller, une couvrante feront bien mon affaire.

À moins d'un pas, front contre front, les brebis somnolent derrière les treillages. Elles semblent rompues. Potelées, reins gras, côtes rondes, gigots pleins, elles ont de la grâce, de la distinction. Cette présence, ce contentement tranquille, leur façon de société me plaît. Il est de bon ton de moquer les moutons, leur caractère de troupeau, mais ce don d'être ensemble me semble relever d'une haute qualité. Que ne dit-on des moutons, ils seraient timides, soumis, l'adage dit « doux comme un mouton », « con comme un mouton », ou bien, pour le moquer plus encore, « se laisser tondre comme un mouton »... Cette niaiserie prétendue, cette innocence ne leur vaudrait aucune rémission, sinon la tendresse persillée des côtelettes. Tantôt pusillanime, dépourvu de la moindre lueur de fantaisie, rétif, obstiné, le mouton vaudrait l'âne. « Mouton noir » pour dénoncer la traîtrise humaine, les prêtres l'ont voulu « agneau blanc » symbole de pureté. On n'épuiserait pas les mille traits dont on l'affuble pour en rire, mais il est encore le grotesque « mouton à cinq pattes » compagnon des rêveurs, des poètes, des artistes.

Il fallait les observer tout à l'heure, bondissantes comme des gazelles dans le sillage de Catherine. Elles se ruaient, bousculaient leur bergère, affolées par les poignées de sel qu'elle répandait sur les rochers gris dans leur parc, moins gourmandes que folles gloutonnes. Giono évoque ces « assaliers », ces blocs qui ont le poli des pierres léchées, usées par des siècles de langues et de lèvres.

Un polochon de nuages sombres, bordés d'or, coiffe les cimes. À l'adret, dans cette heure entre chien et loup, le panorama se déploie, grand. À l'est, les crêtes en vagues successives s'incorporent, émeraude, brun-ocre, bleu-mauve, jaune rouille, dans les brumes floconneuses. En étage, sur les versants, des fermes isolées, des grappes de hameaux, bouquets d'aulnes, lacets de chemins et de drailles, l'impression d'un décor peint à ma seule intention. Je m'escrime à compléter quelques repères de mon diorama, Méolans, Rioclar, Saint-Pons, l'énorme balafre des « terres noires » du Riou-Bourdoux, ce prince des torrents qui terrorisa longtemps les gens d'ici, la départementale 900, Barcelonnette à mes pieds, puis Faucon, Jausiers… À l'amont, le fort de Tournoux sur son éperon rocheux de la Condamine, Meyronnes et Saint-Paul… Cet assemblage de lambeaux, de lisières feuillues, d'anciennes terrasses, cultures, prés délaissés, hameaux de creux de vallée, baraques perchées, canaux, torrents et digues… tout est doux, bienveillant de cette hauteur, pourtant, combien il fallut d'ingéniosité, d'acharnement aux gens d'ici, les « gavots » de l'Ubaye, pour composer, tirer profit de cette rudesse, indomptée encore !

« Salut, le chien ! » Hannibal ne veut pas de mes biscuits, il se couche sur mes pieds. « Bon chien ! » Un silence parfait enveloppe notre montagne ; à l'ouest, le ciel a retrouvé les purpurins et les violets. Avec le couchant, les minéralités schisteuses ont un teint verdâtre. Sous la caravane, Catherine étend une couverture à l'intention des chiens. Hannibal détale sans crier gare, il dévale la pente, le froid nous rappelle qu'il est l'heure de se réfugier chez nous.

Je rêvasse. Je songe à un autre Hannibal, de l'an 218, vainqueur des Romains après qu'il eut franchi les passes au prix d'une marche que César n'aurait jamais osée. Des Alpes-Maritimes aux Alpes Graice et Pennines, vingt cols, neuf mille cavaliers par les vallées, douze mille chevaux, quarante-cinq éléphants à nourrir aux bivouacs ! Comment imaginer pareille masse en mouvement, de Méolans au col de Larche, le fleuve animal progressant dans les frimas, les hennissements, les hurlements des palefreniers, bagages, frusques, fourniments et fourrages[1] ? Tite-Live évoque cet impensable (Livre XXI) : « La quantité de neige qu'il fallut creuser et évacuer était énorme. C'est pourquoi les soldats

1. Il faut lire *L'Ombre d'Hannibal*, de Paolo Rumiz, Hoëbeke, 2012.

furent amenés à tailler une route dans la roche, car le seul moyen pour la faire passer était de fracasser les pierres ; ayant abattu et débité d'immenses arbres qui poussaient alentour, ils firent un gigantesque tas de bois auquel ils mirent le feu depuis le bas, d'autant qu'un vent furieux s'était élevé pour alimenter l'incendie. Pour fendre les pierres, ils les arrosèrent de vinaigre. Ainsi ils purent rompre avec le fer la roche brûlée par le feu, puis ils rendirent les descentes moins raides en ménageant quelques modestes virages, en sorte que la route pouvait être suivie non seulement par les bêtes de somme, mais aussi par les éléphants. »

Derrière mon épaule, je distingue la toison ébouriffée, sombre, de la Séolane. La montagne ourlée de la forêt de la Gimette a tout de l'armée prête à déferler. Le vallon du Laverq est de l'autre côté du versant, j'imagine les Trois-Évêchés, les barres rocheuses, les gorges, les recoins d'ombres et de vaux… Catherine, tout à l'heure, m'a proposé dans vingt jours de la rejoindre là-haut avec les filles. « Tu verras… Il faut que tu viennes ! »

Une bête garde bien une bête.

Proverbe cévenol

Au Ier siècle, Columelle l'agronome de Cadix s'attachait aux trois meilleurs compagnons de l'homme, le chien gardien de la métairie, un congénère pour veiller sur le troupeau, un dernier enfin pour mener la chasse du gibier. « Le chien de berger, précise le Latin, n'est ni aussi efflanqué, ni aussi léger que celui destiné à courir les daims, les cerfs et les animaux les plus légers, mais il n'est pas aussi gros, aussi lourd que celui qui est destiné à la garde des métairies et des granges. Il est robuste néanmoins, prompt, dispos, parce qu'il est autant destiné à l'attaque, à se battre qu'à courir, puisque son destin est de contourner les embûches des loups, de les suivre quand ils s'enfuient avec leur proie, et qu'il doit leur faire lâcher prise. On le prend autant que possible de couleur blanche pour le distinguer du loup. »

Douze siècles plus tard, on discerne les traits du gardien de troupeaux sur l'écritoire de Gaston Phébus : « Non tant gros et pesant que le chien de garde, car on le prend pour guetter et courir, attendu qu'il doit chasser le loup. Il doit être blanc, afin que le pasteur puisse plus facilement le discerner d'entre les loups et le reconnaître à ce moment de la nuit qu'on dit entre chien et loup. »

En 1600, le seigneur du domaine de Prades, Olivier de Serre, décrit sa mission dans *Théâtre d'agriculture et mesnage des champs* : « Les chiens destinés pour la maison doivent être de couleur sombre et ceux du parc, de claire ; d'autant que les blancs, pour la conformité de la couleur, conversent facilement avec les moutons et les brebis ; ce que ne font les noirs qui épouvantent ce timide bestail, cuidant que ce soient loups qui l'approchent ; étant toujours ces bestes ravissantes obscurément emmantelées. » L'Ardéchois ancêtre de l'agriculture raisonnée vante une fidélité « si notoire qu'il serait temps perdu de discourir sur la louange de tant noble animal ».

Liger, deux cents ans plus tard, peaufine cette description dans *La Nouvelle Maison rustique* (1790) : « La queue grosse, la voix grosse et tonnante, une grande gueule de couleur fauve et blanc, pour qu'on les distingue même entre chien et loup. (...) Comme les brebis sont fort timides, elles s'épouvantent aisément de toute autre couleur que le blanc ; comme si quelque loup venait sur elles, c'est pourquoi les bergers s'habillent toujours de toile ; et les Italiens observent encore, ainsi que faisaient les anciens, de ne faire garder leurs troupeaux que par des chiens blancs. »

Ainsi Enna sur les flancs de Pra-Loup, gardienne du troupeau d'Yves Derbez. Blanche, poils longs et fournis, haute sur pattes, poitrail et gueule puissants, oreilles pendantes, front et col massifs, on remarque à peine la chienne « patou[1] » issue du genre *Montagne des Pyrénées,* au sein des brebis.

De l'aube au couchant, Enna flâne avec ses indolentes compagnes, paupières mi-closes, elle somnole, allongée le long du flanc de l'une ou l'autre au point de se confondre avec le troupeau. Enna ne s'éloigne des brebis qu'en fin d'après-midi, quand Catherine rassemble et conduit les bêtes vers le pacage de nuit. Alors, haute gueule, queue en mousquetaire, la chienne s'écarte, solitaire, hume l'air rafraîchi, puis d'elle-même elle regagne sa place dans le rassemblement, sans provoquer le moindre remous. Quand on la hèle, Enna remue tout juste sa queue en panache, sous les paupières tombantes de grands yeux bruns se plantent dans les vôtres, suscitant, j'ignore pourquoi, une onde de mélancolie, de

1. De *pastou, pastre,* « berger » en langue occitane.

tendresse. Enna m'aurait-elle élue comme partenaire ? Cela ne se peut, elle semble indifférente aux caresses, comme elle me paraît étrangère aux chiens, ses congénères, ne démontrant affection qu'à l'égard des brebis, ses pareilles… Les moutons lui rendent autant, il n'est qu'à observer cette brebis gestante, alourdie, à l'écart, vautrée dans une solitude recherchée, elle se soulève, mue par on ne sait quelle impulsion, se redresse soudain et se dirige vers Enna. La chienne flaire, lèche longuement le col laineux, puis elle s'en détourne et choit où elle en a décidé, dans sa posture d'habitude. La manière d'Enna, cette massivité débonnaire dans le corps mouvant du troupeau a quelque chose d'apaisant, de rassurant. Ce n'est pas par hasard si, depuis le retour du loup, il n'est plus un troupeau de l'alpe, à l'instar de celui d'Yves Derbez, qui ne possède ces « chiens de protection ». Les « blancs », comme on appelle les deux mille patous, constituent une nouvelle population dans les Alpes du Sud. Les gens de montagne les considèrent comme la dernière chance, l'ultime parade légale dont éleveurs et bergers disposent devant les menaces du prédateur, à l'estive.

Enna n'est pas chien de conduite comme Hannibal, ni animal de compagnie comme Mozart, elle n'est pas non plus chienne de chasse, encore moins d'attaque, non pas, son « travail » consiste à épargner les moutons de la moindre intrusion.

Le patou seulement peut repousser les carnassiers, loups, lynx, chiens errants, les rapaces qui menacent les ruminants ; garde du corps, il vit avec son troupeau vingt-quatre heures sur vingt-quatre, trois cent soixante-cinq jours, l'existence durant.

Selon l'avis des gens de métier, le meilleur patou repère l'intrus, il intervient avant que le carnassier ait violé les limites du territoire de son troupeau, il le maintient à distance, le dissuade et, s'il est nécessaire, il fait front. Il n'est jamais le compagnon du berger à la cabane, le soir, au contraire du border collie, il ne s'abrite jamais s'il pleut, « on ne s'inquiète jamais des aléas météo pour les moutons, le patou, c'est pareil, il est du troupeau, il lui "appartient", un point c'est tout ». Les bergers sont intarissables à propos de ce chien pas comme les autres, il faut les entendre évoquer le chamboulement que celui-ci a provoqué dans leur existence, la place qu'il y a prise.

« Chiens de conduite », le border collie, le beauceron obéissent au berger qu'ils ne lâchent pas d'une semelle ; d'un simple regard, d'un imperceptible mouvement, ils travaillent de concert avec le pâtre, chien et maître forment alliance, ils vont ensemble, se complètent pour mener les bêtes. « Un chien de conduite, tu l'enseignes, tu lui apprends, les brebis doivent le craindre pour filer droit ! Le border collie te prolonge, le patou, c'est le contraire : ce n'est pas l'homme qui le commande, qui lui dicte sa conduite, c'est le troupeau seulement, personne d'autre ! Quoi qu'il advienne, le bon patou réagit, n'accorde attention qu'aux brebis, le moindre effarement, le moindre stress des bêtes l'alerte, alors il vaut mieux ne pas être l'intrus ! » Mi-mouton, mi-chien, il est ce Janus, partenaire du troupeau dont il partage le comportement lymphatique. Pourtant il dissimule un féroce instinct canidé, capable, quand il s'encolère, de bondir, d'affronter ce qui menace ses chères compagnes. Il est chien de Nature selon Buffon, « celui qui a le plus de rapport avec l'ordre général des êtres vivants qui ont mutuellement besoin les uns des autres, celui, enfin, qu'on doit regarder comme la souche et le modèle de l'espèce entière ».

Au XIXe siècle encore, dans certaines contrées, ce mâtin était l'unique auxiliaire des petits pastoureaux. Il était ce molosse, blanc ou fauve, des « pectoraux comme un âne de meunier, marchant à pas comptés comme le procureur », écrivait Giono, il allait, le garrot ceint d'un lourd collier hérissé de pointes cloutées afin d'épargner sa gorge des crocs du sauvage. Après l'extinction des loups des Préalpes en 1870, ce chien disparut peu à peu du paysage. Aux flancs des troupeaux, alors, labrits, beaucerons, puis border collies écossais le remplacèrent. Vifs, hardis, de taille moyenne, actifs, prompts à seconder le maître à son ordre, ils devaient se révéler « chiens de conduite » hors pair alors que les parcours des troupeaux se compliquaient dans un paysage agricole qui se morcelait. Dans les alpages, heureusement, la hantise du loup s'évaporait. Jusqu'à sa réapparition au Mercantour en 1992…

Mais d'où vient pareille fusion entre Enna et ses brebis, au point que la chienne considère celles-ci comme des égales, des sœurs ? Buffon prétend que ces chiens de race sont les seuls, pour ainsi dire, à « naître tout élevés », que, guidés par leur seule nature, ils s'attachaient d'eux-mêmes au troupeau. Intrigué par ce comportement singulier, Darwin, en 1833, découvre la clé de l'énigme, lors d'un séjour dans une estancia longée par la rivière Berquelo, près de Montevideo : « Ce mode d'éducation, écrit le savant britannique, consiste à séparer le chiot de la chienne pour l'accoutumer à la société de ses futurs compagnons : on lui amène une brebis qu'il tète trois ou quatre fois par jour, on le couche dans une niche garnie de peaux de moutons, on l'isole absolument des autres canins, des enfants de la famille, il n'a donc d'autre désir que de se fondre au troupeau, puis, de même qu'un chien ordinaire s'empresse d'obéir au maître, de même le chien de protection protège et défend les moutons, ceux de son genre. »

Enna a acquis son état de patou des hauts de l'Ubaye selon un rituel identique. À dire vrai, il ne s'agit pas d'un dressage établi sur une répétition d'automatismes, mais d'un apprentissage patient, infiniment subtil, qui vaut de même pour les brebis craintives, si peu enclines à une telle promiscuité. L'élevage d'un patou mêlé au sein même des ovins, un art oublié pendant un demi-siècle, bouleverse les habitudes, les fonctions respectives des partenaires de l'exploitation. Yves Derbez a longtemps hésité avant de s'engager dans une telle aventure, « l'idée même d'intégrer au troupeau un chien d'une telle trempe dans les parcours d'alpage m'inquiétait, n'était-ce pas répondre à la violence, aux massacres des loups en prêtant la main à un engrenage destiné uniquement à écarter les responsabilités de l'autorité publique, protectrice d'un prédateur redoutable, sacré par la loi ? ». Mais l'éleveur n'avait pas le choix. En vertu de la « prévention des dégâts », l'usage d'un « chien de protection » était et est toujours imposé par l'Administration, sinon aucune indemnisation n'est possible en cas d'attaque.

Faut-il encore savoir s'y prendre avec l'étrange patou ! Pareille entreprise implique des enseignements, une formation, des stages, les conseils des éthologues de l'Office national de la chasse et de la faune sauvage. De leur application méthodique dépendront les comportements du patou, sachant que le chien de protection idéal, éveillé, intelligent, doit révéler des initiatives indépendamment de l'ordre du maître, il doit déployer les subtilités de son propre instinct pour veiller à la sécurité du troupeau, demeurer bienveillant à l'égard des brebis surtout, en toutes circonstances.

Condition primordiale, le futur patou, issu d'une lignée de chiens de protection, doit être confronté aux ovins dès son plus jeune âge. Cet apprentissage, en bergerie, commence dès la naissance, de sorte que le chiot n'appréhende rien d'autre que les bêlements, le parfum puissant du troupeau, prémices indispensables à une socialisation auprès des herbivores. Sevré dès l'âge de deux mois, écarté de ses géniteurs, le chiot est placé dans un parc d'une quinzaine de mètres carrés, en compagnie d'une dizaine d'agneaux, sinon des brebis, ou, mieux encore, des agnelles, plus souples et curieuses par nature. Le chiot dispose d'un coin bien à lui, afin qu'il puisse s'isoler. L'éleveur le nourrit dans cet espace protégé, en prenant le soin d'empêcher le moindre contact avec le jeune patou qui n'aura d'autres relations que celles des ruminants, ses compagnons. Cette fréquentation contrainte favorisera l'adoption réciproque, les brebis apprenant à réprimer leur crainte, elles qui ne connaissent que les chiens de conduite et les redoutent, car ceux-là n'hésitent jamais à leur mordiller le jarret pour qu'elles filent droit... Il faut veiller, plusieurs fois par jour, à ce que cette confrontation soit pacifique, un mouton rétif, agressif, sera retiré du parc aussitôt. Il est de bon augure, pour l'adoption respective, qu'un chiot joueur mordille oreilles et queues des agneaux, faut-il encore qu'il ne manifeste aucune brutalité à l'égard de ses futurs compagnons. L'appel du patou, suivi d'un « non ! » autoritaire du berger, signifiera son appartenance au troupeau. Hors ces « cadrages » destinés à corriger les comportements du chiot, aucun commandement, aucun ordre humain ne devra compromettre le lien fondamental instauré entre patou et brebis.

La socialisation du chien avec son éleveur, son maître, n'est pas moins indispensable. Cette entreprise ne va pas de soi, il faut réfréner les sympathies qui depuis toujours unissent l'homme et son chien, son meilleur auxiliaire. L'éleveur doit ainsi s'interdire la moindre familiarité à l'égard du patou, sinon la délivrance de la ration alimentaire, toujours au sein même du troupeau. Le « nourrissage », une fois par jour, suffit pour établir une hiérarchie, la soumission du canidé à l'égard de son maître. De son côté, le berger ne manifestera aucun encouragement de la voix qui risquerait de détourner l'attachement exclusif du patou au troupeau. Enfin, il est proscrit d'user de la moindre violence à l'égard de ce chien remarquable. Cet élevage, de longue haleine, exige doigté et patience, de sorte que le chien ne puise pas de réconfort autre que celui des brebis, qu'il se fonde à la communauté, mais sans redouter pour autant la présence humaine…

Âgé de quatre mois, le patou et son troupeau découvrent le pâturage. Première sortie, étape décisive. Comment le chien se comportera-t-il dans cet espace ouvert, inédit ? Le berger, surtout, ne bridera pas son enthousiasme, que le patou aille et vienne, furète, divague, explore, renifle, hume, qu'il s'empare, s'approprie cet environnement, le sien désormais ! Mais point trop n'en faut, qu'il regagne le troupeau, vite ! Quelle sera son attitude à l'égard des chiens de conduite, dont les fonctions sont si contraires aux siennes, puisque ceux-ci ont la mission de se faire obéir, de « faire bouger » le troupeau ? Pour le jeune patou, les manœuvres des border collies ne seront-elles pas éprouvées comme des agressions à l'égard de ces brebis auxquelles il appartient ?

La saison d'estive approche. Autonome, seul dans ses fonctions, le patou devra se révéler. S'il urine, non pas accroupi mais la patte levée, à l'entour de la zone de pâturage, à tout bout de champ, pour marquer le territoire du troupeau, s'il tonne de la gueule, panache dressé, col haut, aux manifestations insolites qui se présentent dans son champ de vision, un vol de choucas, des pierres dégringolant, le patou alors est « opérationnel » ! Pour le reste, aucun standard, à chaque chien de protection son caractère, sa manière, son tempérament. Il est des patous qui « travaillent » la nuit, se reposent au milieu des brebis le jour, d'autres, l'inverse. Pris d'ennui, certains s'accordent une escapade, ils se laissent distraire par des marmottes qu'ils pourchassent un moment, puis ils réintègrent le troupeau, quand ils ne sont pas surpris à courser un mouflon, malgré l'interdit. Ce patou, allez savoir pourquoi, aime trisser vers les crêtes, toujours plus haut, au risque d'entraîner les brebis, alors, au prix d'un temps fou, le berger doit « reprendre » le troupeau. Tel éleveur juge son patou « têtu comme une mule, on le commande, il abaisse le col, mais s'il veut courir, il le fera ! ». Un autre reproche au sien un goût prononcé pour la fugue, un collègue avoue qu'il a bien du mal à rappeler le sien quand « il est lancé », entendez qu'il s'en prend à un insouciant randonneur dans les parages. C'est ici que le bât blesse, tant la montagne est fréquentée aujourd'hui. Comment faire entendre au « gros blanc » que les intrusions dans « son » domaine ne valent pas forcément menace ? Que les bonheurs de l'alpage, « espaces de liberté » réputés, sont du goût de légions de randonneurs inoffensifs ? Les amateurs de trekking admettront-ils jamais qu'un patou ne saurait se comporter à l'image d'un clébard d'appartement ?

« Un éleveur devant la justice pour son patou » ; « Je suis resté très calme, le patou m'a sauté dessus » ; « Un éleveur condamné pour une morsure de son chien patou »… La chronique locale, d'une estive l'autre, donne écho à ces risques nouveaux, tandis que les sentes se hérissent de mises en garde, précautions impératives, panneaux subventionnés à l'adresse des « usagers des espaces naturels ». Il n'est pas un GR qui ne soit affublé de recommandations propres à paniquer les candides amateurs du grand air : « Brandir un bâton représente une menace pour le patou, ainsi que lancer des cailloux. Courir, crier, avoir des mouvements brusques l'incite à vous poursuivre. Le fixer dans les yeux représente pour lui un défi. Si vous êtes à vélo, descendez-en et poussez-le. Restez calme, passif, mais évitez la posture figée, les épaules contractées risquent d'inquiéter certains chiens peu sûrs d'eux. Dans la mesure du possible, restez naturel, tournez la tête ! Bâillez ! Après un temps d'observation, le patou, en général, partira de lui-même… » Les anecdotes vont bon train à propos de ces chiens incontrôlables, plus redoutables, semble-t-il, que les loups qui auraient le tact de ne s'en prendre qu'aux brebis… Au point que des élus menacent de proscrire aux éleveurs l'accès des alpages communaux si les troupeaux sont pourvus de patous ! C'est dire combien le « gros blanc » peine à trouver une place dans ces Alpes « civilisées », transformées en circuit de récréation…

Yves Derbez a beaucoup de chance, à moins qu'il ne s'agisse de savoir-faire : « Ce fut difficile, mais mes patous et moi nous sommes parvenus à un compromis : Enna ne quitte pas le troupeau, Roc, le mâle, gravite à l'entour, mes deux "blancs" ne sont pas agressifs à l'encontre des touristes, ils gueulent, ils aboient, ils foncent sur l'intrus pour le prévenir qu'ils sont bien là, mais c'est tout. Une seule fois Roc s'est jeté sur un randonneur, le type avait dressé son bâton, mais le patou ne l'a pas mordu, c'est un bon chien, il fait son boulot. »

On frôle l'absurde : comment en vouloir à ce chien hybride, mi-sauvage, éduqué comme tel pour s'opposer au super-prédateur, l'éloigner du troupeau ? « Il est fort amusant d'observer, quand on s'en approche, avec quelle fureur le chien se met à aboyer, notait Darwin en 1833, comment tous les moutons vont se ranger derrière lui comme s'il était le plus vieux bouc du troupeau. » La loyauté d'un tel partenaire envers ses compagnes ne cesse d'épater les éleveurs qui louent le dévouement de ce bon Samaritain à l'égard des brebis malades, éclopées, blessées. « Le patou les protège en demeurant à leurs côtés. » Son double jeu étonne : « S'il le veut, un patou est tout à fait capable de niaquer un chien, mais il n'en a pas le besoin, face à un congénère hostile il se colle, flanc à flanc, il travaille du poitrail, en puissance, deux coups de crocs, l'affaire est réglée. Même parade contre le loup, le patou n'attaque pas, il se met en rogne, il est capable de courser le prédateur, puis il grogne et l'un et l'autre s'en vont, chacun de son côté. » « Chien écologique » d'excellence, le patou satisfait les partisans de *Canis lupus*, car, au contraire du chien d'attaque, il se borne à protéger ses brebis sans autre intention qu'intimider, écarter, défier, contraindre le prédateur à la fuite…

Darwin observait qu'une harde de chiens vagants, ensauvagés, se hasardaient rarement à attaquer un troupeau adorné d'un de ces « fidèles bergers ». Il en tirait la conclusion suivante : « Nous ne pouvons comprendre que les chiens sauvages reculent devant un seul chien accompagné de son troupeau qu'en admettant chez eux une sorte d'idée confuse que celui qui est ainsi en compagnie acquiert une certaine puissance, tout comme s'il était accompagné d'autres individus de son espèce. »

Mais les loups ne sont pas chiens sauvages…

Nez sur la clôture du parc, sous le couvert des basses ramures d'un sapin, je suis assise sur un rocher. Il est à peu près 13 heures, il fait trop chaud. Catherine prend du repos dans la caravane, hormis quelques voraces, les brebis, pelotonnées ici et là au gré de l'ombre des épicéas, font la pause, elles « chôment ». Affalée, Enna roupille, une araignée minuscule chemine sur ses longs poils. Une brebis, haletante, apparaît, elle s'allonge contre le flanc du patou amorphe. Une deuxième se joint à la précédente, puis une troisième, une véritable mêlée bientôt submerge la chienne qui ronflote, aux anges, enivrée par les effluves de suint. Bon chien…

Rien, dans ce comportement apaisé, ne laisse deviner le souvenir du combat dont Enna fut actrice lors de l'attaque du troupeau des Charbonnières, voilà un an. Pas la moindre claudication, malgré les crocs du loup qui entaillèrent salement le gras de sa patte postérieure, cette nuit de juillet. N'empêche. Yves est préoccupé, sa chienne lui semble changée, plus craintive, elle ne s'écarte plus d'un poil de son troupeau, comme si d'une telle promiscuité avec les brebis dépendait sa propre survie… Ses aboiements graves, puissants, la nuit dernière, m'ont tirée du sommeil plus d'une fois, cœur palpitant. Pour peu que les grognements d'Hannibal et de Mozart se soient mêlés aux siens, la crainte me saisissait ; décelant un regain de fureur dans les gueulements d'Enna, combien de fois par un carreau ai-je scruté les ténèbres, jusqu'à ce que le silence s'abatte sur les brebis dans leur parc – on aurait dit d'énormes flocons sous la nuée des étoiles.

Si d'aventure une meute de loups attaquait, comment Enna se comporterait-elle ? Que pourrait-elle ? Yves devrait-il s'entourer de beaucoup plus de patous, trois, sept, neuf chiens supplémentaires, ainsi que les agents de la Direction des territoires le préconisent ? Près de Manosque, un éleveur entretient vingt-trois patous pour trois mille brebis ! Bien loin de décliner pourtant, comme l'affirme l'autorité, les attaques ont repris de plus belle depuis deux ans dans vingt-neuf massifs à loups de l'arc alpin, en dépit d'un déploiement de parades de prévention, chiens de protection, clôtures fixes, mobiles… Mille huit cent soixante quatorze attaques pour la seule année 2012, six mille neuf cent trente six brebis massacrées, plus de 1,9 million d'euros d'indemnisations ! Un record…

Alpes-Maritimes, Alpes-de-Haute-Provence, Hautes-Alpes, Queyras, Savoies, Isère, Vercors et Diois, où qu'ils transhument, où qu'ils estivent, éleveurs et bergers, désemparés, s'accordent : les loups se jouent des patous comme ils se moquent des hommes ! D'une année l'autre, au gré de sa colonisation, de l'ancrage des meutes dans les territoires, le prédateur déploie des ruses nouvelles, il viole les techniques de défense censées protéger les troupeaux.

Six meutes se partagent les territoires du parc du Mercantour qui vit l'enfer… « Le 2 juillet, premier soir de notre arrivée dans l'alpage, les loups m'ont tué une brebis », confie Bernard Bruno, 46 ans, trente ans d'une existence de berger dans les hauts de Tinée, à un reporter du

Monde. Le berger, tout l'été, a subi un véritable harcèlement, dix attaques, trente et une brebis lacérées. « Ma toute première attaque remonte à 1997, cinq ans après la réapparition du prédateur en Mercantour. Depuis, la barre se hausse un peu plus à chaque saison. Cet été 2012 est le pire, ils s'enhardissent, ils attaquent en plein jour, à quatre-vingts mètres de la cabane. Ce sont eux qui nous surveillent... En vérité, je ne sais plus ce qu'il faut faire... » Un de ses patous – Bernard Bruno en possède sept pour veiller sur ses deux mille brebis – porte les traces d'un combat, une profonde blessure à la patte, comme Enna. Chaque nuit, à la cabane, l'éleveur-berger guette son troupeau à l'oreille, souvent alerté par des mouvements anormaux, des rumeurs, des bruissements, les aboiements des chiens, il se lève à trois, quatre reprises. À l'aube, il lorgne les vols de vautours, ces porteurs de mauvaises nouvelles. Quand les rapaces rôdent, il prévient aussitôt les gardes du Mercantour...

Vallée voisine, en Bollène-Vésubie, Michel Barengo, 47 ans, n'en peut plus d'épuisement : quelle que soit la saison, ses brebis, un millier, demeurent en montagne, où elles subissent attaque sur attaque. Depuis le 24 décembre 1994, date de la première prédation, cet éleveur a perdu mille cinq cents bêtes au moins. Ses quatre patous ? « J'en aurais cinquante, rien ne changerait, comment voulez-vous qu'ils surveillent tout ce troupeau dans les creux et les vallons, c'est impossible ! »

Roués, imprévisibles, ce ne sont pas des loups virtuels qu'éleveurs et bergers affrontent, mais des animaux sauvages, « empiriques », qui baguenaudent où bon leur semble, « démolissant comme ils veulent », en plein jour de surcroît. Sur les pentes de la montagne des Monges, à Authon, Alpes-de-Haute-Provence, un troupeau de sept cent cinquante moutons à deux reprises a été attaqué sous les yeux de la bergère et des chiens. Scénario identique à Beaujeu, montagne du Blayeul : mille huit cent soixante-trois brebis subissent un raid, un après-midi ; trois semaines plus tard, six assauts d'une meute à Sanguinières : « J'ai vu le loup deux fois, il est super-rapide, raconte la bergère, il débaroule en fin de journée sous l'alpage, il me prend une brebis pleine et il disparaît aussitôt, hop ! » Observations identiques dans des quartiers embroussaillés, au nez et à la barbe du berger, le prédateur ne manifeste pas la moindre crainte. Sa méthode consiste à jaillir au cœur du troupeau, il provoque l'affolement des brebis qui détalent par ravins et taillis boisés. En vallée de Clarée, un rassemblement de six cents ovins pâture à l'alpage des Asses, le troupeau « explose » sous deux assauts consécutifs, un patou et cinquante brebis égarés regagneront leur pacage à la fin du jour…

Ce 6 novembre 2010, plus sidérant encore… Philippe Lemoine, 54 ans, berger de Céüze, Hautes-Alpes, veille sur sept cents brebis. Sa cinquième saison dans le massif[1]. Le temps est au grand beau en ce début d'après-midi, il fait chaud, les bêtes « chôment ». Le terrain dégagé, au bas de l'alpage, est aisé à surveiller dans ce massif où depuis trois ans les loups sont en errance. Près du troupeau, le berger, ses trois chiens de conduite, deux chiens de protection et un âne, car quand il braie le baudet participe de l'alerte. Stupéfaction : un, deux, trois, puis sept loups surgissent des taillis, à moins d'une centaine de mètres. Les prédateurs entreprennent d'encercler le troupeau, en longeant un sentier de surplomb. À l'instant même, une randonneuse, flanquée de son chien, tombe nez à nez sur la meute. Affolement, épouvante. Les loups passent une crête, ils disparaissent. Inquiet, le berger rassemble aussitôt le troupeau, par précaution il décide de le « faire marcher » vers des prés, non loin d'un hameau, plus bas. Deux heures plus tard, sous un soleil haut, franc, les loups réapparaissent. Sous les yeux mêmes du berger, de l'âne

1. Cet épisode m'a été rapporté par Laurent Garde, écologue au Centre d'études et de réalisations pastorales Alpes Méditerranée. Depuis de longues années, celui-ci analyse et alerte les pouvoirs publics sur les conséquences de l'expansion incontrôlée des loups dans les alpages.

et de ses quatre chiens, deux d'entre eux se jettent sur une brebis, l'un prend sa gorge dans la gueule, tandis que l'autre déchire ses entrailles. Affolé, tétanisé, le chien de protection, une jeune femelle (elle avait aboyé toute la nuit), ne bouge pas d'un poil. Il faut que le berger s'approche à moins de trente mètres de la curée pour que les loups relâchent leur prise. Il ramène aussitôt ses bêtes dans le parc de nuit, dont il double l'enclos d'un filet supplémentaire. Il appelle au téléphone les agents de l'Administration pour qu'ils dressent un procès-verbal. C'est un samedi... Les gardes rétorquent qu'ils monteront le lundi suivant à l'alpage, pour l'heure ils lui recommandent de préserver la carcasse de la brebis de la convoitise des charognards, une condition indispensable pour établir le constat. Le berger déplace une remorque à pneus, la bascule sur la victime exsangue, saignée à vif.

Grand brouillard, le lendemain. L'éleveur propriétaire du troupeau arrive à l'estive de Céüze pour soulager son berger épuisé, rompu. Les deux hommes conduisent les brebis près des chalets, vers d'anciens prés de fauche où ils pourront les surveiller plus aisément. Peine perdue : la présence des hommes, de deux chiens de protection, trois chiens de conduite ne dissuade nullement les loups. Privés de proies depuis la veille, ils attaquent à nouveau ! Indifférente aux patous déchaînés, la meute course une brebis, l'entraîne vers des ravins. La carcasse de la victime ne sera jamais retrouvée.

Désemparés, les hommes enclosent les bêtes. C'est décidé, ils « démontagneront » deux semaines avant la date qu'ils avaient projetée.

Tenace, insatiable, doté d'une remarquable adaptation, le loup, d'une année sur l'autre, soulève, amplifie les révoltes, comment faire face à des prédateurs se jouant des répliques qu'on leur oppose ? Comment admettre que des troupeaux vifs puissent être abandonnés à une fonction de garde-manger de *Canis lupus* ? Harcelés de nuit, de jour, éleveurs et bergers à l'unisson avouent leur impuissance.

Dévolus au « suivi » du prédateur, les agents de l'Office national de la chasse et de la faune sauvage en conviennent : les divagations du loup à travers champs, le long des routes carrossables, à l'approche des villages démontrent que l'animal ne dédaigne pas la proximité des humains, il se contente simplement de les éviter, mais n'hésite pas, quand le jeu en vaut la chandelle, à se hasarder au plus près des feux domestiques. Ainsi cette nuit de juillet 2012 à Clamensane, Alpes-de-Haute-Provence, où les carnassiers abandonnent à moins de cent cinquante mètres de la maison d'école une trentaine de brebis éviscérées, égorgées et saignées ! Du côté des autorités, on s'inquiète de ces « nouveaux contextes de prédation », on s'interroge à propos de ces « overkillers » qui ne craignent pas de « sauter la barrière » pour dévorer à la table commune… *Canis lupus italicus* développerait-il une tendance inédite à la commensalité ? Succomberait-il à des tentations casanières, profiterait-il d'une humanité, naguère ennemie, qui, du jour au lendemain, a décidé d'interrompre la traque de l'espèce ?

Pourtant, pareil comportement n'a-t-il pas été de tout temps le propre du loup, cet opportuniste ? Les zoologues le savent bien : en dépit de sa méfiance à l'égard du bipède, son unique prédateur, le grand canidé sauvage apprécie les habitats humains dispersés, quarante, soixante individus au kilomètre carré, des cultures, des élevages disséminés lui conviennent, pour peu que les couverts avoisinants, forêts, landes, fonds de vallées herbeuses et humides, se prêtent au repli, à la planque. La lecture des chroniques des temps passés le révèle : à l'instar de notre *italicus* contemporain, le loup gris d'antan possédait l'instinct de fuite, comme le pirate il savait se jouer des traquenards, s'évaporant en forêt quand on le poursuivait… Cet épisode, par exemple, rapporté par le chanoine de Basse-Bretagne (1560) : « Dès le commencement de leur furieux ravage, les loups ne laissèrent dans les villages aucun chien, comme si, par leur instinct naturel, ils eussent projeté qu'ayant tué les gardes qui sont les chiens, ils auraient bon marché des choses gardées ; et avec cette finesse que quand il y avait quelques mauvais chiens en un village et de défense, ils fussent venus en bande vers le village, et se fut l'un d'eux avancé jusqu'à bien près des maisons. Les autres demeuraient un peu cachés derrière comme en embuscade ; celui qui s'était avancé, se sentant découvert par le chien et suivi, se retirait d'où il était venu jusqu'à ce qu'il l'eût attiré aux embûches, et lors tous ensemble se ruaient sur le chien. »

« La quantité de troupeaux qui passent l'hiver dans les étables attire beaucoup de loups qui viennent rôder à l'entour des maisons », note le médecin-botaniste Darluc dans son *Histoire naturelle de Provence* (1784). Il ajoute : « L'astuce du loup à surprendre les agneaux tenus en bergerie est remarquable, il passe la queue à travers les fentes de la porte pour les attirer en dehors et les mettre en pièces. » Buffon le confirme : « Pressé par la famine, le loup brave le danger, vient attaquer les animaux qui sont sous la garde de l'homme, ceux surtout qu'il peut emporter aisément comme les agneaux, les petits chiens, les chevreaux. Et lorsque cette maraude lui réussit, il revient à la charge souvent, jusqu'à ce qu'ayant été blessé ou chassé, il se recèle pendant le jour dans son fort, n'en sort que la nuit, parcourt la campagne, rôde autour des habitations, ravit les animaux abandonnés, vient attaquer les bergeries, gratte et creuse la terre sous les portes, entre, furieux, met à mort avant de choisir et d'emporter sa proie. »

Que l'on se penche, de nouveau, sur les réflexions de Georges Leroy, intendant des chasses royales, collaborateur de l'*Encyclopédie* ! Ses *Lettres philosophiques sur la perfectibilité et l'intelligence des animaux* (1781) donnent toute la mesure, avec plus de finesse encore, de la singularité biologique de l'animal : « Le loup emploie, quant à la recherche de sa nourriture, toute l'industrie qui convient à sa force. Il prend des mesures pour s'assurer du lieu où il trouvera sa proie. Il observe longuement les différents genres de périls auxquels il s'expose, il les évalue, et ce calcul des probabilités le tient en suspens jusqu'à ce que l'appétit vienne mettre un poids dans la balance et le détermine volontairement. » Fin chasseur, observateur subtil des animaux dans la nature, éthologue avant l'heure, Leroy, qui se gaussait des philosophes de salon, ces naturalistes de cabinet adeptes de la théologie cartésienne des animaux-machines, insiste, au contraire, sur les qualités de jugement, d'induction de l'animal : « Dans les lieux où ses besoins se trouvent en concurrence avec les désirs de l'homme, sa marche, naturellement libre et hardie, devient précautionnée et timide ; ses appétits sont souvent suspendus par la crainte, il distingue les sensations qui lui sont rappelées par la mémoire de celles qu'il reçoit par l'usage actuel de ses sens. Ainsi, en même temps qu'il évente un troupeau enfermé dans un parc, la sensation du berger et du chien lui est rappelée par la mémoire et balance l'impression actuelle qu'il reçoit par la présence des moutons. Il mesure la hauteur du parc, il la compare avec ses forces, il juge de la difficulté de le franchir lorsqu'il sera chargé de sa proie, et il en conclut l'utilité ou le danger de se lancer dans cette tentative. Cependant, au milieu d'un troupeau répandu dans la montagne, il saisira un mouton à la vue même du berger, surtout si le voisinage du bois lui laisse l'espérance de s'y cacher avant d'être atteint. » Leroy précise enfin : « S'il est question d'attaquer un troupeau, la louve va se présenter au chien qu'elle éloigne en se faisant poursuivre, pendant que le mâle insulte le parc et emporte un mouton que le chien n'est plus à portée de défendre. » Ne croirait-on pas entendre les doléances des bergers d'aujourd'hui ?

Voici peu, des gardes du parc national du Mercantour, à l'affût nocturne sur les hauts de Vésubie, ont surpris, puis filmé l'assaut par trois loups d'un troupeau de moutons. La caméra infrarouge imprime le patou de garde poursuivant deux des prédateurs. Ceux-ci soudain font volte-face, à l'attaque. Le chien leur tient tête, semble avoir le dessous, mais un second patou accourt. Tandis que les deux « blancs », sans désemparer, affrontent les fauves, le troisième loup, se faufilant par l'arrière, assaille le troupeau. De longues minutes, la caméra filme les brebis affolées, elles tombent, au hasard, échine brisée, sous les crocs ivres du carnivore. Une dernière image, au petit matin, dévoile un patou allongé près d'une brebis éventrée, qu'il protège de son flanc…

Enna se laissa-t-elle fléchir par le loup lors de l'attaque du troupeau des Charbonnières, en juillet ? La peur la saisit-elle quand les prédateurs, éclairés par une lune franche, déboulèrent dans cette clairière ? Dans le vacarme des bêlements d'affolement, marqua-t-elle une hésitation avant de bondir de ses pattes formidables, puis, folle ensauvagée, fila-t-elle droit sur l'assaillant, tonnant de toute sa gueule, panache levé, électrisée par une haine primordiale ?

Retranchée comme un chien de pierre sur une éminence, à l'extrémité du parc, paupières abaissées, la posture d'Enna tient du sphinx. Quelles sensations se dissimulent-elles sous ce crâne démesuré, cette poitrine musculeuse, ces flancs profilés, évidés sous une épaisse fourrure ? La chienne conserve-t-elle souvenir de cet affrontement haletant, du corps à corps, des grognements, des claquements de mâchoires, les crocs et les griffes déchirant la chair des victimes ? Vaincue, à l'écart, Enna rumine-t-elle l'issue d'un destin voué à combattre la loi primitive ?

Des heures entières, elle demeure, statique, happant les signes des vents coulis, guettant, imperturbable, le mouvement des brebis, les existences multiples dans les herbes hautes, insectes, chenilles, plumes, une corneille… Un vautour fauve, ailes déployées, plane mollement dans le coupon bleu roi uniforme ; alors, mue par je ne sais quel ressort, Enna, soudain, hausse sa gueule, oreilles pointées, gueulant, tonnant, elle bondit au beau milieu du troupeau apeuré, jusqu'à ce que le charognard détale, porté par les brises ascendantes, puis disparaisse dans les falaises de la Séolane. Et Enna reprend la pose, insondable…

L'observant, il me semble entendre l'inquiétude muette de Catherine, l'autre soir : « C'est harassant d'avoir le loup pour adversaire, dormir, te réveiller, te dresser au moindre aboiement du patou. Comme les loups, oreilles dressées, tu t'élances au moindre feulement insolite… » La bergère humectait la cigarette qu'elle venait de rouler. Elle était silencieuse, installée sur la dernière marche de la caravane, son regard errait sur le paysage comme si elle méditait sur le sens des choses. Je la percevais, attentive aux imperceptibles raclements, aux chevrotements, à la rumination des filles dans le parc. La posture commune du guet de la bergère et du chien…

Catherine, tous les jours, est assaillie par les naissances, huit agnelages pour ce seul après-midi… La bergère ne sait où donner de la tête quand les génitrices, butées, têtues, refusent de s'éloigner du troupeau pour la suivre avec le dernier-né vers la « nursery ». Elle a troqué le fuseau noir pour un short de jean, ses jambes bronzées dans les baskets sont balafrées d'égratignures d'épines, de ronces. Épaules cramoisies, souffle court sous un soleil violent, affairée, sans un mot, elle poursuit sa tâche : maintenir dans ses pognes aux ongles courts le nouveau-né par les pattes, trancher le frêle cordon, plonger l'extrémité du lien dans le flacon de teinture d'iode. Vite, une injection d'huile de foie de morue entre les babines, ensuite elle serre l'agneau dans ses genoux, elle doit le « taguer », le pincer, lui agrafer une boucle d'identification à l'oreille qu'elle a pris soin de badigeonner d'abord d'une pâte désinfectante, épargnant les veines du lobe auditif. D'une pression assurée, sèche, elle perce le cartilage. Dans l'élan, elle numérote la toison des agneaux et des mères, elle inscrit la date de la mise bas, l'identité du nouveau-né dans le carnet d'agnelage. Les agneaux se bousculent, s'emmêlent, ils s'égarent dans le parc-nursery, ils se gourent de mère, ils se font rembarrer quand ils tètent celle qu'ils ne doivent pas, ça couine, ça geint, ça grogne… Catherine grimpe, dévale, clôture, déclôture, reclôture… Elle s'accorde, exténuée, une pause de temps en temps, « allez, un café ! Du café ! ».

Alors, nous glissons dans les chaises, elle roule un clope, nous parlons, de choses et d'autres, de vrac, dos contre la montagne, un œil sur les filles, toujours. La voix fluette résonne fort. Catherine parle, parle, elle saute du coq à l'âne, comme si elle se libérait de trop de mots, la bergère est embêtée, elle ne sait plus où elle a fourré ses jumelles, dans quelques semaines elle en aura grand besoin aux Trois-Évêchés. Ce matin, le déficit budgétaire de l'État est pire que prévu, a-t-elle entendu à France Culture ; avec France Musique, c'est la radio que Catherine préfère, tard le soir elle prend France Inter pour les émissions littéraires, les critiques de ciné. Elle n'a pas vu une « toile » depuis huit ans, mais elle sait tout des films récents, elle pourrait discuter des heures avec ceux d'en bas, au retour d'estive. Catherine s'interroge, elle se demande quelle tête elle a, « manquent les miroirs, ici »… Quand elle en aura soupé de faire bergère, elle aimerait tenir un refuge pour oiseaux blessés. Elle évoque le Médoc, sa terre natale, les platanes, les parfums de vigne, le vent qui soulève des saveurs d'algues, de mer, sa maison, les dentelles et la naphtaline. Son « patron » lui a dit qu'elle se faisait trop de mouron avec les bêtes, qu'il ne faut pas les coller trop, mais Catherine pense le contraire, s'il arrivait quoi que ce soit…

Yves s'est pointé à l'aube, au volant de la mini-bétaillère. Catherine l'a aidé. Ils ont embarqué les brebis allaitantes, les dix agnelets nés de la nuit, tout ce monde rejoindra la bergerie du Martinet. Humeur morose, l'éleveur n'a parlé que de cette « raille », la pluie incessante, en bas, sur la vallée, il en a vraiment marre des fauches du Laverq, du tracteur, du slalom entre deux averses, guetter le ciel, écouter la météo. Sa jambe droite fléchit, lui joue de vilains tours. Ce matin, Yves grimpait, dévalait les creux, tout l'effort dans les reins, au milieu du corps plutôt que dans les jambes. Les gars de la montagne, je l'ai remarqué, vont de cette manière, comme si le relief, ce maître, les entraînait à une telle démarche.

Un type, en milieu de journée, s'est pointé en fourgonnette. À la place du mort, je n'apercevrai que le museau, les oreilles d'un teckel. C'était le propriétaire de Pra-Loup, celui avec qui Yves conclut chaque saison pour ses prairies. Il venait déboucher l'arrivée d'eau dans la cabane. Il hésitait à descendre de sa bagnole, Enna, l'apercevant, avait droppé vers le parc, elle aboyait comme une dératée. « Là, c'est pas bien mangé », remarqua le monsieur en désignant un triangle d'herbe fournie au bord du chemin. « Pas possible de faire mieux avec ces arbres… » répliqua Catherine d'un timbre fluet.

La bergère a craqué, en nage littéralement, deux nouveau-nés à bout de bras par les oreilles elle marchait vers la nursery, les brebis mères sur ses pas bêlaient à fendre l'âme. L'une d'elles changea d'avis finalement, tournant les basques, elle repartit vers le troupeau. Catherine eut beau jouer de la ruse, patienter, roucouler, rien n'y fit : « Alors, tu vas ou non, connasse ! » avait-elle hurlé, à faire trembler la ramure des mélèzes. Hannibal, aussitôt, s'était dressé, prêt à la rescousse, tandis que le troupeau se débandait, effarouché. Revêche, la brebis se rua sur Enna, elle lui infligea au flanc une charge de bélier. « Connasse ! » hurla la bergère, furibarde. Mieux valait que je m'éclipse…

Installée en tailleur au seuil de la cabane, à même la pierre, bras nus dans un soleil irradiant, je tire les bouffées d'un clope cousu. Dans le pacage ras tondu subsistent de rares arbustes épineux, des paquets d'herbacées, des graminées dédaignées par les filles, toute une vie grouille là-dedans, elle crépite, vrombissement d'élytres, crissements ténus comme le cristal fin qui se fendille. À moins d'un pas, un essaim de fourmis, les culs blancs bombés, forent, transbahutent des fragments de bouse séchée. D'invisibles oiseaux lancent des cris aigres dans un bosquet de merisiers, de grands nuages dorés descendent vers le sud, emportant l'ombre avec eux. J'aime l'horizon biffé par les dentelles des falaises, les toisons forestières courent sur leurs flancs, soleil, vent haussant la chaleur, à plaisir.

Je suis restée sans rien faire un long moment, parfaitement immobile, offerte aux bourdonnements polyphoniques qui s'élevaient, déclinaient, sans fin. Je ne sais pourquoi, mon esprit s'en est allé vers le Japon, la région de Sendai quand la conjugaison séisme/tsunami engendra la catastrophe de Fukushima. Un mois plus tard, estimait-on, cent mille animaux domestiques irradiés vivaient encore dans la zone interdite. Quelques irréductibles fermiers, supportant mal l'idée que leurs troupeaux périssent, malgré les périls retournaient dans l'enfer pour nourrir les bêtes condamnées. « Quand je les quitte, que je m'en retourne, se désolait un éleveur japonais à la radio, je me dis : c'est la dernière fois peut-être, alors j'ôte ma casquette, je me prosterne, toutes les bêtes me comprennent, je le pense[1]… »

J'ai saisi des feuillets dactylographiés, reliés sous une couverture souple, illustrée de la photographie d'un troupeau : le rapport de stage de Catherine à l'École des bergers du Merle. J'ai pioché dans le manuscrit, au hasard.

« J'ai rentré les bêtes à Samatane. Le soir tombait, j'avais apaillé. Elles sont rentrées tout de

1. Ces lignes rapportées par *Libération* le 7 avril 2011 ont été reprises par Alain Caillé dans sa préface au beau livre de Jocelyne Porcher, *Vivre avec les animaux, une utopie pour le XXIe siècle, op. cit.*

suite, elles étaient contentes. J'ai replié les filets, rangé la batterie dans le fossé. Un dernier regard vers elles, je suis fatiguée. Je suis contente. Les grands cuivres du soleil couchant ont disparu depuis longtemps. Je vais rentrer. Mes yeux se posent sur la vieille caravane, là où demeurait l'ancien berger, il est mort depuis longtemps, d'une cirrhose qu'ils disent. La nuit tombe, j'aime pas ça. Mon cœur se serre, c'est le temps de s'abriter comme les bêtes le savent, elles. Je regarde la caravane encore, du dehors. J'ai déjà vu comment c'était dedans. J'y pense : est-ce que c'est ça aussi être berger ? Mourir dans une caravane triste, délabrée, le foie rongé comme le Prométhée de la mythologie ? Est-ce que je vais finir comme ça, moi aussi ? Vieille folle de bergère qui fait rire avec sa tignasse, qui parle toute seule dans sa vieille caravane délabrée ? Une caravane qui pue la solitude. Buvant de la bière bon marché, pensant qu'on ne peut être et avoir été. Puis, j'entends les brebis. Je tourne la tête vers elles. Ça va mieux, elles sont belles, elles sont bien. Demain est une autre journée. Prométhée d'ailleurs n'est pas mort, il a été libéré. D'ailleurs, je ne suis ni Prométhée, ni ce berger d'avant, ni Calamity Jane morte comme le berger. D'ailleurs, je suis une guerrière. Avec mes jambes fortes, balafrées de ronces à la fin de l'été, mes pieds fendillés, durcis, mes rides, comme les belles marques d'un combat. »

Le soleil se noie dans l'horizon, la lumière déclinante de ce côté-ci de la vallée cède devant les ombres vertes et noires, peu à peu. Un banc de nuages s'est immobilisé à l'à-pic des barres rocheuses, à l'amont, au loin. Vaguement menaçants, les cumulus ont déserté la vallée. Un arc-en-ciel formidable enjambe l'Ubaye en pont chinois. Un conte prétend que l'arc-en-ciel est chose vivante, qu'il pense, s'abreuve quand il a soif. Le conte se poursuit : qui découvrira la fontaine où l'arc-en-ciel s'abreuve trouvera un trésor.

C'est conformément à la nature
que vous voulez vivre,
ô nobles stoïciens ?
Quelle duperie est la vôtre !

Nietzsche

« Mariages, banquets, soirées, inaugurations », la terrasse du café-restaurant serait délicieuse n'était le fragment de la départementale 900 qui tranche le village du Lauzet. Je suis installée à l'une des tables de la double rangée impeccable, sous un parasol Glaces Miko. Peu de va-et-vient à cette heure matinale du Relais du Parc, sinon des cafetiers affairés avant le coup de feu de midi. Le parking ombré d'un bouquet d'érables surplombe le vide, on aperçoit les eaux vertes du lac, puis les rapides de l'Ubaye, au-delà. En face, hérissée de pins, la montagne grimpe à l'assaut d'un ciel aveuglant à force de lumière.

« Après un temps bien mouillé, les météorologues livrent leurs prévisions : fondue ou barbecue, bottes de pluie ou crème solaire ? La pluie va-t-elle gâcher notre été ? » Ce 24 juin, un placard de titres barre la une du *Dauphiné libéré*.

J'ai laissé la pâture des hauts de Pra-Loup au matin pour rejoindre mon rendez-vous du Lauzet, en goulet de vallée. Répandues en éventail dans un renflement où Catherine avait dressé leur parc, les filles étaient déjà au travail. Dans un bruissement d'ouvrières, cols abaissés, oreilles en papillon, les brebis mâchaient à qui mieux mieux. Arc-boutée de son maigre poids sur une gestante, armée d'une grosse pince à épiler, la bergère extrayait des asticots du cul de la brouteuse. « C'est la "petite douve", m'avait-elle lancé sans lever le nez, une saloperie de teigne qui pond ses larves dans l'herbe, quelle merde ! Je ne suis pas très présentable ce matin, n'est-ce pas ? » La veille au soir, Yves l'avait prévenue, des étudiants de l'IUT de Digne monteraient pour observer le travail du troupeau, Catherine, dégouttante de fèces et de gadoue, râlait déjà tandis que les notes allègres du *Concerto pour la main gauche* de Ravel glissaient de sa caravane.

Était-ce l'azur, le soleil ruisselant, était-ce la transparence du matin, mais on lisait très loin les détails de la moindre ferme dans l'océan de collines et des cols. Descendre dans la vallée après ces journées de fréquentation des brebis, à l'écart – « loin de toutes sortes de conflits », notait un naturaliste d'hier –, n'était pas pour me déplaire. Sans doute la perspective de cette rencontre prévue voilà dix jours avec un « modeste amateur passionné par l'espèce loup » – ainsi s'était présenté mon interlocuteur au téléphone – y était-elle pour beaucoup. Ancien militant de Ferus, l'association de protection de l'ours, du lynx et de *Canis lupus*, il avait laissé tomber : « Ce ne sont que des bureaucrates, j'ai démissionné ! » Tandis que j'évoquais mon projet de séjourner parmi brebis, bergère et chiens, l'activiste m'avait mise en garde : « Méfiez-vous, ces gens ont l'art de séduire ! »

D'humeur alerte ce matin, d'un pas léger, j'étais descendue dans l'obscurité des pins, portée par les exhalaisons de térébenthine et de moisissures. Sylvestres, Cembros, Noirs d'Autriche, Pinasters, non, décidément non, je n'aime pas les plantations résineuses. À mi-parcours, dans mon dos, un timbre excédé m'avait fait sursauter : « T'as bien le caractère de ta mère ! » Fuseau pervenche moulé, lunettes fumées, une joggeuse m'avait doublée sans même m'adresser un salut. Elle hurlait : « Allô ? Allô… Ah ! t'es là. J'arrive pas à capter, je descends du Belvédère… Oui, suis toujours dans la forêt… Des bêtes ? Ça oui, c'en est plein ici ! » La créature avait disparu à longues foulées, laissant flotter dans son sillage des fragrances de crème solaire.

En épi à l'amorce du sentier de grande randonnée, la voiture m'attendait.

À hauteur du pont de l'Ubaye, j'ai reniflé le suint de mon débraillé, en dix jours je n'avais même pas envisagé de me débarbouiller tant l'eau était glacée. Je méritais bien une douche chaude. Par le chemin de Gaudessart tracé dans les ramières tendres, j'avais fait un crochet chez les Martin-Charpenel, mes amis du Pra-Soubeiran.

Briquée, coiffée comme il convient, je n'avais plus qu'à rouler sur la 900 qui côtoie les rapides de l'Ubaye. Il faut moins d'une demi-heure pour gagner Le Lauzet à l'aval.

« Pour un été serein, réussi, ne pas oublier : Prudence est mère de sûreté », prévient la légende du *Dauphiné* sous la photo de la conférence de presse de l'autorité préfectorale flanquée des officiers sapeurs-pompiers du Sdis 04, des officiers CRS et des gendarmes de montagne. Avant que la période estivale commence, cet aréopage détaillait les mesures du dispositif de protection et de sécurité des lacs, des eaux rapides, des sentiers de randonnée, tous périls que soixante mille touristes devraient éviter. Je lis alors que les malaises cardiaques sont légion dans les hauts pour « des gens qui ne font jamais de sport, n'ont ni préparation ni endurance » ;

que les amateurs de canyoning ne devraient jamais surestimer leurs capacités quand la température de l'eau à trois mètres de la surface oscille de 10° à – 1 ; qu'un flic hollandais, « une nouveauté afin de mieux communiquer avec nos touristes », sera mobilisé toute la saison. « Les gens, à tort, redoutent de nous appeler pour rien, confie le capitaine Cousin. Au contraire, il faut nous prévenir le plus tôt possible, avant que la nuit tombe, que la situation empire, en formant le 18 ou le 112 ; attention, dans certains coins le réseau ne passe pas... »

À la rubrique Fait divers, j'apprends que les victimes de la nature sont en augmentation, tel ce parapentiste coincé dans les ramures d'un fayard de la commune de Saint-Vincent-les-Forts, lieudit Clos Long. Légèrement blessé, l'imprudent, treuillé, a été évacué vers le centre hospitalier de Gap par le PGHM de Digne. Tout comme ce parachutiste, 31 ans, qui a raté son atterrissage à l'aérodrome de Tallard, il souffrait de traumatismes faciaux. Les secours ont découvert encore un ULM disloqué dans un couvert boisé après une collision en vol, puis le corps sans vie du pilote, un ressortissant suisse de 73 ans. Quant au percuteur, un planeur bien amoché, il a pu rejoindre l'aérodrome de Challes-les-Eaux. À Ceillac, deux randonneurs ont chuté dans un pierrier, l'un d'eux est indemne, l'autre souffre d'une clavicule fracturée ; celle-ci, 27 ans, a été retrouvée sans vie au pied d'une falaise, la promeneuse avait eu le temps d'adresser un texto aux siens en les prévenant qu'elle était égarée…

Dérapage contrôlé, crissements, une jeep vermillon mâchurée de boue, maculée de giclures sèches, se range sur le parking. Casquette anthracite, une visière jaune canari « Ford Nelson » sur des cheveux poivre et sel ras, une carrure robuste sous un tee-shirt floqué « Canada », leggins lacés sous des grolles de montagne fatiguées, « appelez-moi Harry » marche vers moi, main ouverte.

La poigne du sosie de Harrison Ford est ferme, son regard gentiane, l'entrée en matière un peu emphatique : « Ressentez-vous la chance que nous avons… Vivre dans pareille contrée ! » Harry se tourne vers la masse sombre des conifères sur l'autre rive de l'Ubaye : « S'il est un lieu idéal pour le loup, c'est bien là, n'est-ce pas ? D'ailleurs, une meute gît dans les hauts, les types de l'Office de la faune sauvage ont prévu une campagne de hurlements provoqués en août, on verra s'il y a des louveteaux. Voilà deux ans, à Dormillouse, en février, un couple de randonneurs a surpris deux loups, ils s'accouplaient par là, tout juste. C'est rare ! » Remarquant sur ma table le journal ouvert, Harry esquisse un sourire : « Le loup est un événement, mais en ce moment il a plutôt mauvaise presse, n'est-ce pas ? Tous les ans, chaque été, c'est la même chose : dès qu'une brebis pète de travers, qu'elle se gratte, qu'elle se casse une patte, c'est toujours la faute du loup ! Les journalistes, faut croire, n'ont rien d'autre à se mettre sous la dent ! Ils voient le loup partout, dites, en avez-vous vu des loups ? – Non, seulement des moutons… » J'évoque mes journées dans les hauts de Pra-Loup. « Je parie que vous avez succombé au bucolique, aux bergers, ah ! ceux-là ! » Le regard mauve durcit : « Depuis que vous êtes là, vous avez dû sentir le merdier dans la vallée : les écolos d'un côté, les éleveurs de l'autre, ces pollueurs qui veulent la montagne pour eux seuls. » Soupir profond… « Le malheur est que nous n'espérons rien de l'État pour calmer un peu les choses. Nous n'avons pas de chance avec nos préfets, le dernier roupillait aux réunions, quant à la sous-préfète de Barcelonnette, une femme intelligente pourtant, elle est tombée dans le piège à brebis jusqu'à soutenir les Indignés de l'Ubaye, ce groupuscule extrémiste et violent… Toutes proportions gardées, la préfète me fait penser aux flics de Vichy, toujours dans le sens du vent… »

Harry a donné le ton.

Le loup est une affaire de passion, me confie alors cet ingénieur retraité de l'industrie agroalimentaire. Une histoire, insiste-t-il, qui commence bien avant la réapparition de *Canis lupus* en Mercantour dans les années 1990.

Fort McMurray, tout a commencé là. Dans le Nord canadien, les étendues forestières du Wood Buffalo National Park, le territoire vierge des dernières prairies de *laiches* d'Amérique du Nord, l'ultime refuge des hardes de bisons rescapés du grand carnage du XIXe siècle. Mordu de trekking, Harry rejoignait ces passionnés de nature authentique bouleversés par leur première rencontre avec *Canis lupus occidentalis*, le loup d'Alberta, qu'on baptise Manitoba, le Croc-Blanc du roman de Jack London. « Une révélation ! » Depuis lors, où que ses pas l'aient porté, le grand canidé est devenu l'obsession de Harry. Il a parcouru les traces de *Canis lupus albis*, le loup de Sibérie, dans la toundra du Kamchatka ; à l'affût dans les cabanes spartiates de la taïga finlandaise, il a entendu l'appel des loups de Carélie rendus dingues par le soleil de minuit ; dans la sylve suédoise, en bivouac, il a eu le bonheur d'observer le carnivore « hélas, au pays du castor on achève les loups, depuis que les parlementaires l'ont autorisée, la traque a recommencé… » ; dans les steppes turkmènes, accompagné de guides, Harry est allé en quête de *Canis lupus chanco*, ce loup de Mongolie « considéré par les scientifiques comme l'ancêtre probable de notre chien domestique en raison de sa dentition et de sa petite taille ». Le voyageur n'oublie pas les mythiques Carpates, où le Carpathian Large Carnivore Project fut initié, « le plus important projet européen de protection de notre animal préféré ».

Mais du loup qu'aime donc tant Harry ? « Ils sont beaux, puissants, la perfection dans un environnement qui leur est propre. Fascinants, extraordinaires ! Et puis quoi : le loup est le porteur de tous nos mythes ! » s'exclame-t-il.

De *Canis lupus italicus*, l'hôte des vallées alpines, Harry avoue qu'il n'a relevé que des indices, des empreintes, les observations directes sont rares : « Ce loup est discret, très subtil, vous passez à dix mètres, mais vous ne l'apercevrez que s'il le veut. C'est toujours lui qui décide. » Un soir, une seule fois, Harry a eu ce privilège. « Ici, sur la départementale 900, sur le pont à l'entrée du Lauzet… Oui, celui-là… Je revenais de Barcelonnette. Quelque chose a filé dans mes phares, j'ai reconnu instantanément ce comportement, cette allure, un dessin, une physionomie. J'ai ralenti. Le loup s'est engagé sur l'asphalte, puis il s'est immobilisé, à deux, trois mètres. Il m'a jaugé, puis il s'est glissé dans l'obscurité. Jamais je n'ai aperçu un être aussi expressif. Inoubliable ! »

Nous sommes dans le vif du sujet…

Cela va de soi, Harry connaît toutes les études, tous les travaux, monographies éco-éthologiques qui vont se multipliant depuis la réapparition de l'animal dans l'arc alpin. *Canis lupus italicus* a ses biographes, Geneviève Carbone, Pierre Jouventin, Luigi Boitani, Thomas Pfeiffer, François Moutou, sans trêve ceux-ci étudient et militent pour rendre justice au loup, ce bouc émissaire qui depuis Charlemagne subirait la malédiction le condamnant à la posture de « fléau de l'humanité ». Harry, à l'instar des spécialistes contemporains, voue un culte aux Adolph Murie et David Mech, ces naturalistes pionniers nord-américains qui, amassant observations et connaissances, consacrèrent leur existence à l'étude des meutes, le premier en Alaska, sur les territoires du parc national du mont McKinley à l'orée des années 1940, le second sur l'Isle Royale au Canada. Nous n'en parlons pas, mais, adolescent, j'en suis sûre, Harry a lu comme moi *Mes amis les loups*, la bouleversante odyssée de Farley Mowat dans les terres glacées du Grand Nord, la traque, la violence furieuse des trappeurs blancs, l'ivresse de la destruction des loups, mais encore l'inoubliable rencontre avec Ootek l'Inuit, puis « l'Esprit bénéfique », Amarok, qui ne fait qu'un avec le loup salvateur, maître de la forêt. Farley Mowat dans son livre s'attarde sur ses rencontres avec les prédateurs, l'accueil qu'ils lui réservent quand il dresse son campement auprès des tanières, « inutile de discuter, écrit-il, je venais de réaliser que la conception du caractère des loups telle qu'elle était enracinée dans mon esprit conditionné, universellement acceptée par les humains, n'était qu'un mensonge éhonté, une élaboration fantaisiste du moins ».

Qui, Harry en convient avec moi, resterait de marbre devant la puissance évocatrice des « short stories » de Jack London ? Comment résister à *L'Appel de la forêt* avec Buck, gueule superbe, seigneur des chiens, qui oppose énergie, bonté et fraternité aux ruses cruelles du monde des hommes jusqu'à franchir d'un bond le néant des siècles pour revenir à ses aïeux, retrouver l'origine même des choses... Où ai-je lu que Lénine, à l'agonie, avait prié Kroupskaïa, sa compagne, de lui faire lecture de London une dernière fois ? Et les vers de Vigny célébrant le sauvage persécuté :

Les couteaux lui restaient au flanc jusqu'à la garde,
Le clouaient au gazon tout baigné de son sang ;
Nos fusils l'entouraient en sinistre croissant,
Il nous regarde encore, ensuite il se recouche,
Tout en léchant le sang répandu sur sa bouche,
Et, sans daigner savoir comment il a péri,
Refermant ses grands yeux, meurt sans jeter un cri.

Harry n'en confie rien, mais, je m'en persuade, pas un seul film consacré au loup ne lui est étranger. *Wolfen* par exemple, tourné à l'aide d'une caméra infrarouge, qui suggère une vision du monde selon *Canis lupus*, sa perception des esprits amérindiens, sa détestation des Blancs massacreurs. Harry a-t-il vu *La Compagnie des loups*, remarquable parodie d'un Chaperon rouge moderne surmontant les inhibitions de sa grand-mère avant de s'offrir à la tendresse des carnassiers ? *Danse avec les loups* forcément, quand Kevin Kostner, inoubliable John Dunbar, s'abandonne auprès d'un coyote aussi solitaire que lui dans un Grand Ouest à l'agonie…

Loup.org, *klanduloup*, *peupleloup*, *loupoverblog*, *crocduloup*, *buvettedesalpages*, pas un site sur la Toile n'est étranger pour Harry, et Dieu sait s'ils abondent, sans parler des associations de protection, qu'il évoque, connaisseur, par leurs acronymes, Aspas, Fne, Frapna, Sepm, Geml, Ferus. « Nous échangeons beaucoup, faut pas croire, mais nous sommes des gens modestes, travailler avec les animaux sauvages rend humble. »

Mais de quel loup au juste est-il question ? Harry vante l'intelligence du prédateur, ses prouesses. À l'entendre, *Canis lupus* serait notre alter ego, mieux, le modèle comportemental, un idéal communautaire dont l'espèce humaine gagnerait à s'inspirer. Je connais ses arguments par cœur tant je les ai lus, entendus, rabâchés à l'identique, en boucle, d'un site Internet l'autre. L'impression d'une bande sonore ininterrompue. Toujours cette rhétorique massive, gorgée de métaphores, d'analogies entre communautés des loups et des hommes, des équivalences déclinées à satiété comme autant de préceptes.

Ainsi du maître de la meute, « alpha », leader des plus populaires au sein de la « cellule familiale ». Seigneur désigné par ses congénères en vertu d'une sagesse subtile, des combats victorieux menés contre des rivaux sans pitié, il règne sans partage sur un territoire de cent à mille kilomètres carrés selon la densité des proies. Identifiable à sa démarche empreinte d'orgueil, il veille au maintien de l'ordre – aucun congénère « étranger » au pays du loup, xénophobe accompli, *Canis lupus* assure la cohésion du clan à ce prix ! D'une fidélité remarquable en amour, le leader forme avec sa compagne « alpha » un couple indissociable. Ne pratiquant le coït qu'une à deux fois l'an, le duo élu a seul le privilège de se reproduire au sein d'une meute qui ne peut s'autoriser trop de portées, loi de la nature oblige. Ainsi, adepte des enseignements de Malthus, *Canis lupus* maintiendrait sur les siens un strict contrôle des naissances, tandis qu'*Homo sapiens* va pullulant... Sous l'emprise du couple « alpha », les individus de la tribu n'ont d'autre choix que l'abstinence ou l'éloignement, s'ils aspirent à fonder leur propre « famille ». C'est pour répondre à ce besoin irrépressible que de jeunes loups italiens « en mal d'amour » auraient franchi les cols des vallées provençales...

Secret de la cohésion de la société des loups ? Des règles draconiennes du vivre ensemble... Au sein de la meute, chaque individu occupe sa fonction, à défaut, les sanctions sont impitoyables. Un *bodygard*, « bêta », a charge de protéger le couple « alpha ». Puissant, distingué parmi les plus déterminés, celui-ci n'en abaisse pas moins le poitrail et son panache de queue quand il pénètre dans l'aire du couple que forment les maîtres. Au bas de l'échelle sociale, « omega », le souffre-douleur, concentre sur lui l'agressivité de la meute. Les loups maltraitent donc les faibles, mais, à l'inverse des humains, ils n'ont d'autre choix : cette férocité au sein du groupe est légitime, « saine », puisqu'elle concourt à la survie du clan.

À ce propos, me revient un reportage de *Paris-Match* au parc animalier de Saint-Martin-Vésubie. Il était question d'une louve « omega » boitillante, maigrichonne, blessée à la patte. La meute s'était jetée sur elle jusqu'à ce qu'elle en périsse. « En l'autopsiant, rapportait le vétérinaire du zoo, nous avons découvert qu'elle était envahie de tumeurs. Ses congénères avaient flairé le cancer, ils l'ont exécutée. Cette dureté inflexible des loups peut choquer, mais elle répond à une logique, la survie de la meute valait ce prix. C'est certainement la vraie différence avec nous, les hommes : leur violence n'est jamais gratuite », concluait l'homme de l'art. Le loup ou l'enseignement de l'eugénisme.

Qu'on ne se méprenne pas pourtant : la meute, selon ses admirateurs, est un torrent d'affection, de « tendresse amicale », gage d'une harmonie sociale impérative, vitale ! On se flaire, on se lèche sans cesse, on se caresse, on s'inquiète les uns des autres, les loups seraient même les meilleurs parents du monde, les « loupiots » du couple dominant recevant amour et attention, y compris de chacun des individus subalternes composant la famille nourricière. On « chante » ensemble, le loup ne hurle pas, il chante. Il chante par plaisir, chacun exerçant ses vocalises, imperceptibles à une oreille humaine non experte. Pas de déviant dans la communauté des loups, aucun pervers, pas plus de délinquant. Quoique... Harry s'interroge, en montagne depuis quelque temps les pisteurs de l'Office de la faune sauvage constatent l'errance solitaire de jeunes louveteaux de quatre à cinq mois : « Ils se baladent seuls, et c'est anormal. En principe, les parents, oncles et tantes les surveillent. Le phénomène est extrêmement curieux... Serait-il conforme au mode des sociétés humaines comme elles vont ? Car nous sommes bien moins éduqués enfin, n'est-ce pas ? Observez les gamins des villes, 13, 14 ans, livrés à eux-mêmes, à l'affût d'un mauvais coup... Toutes proportions gardées, les loups vivraient-ils ce phénomène des adolescents indisciplinés, leur communauté aurait-elle ses sauvageons, des jeunes qui ruent dans les brancards ? Il faudrait étudier ce comportement récent chez le sauvage... »

Les anthropologues connaissent bien cette tendance inhérente aux humains à projeter sur le règne animal leurs propres valeurs. Ainsi en fut-il, naguère, des vertus sociopolitiques disciplinaires attribuées à l'organisation des abeilles soumises à leur implacable devoir de butineuses. « Dans chaque ruche, écrivait un prêtre sous le règne de la monarchie hanovrienne, au XVIIe siècle, il y avait une reine, des nobles, une roture, chacun agissant à sa place, les plus humbles faisant leur devoir avec autant de bonne grâce que les plus grands. Il n'y a personne pour murmurer, se plaindre, pas de schismatiques ni de séparatistes. Dieu veuille que les hommes fussent seulement aussi sages[1]. » Après cet éloge de la monarchie, du pouvoir de droit divin chez les abeilles, l'accent se porta sur le génie de « l'étrange petite république unanime, si logique et si grave, si positive, minutieuse, si économe, et cependant victime d'un rêve si vaste et précaire », décrit par le chantre des abeilles, Maurice Maeterlinck. Reines, ouvrières et cerbères solidaires, le romancier allait s'épancher sur les impératifs de ce « peuple »-là : « On dirait que chacun se sait dans un univers qui appartient à tous, où chacun a droit à sa place, où il convient d'être discret et pacifique. (...) On aurait du mal à trouver une république humaine plus parfaite

1. Cité par Keith Thomas, *Le Jardin de la nature*, *op. cit.*

et raisonnable. Dans cette petite tête se déroulent les circonvolutions du cerveau le plus vaste et le plus ingénieux. Il est même le plus beau, le plus compliqué, le plus délicat, le plus parfait dans un autre ordre et une organisation différente qui soit dans la nature après celle de l'homme. »

À « l'esprit de ruche » vanté jadis, au génie dissimulé des essaims mellifères se substitue, désormais, la « bravoure » du loup, sa force, la performance du chef sur son clan. Dominants/dominés, leaders/subalternes, serions-nous à l'orée d'une « civilisation » gouvernée à la manière du loup, Narcisse implacable ? Allons-nous « chanter » avec les loups, que j'estime féroces, voraces. Ai-je tort ?

Harry me reprend, catégorique : faux, le loup « naturel » n'attaque pas, il *prédate*, c'est-à-dire qu'il ne prélève qu'une proie à la fois, nécessaire pour rassasier sa meute, au contraire des chasseurs high-tech massacrant à tour de bras pour le plaisir ! Certes, le carnassier n'en reste pas moins un tueur, mais un tueur « de nature », il *prédate* consciencieusement, sa technique n'est donc en rien comparable à la pluie de chevrotine ! Il ne tue pas inconsidérément, les spécialistes en conviennent, unanimes : la meute est une « machine bien huilée » qui sélectionne, cible sa proie… Le magazine *Terre sauvage* l'affirme : « Un élan canadien d'excellente santé ne sera pas *prédaté*, d'instinct il sait qu'il n'a qu'à jauger son agresseur du regard et sa supériorité physique l'emportera. En revanche, un élan apeuré, indécis sera infailliblement détecté, car le loup identifie "le cas", le grand ongulé infecté, malade, blessé. » Ainsi *Canis lupus* participerait de la régénération naturelle selon la fonctionnalité darwinienne en détruisant les individus débiles, affaiblis du groupe qui menaceraient la vitalité de l'espèce… Un loup magnanime, que forestiers, gardiens et partisans d'une nature équilibrée ne peuvent que louer !

J'insiste… Ce « savoir-faire », les manières « civilisées » du loup du Grand Nord ne semblent guère en vigueur chez son cousin *Canis lupus italicus*, à en juger par le sort qu'il réserve sans quartier aux brebis de l'Ubaye, des Savoies, du Queyras et Vésubie, Vercors et Diois. Y aurait-il alors de « bons » et de « mauvais » loups, les premiers modèles de surhumanité, les seconds incarnations d'une animalité ravageuse, dévorante ? Harry me rétorque, lapidaire : l'inadaptation du bétail domestique face à la *prédation*, la perte de son instinct défensif incite le loup à la démesure !

Je persiste… Imposer dans les alpages une cohabitation du loup et du mouton ne relèverait-il pas d'une folie, d'un arbitraire au seul bénéfice du carnassier ? Enfin, remarqué-je, le Mercantour ne semble guère comparable aux déserts du Nord américain, aux étendues de Yellowstone, Banff, Wood Buffalo National Park ou des Great Smoky Mountains des Appalaches… Les écarts de l'Ubaye n'ont jamais été exempts de présence humaine. Les paysages modelés au fil des siècles, ces tissages de parcelles cultivées, ces goulets d'irrigation creusés dans les herbages, bois, parcours d'altitude, pacages de transhumances, tout cela ne relèverait-il pas, au contraire, d'une remarquable adaptation des hommes à la rudesse d'une montagne hostile, d'un devoir d'écologie qui dépend non seulement des hommes, mais encore de leurs bétails domestiques ? Éleveurs, bergers, brebis et chiens ne participent-ils pas, depuis toujours, d'un écosystème au même titre que la faune sauvage ?

Harry est agacé : qu'éleveurs et bergers s'adaptent ! « Un comptable infoutu de se servir d'un ordinateur ne trouvera aucun boulot, imaginez un cheminot seulement capable de charger du coke dans la chaudière à l'époque TGV ! Pourquoi les loups ne cohabiteraient-ils pas avec les troupeaux, il est temps que la société accorde sa juste place au sauvage. Après tout, nous sommes une espèce parmi les autres, à chacun d'occuper sa fonction biologique, c'est l'unique perspective de l'usine terrestre… »

Harry serait-il des lecteurs du Livre, Isaïe 11, 6-9 : « Le loup habitera avec l'agneau, et le léopard gîtera avec le chevreau ; le veau, le lion et le bétail qu'on engraisse seront ensemble, et un enfant les conduira ; leurs petits gîteront ensemble, et le lion mangera du fourrage comme le bœuf. On ne fera point de mal, et on ne détruira point sur toute ma montagne sainte… » Harry s'emporte : et quand bien même moutons et bergers gicleraient des montagnes, les prairies d'altitude y gagneraient ! « Les naturalistes le disent : les troupeaux d'ovins sont un fléau pour la biodiversité, le loup arrive à point nommé pour assainir l'espace, permettre le grand déballage de l'appropriation pastorale ! »

À sa manière, mon interlocuteur reprend les vindictes du XIXe siècle, quand aux yeux des forestiers les altitudes alpines n'avaient pire ennemi que les élevages de brebis. « C'est la ruée de l'individualisme montagnard, du pâtre au regard immobile, de ce vide de pensées, de ses bêtes à l'assaut des arbres, du moindre brin d'herbe, des pelouses, de tout ce qui signifie la vie, c'est une curée sauvage, permanente », tels étaient alors les griefs. Gémissements, lamentations, doléances, on imagine à peine les nuisances que les économistes et les agronomes imputaient aux mâchoires des brouteuses, à leurs piétinements coupables de l'érosion accrue des pentes. Une telle croisade contre le surpâturage n'était pas injustifiée, mais la forêt montagnarde, plutôt, ne souffrait-elle pas de la conjugaison des ravages qu'au fil des siècles lui infligèrent tant d'acteurs, paysans défricheurs de bois et de terres gastes, bûcherons et scieurs charpentant poutres et bois d'œuvre pour la construction des mâts, la bordée des vaisseaux royaux, quand les troncs meurtris n'alimentaient pas charbonniers, fours à chaux, verreries et faïenceries ? À la charrue, avec les houes, on s'était acharné à trancher broussailles et fougères, ces « encombrantes attachées aux entrailles de la terre », défonçant, piochant, retournant, labourant les pentes les plus drues. « Détruire la forêt, *essarter* comme on disait dans le nord de la France, *artiguer* dans le Sud, est la grande, la pathétique aventure, écrit Fernand Braudel, couper les arbres, dessoucher, c'est un labeur épuisant qui acheva de donner à la France rurale le visage qu'elle conservera des siècles durant, souvent même jusqu'à nous. Le tout dicté par une nécessité inéluctable : augmenter les labours pour nourrir une population en progression... » L'historien rappelle l'équilibre précaire qu'il importait alors de maintenir entre forêts et terres cultivables, ces biens d'une existence paysanne confrontée à l'incessant dilemme : hommes ou bétail domestique, grain ou herbe... En 1516, avec l'*Utopie*, Thomas More estimait que le mouton, nécessitant sans cesse une extension des pâturages au détriment des terres à céréales, « dévorait les hommes », les privait de nourriture et de travail même... Un siècle auparavant, en 1414, les capitulations de Meyronnes et Larche en Ubaye réglementaient la « dépaissance », la coupe du bois dans les propriétés particulières. Des sanctions frappaient les contrevenants, ceux qui « veulent continuer en leur malice » s'exposaient à rien de moins qu'au pilori. Plus tard, avec plus de rigueur encore, le capitoul 69 du 1er avril 1663 interdit pâturages et coupes de bois sur le terroir de Pra-Bellon, « qui doit être maintenu et conservé avec plus de soin qu'on n'a fait par le passé, vu que de là, procèdent la ruine, inondation des biens des propriétés inférieures ».

L'Ubaye, aujourd'hui, ne dévoile plus les terres dénudées, excoriées, grillées, décrites par Victor Lieutaud au XIXe siècle. Avec la déprise agricole amplifiée par l'exode des ruraux vers la ville, végétation et nature vive reprenaient, repartaient à l'assaut des paysages d'où elles avaient été éliminées les siècles précédents sous l'effet d'une démographie explosive. Cette croissance végétale s'empare sans frein des écarts, des vallons, de Fours à Meyronnes, de Fouillouse au Laverq, la sylve reconquiert, investit les espaces sitôt que le travail des hommes disparaît. Les soliveaux croissent, à chaque saison ils se déploient, enfouissant sous leur couvert les variétés chromatiques du décor, clairières, prés, vergers, pelouses et landes s'embroussaillent. Une prairie, un carré de fauche, une estive désertés, les buissons épineux, rhododendrons, genévriers, aulnes verts apparaissent, avant-garde timide, les résineux ne tarderont pas. Éboulis et pierriers s'effacent sous la vigueur coriace des pins à crochets, ils pénètrent, s'agrippent partout, les murets de pierres sèches inexorablement dégringolent sous la percée de l'impérieuse vitalité. Bosquets et bois surgissent dans les cours de fermes, les ruines, les hameaux en déshérence, tandis qu'à la croupe des vallons les pentes se coiffent, se hérissent de capuchons sombres, les pins noirs s'épaississent à mesure qu'ils grimpent à la conquête des cimes.

Je mesure l'enthousiasme, la jubilation des amateurs de la *wilderness* devant pareille prodigalité. La voilà la « vraie » nature, celle « d'avant » ! À entendre ceux-là, le loup ne s'est pas trompé, il est revenu, ranimant « la gloire des époques primitives où Adam allait, majestueux comme un dieu » ! Mais qu'est donc le monde qu'ils souhaitent sinon une représentation, un fantasme, puisque jamais l'état originel ne fut avant que l'homme n'ait conscience de sa perte ? Qu'importe, « écologues », « aménageurs de l'environnement » déploient leurs efforts pour ressusciter une nature imaginée selon des mythes de fantaisie, à la désertification rurale engendrée par l'appel de la révolution industrielle, en bas, s'est substitué l'attrait du « désert alpin ».

« Bienvenue dans la vallée de l'Ubaye ! Ses espaces de nature préservée, ses hameaux du bout du monde dans des vallées uniques ! » Tels sont les symboles aujourd'hui de cette renaturation qui couvrent les dépliants de l'Office du tourisme, à Barcelonnette. Sérénité des hautes prairies fleuries, décors d'une sublime vallée d'altitude... L'impression de cheminer aux côtés de Saint-Preux dans les jardins de *La Nouvelle Héloïse*, quand Julie, la surintendante, brise l'enchantement : « La nature a tout fait, mais sous ma direction, et il n'y a là rien que je n'aie ordonné. » Quel que soit le chemin, la sente effacée, la pierraille où le hasard a porté vos pas, des panonceaux, forcément rustiques, vous renseignent : « sentier de découverte », « herbe moins coupée = nature protégée ». Les parcours fléchés suggèrent des panoramas « remarquables », « authentiques », ils vous guident au point de vous surprendre quand un buisson fleuri, un oiseau singulier ne sont pas « signalés » par un logotype.

La nature authentique se mérite, elle comporte des périls rappelés à tout bout de champ au promeneur téméraire. Qu'un appareillage de solives surplombe une cascade rugissante : « Attention ! Il est dangereux de s'aventurer dans le lit de ce cours d'eau ! » Pas une piste de fond, un « espace nordique », qui ne soit balisé d'alertes autoroutières : « croisement dangereux », « virage dangereux », « piste verglacée », « sens interdit ». Bicyclette tout-terrain, soit, mais « respectez le sens des itinéraires, ne surestimez pas vos capacités et restez maître de votre vitesse, ne roulez pas sans casque, évitez la cueillette sauvage de fleurs, fruits et champignons ». À chaque pancarte les mêmes angoisses en caractères gras : « Soyez bien assuré, pensez à votre Pass Sport Nature ! »

Au Lauzet, l'*Ultima Thule* couvre les trois étagères de l'auberge du Relais du Parc, il n'est qu'à choisir selon son goût dans les prospectus : parapente, aquagym, « kayak-raft canyoning on the most beautiful river of Europe », « eaux-vives-passion, faites bouger vos sensations, conditions générales : savoir nager, prévoir un maillot de bain, une paire de chaussures, le reste du matériel, combinaison néoprène, K-way, chaussettes, fourni aux normes CE », « crazy waters, dormez en flottaison dans les arbres à quatre mètres de haut, tête dans les étoiles, à l'abri du vent et des intempéries »...

Que sont brebis et moutons, éleveurs et bergers dans cette alpe récréative, sinon les bulles d'un rêve où, derniers résistants, les autochtones préfèrent des territoires loin du rush ludique ? Reléguée au folklore, au « patrimoine culturel », la fonction des « partenaires ruraux » comme on dit désormais est de « soigner », « jardiner » les paysages, cette illusion de nature « renaturée ». « Techniciens de surface » de l'économie des loisirs. « Des mendiants, des obligés de l'État voulez-vous dire, rectifie Harry. Depuis quarante ans, ces moutonniers ne vivent même plus de l'élevage, ils sont toujours à réclamer des subventions, quémander des aides de la PAC et du conseil général... Aucune fierté, pas d'honneur chez ces gens ! »

Il fallait que le loup occupe ce théâtre...

Collé sous mon essuie-glace, un papillon publicitaire, quatre couleurs, le loup gueule de super-prédateur aux yeux jaunes. Ce texte typographié : « Le loup, une chance pour la vallée de l'Ubaye ! Pour le développement du tourisme dans notre région qui a le souci de vivre en harmonie avec la nature, dans le respect de la faune et de la flore locales. Ne nous laissons pas dicter notre conduite par les bergers qui, pour la plupart, ne sont pas de la Vallée ! C'est à nous qu'il appartient de gérer notre patrimoine régional ! »

Harry juge cette pub bienvenue avant la saison estivale : « Pourquoi Yellowstone, à votre avis, attire-t-il tant de monde, 20 millions de dollars de recettes chaque année ! Pourquoi, tout près d'ici, deux millions de touristes se pressent-ils au parc national des Abruzzes ? Les compléments de revenus du spectacle loup permettent aux montagnards de l'Italie du Centre d'améliorer l'ordinaire. Vous le savez ? Du dernier rang touristique la province est passée à la deuxième place derrière Venise et Florence. Le label "produit loup" est une manne. Les éleveurs de l'Ubaye auraient tout à gagner d'une telle image, elle valoriserait leurs fromages, leurs côtelettes : nos moutons sont en bonne santé, voyez, ils pâturent dans une nature restaurée, à l'équilibre biologique parfait depuis que le loup est de retour ! Mais non ! Les moutonniers sont gens bornés, enkystés dans une mentalité archaïque, c'est dans leurs gènes. Les mêmes stéréotypes, toujours, ces schémas de nature hostile... Ils aiment ça ! »

« Il y a deux sortes d'hommes dont les corps sont dans un exercice continuel, savoir les paysans et les sauvages, écrit Rousseau dans l'*Émile*. Les uns sont rustres, grossiers, maladroits ; les autres, connus par leur grand sens, le sont encore par la subtilité de leur esprit : généralement, ils n'y a rien de plus lourd qu'un paysan, ni rien de plus fin qu'un sauvage. » Fort des conseils de Jean-Jacques, Émile se fera menuisier, manière civile d'aller au bois ! De nos jours, les amateurs de *wilderness* empruntent les sentiers écartés... Nouveaux « acteurs du milieu rural », promoteurs de l'animalité sauvage, ils rêvent d'alpages purgés de leur économie agropastorale dénoncée comme polluante. Une montagne sans troupeau, sans chien patou, au profit de la vie sauvage ! Fini les contes pour enfants, place au loup, « top model d'une nature prête-à-porter[1] » !

« Certaines valeurs, certaines visions du monde sont mutuellement incompatibles, remarque le

1. Selon la formule du sociologue Jean-Pierre Chabert.

sociologue Sergio Dalla Bernardina. On a beau présenter le discours adressé au "partenaire rural" comme une "explication", ce qu'on lui demande, en le priant de "comprendre", est une mutation anthropologique. Comme si on demandait aux Bushmen de renoncer à la chasse-cueillette pour se convertir au safari-photo. »

Quand le loup niche, le touriste rapplique, renchérissent les hôteliers. Flanqués d'« animateurs-nature » – « comme si la nature, sorte de Belle au bois dormant, avait besoin d'être réanimée », note Dalla Bernardina –, en groupes, jumelles en collier, les « écopèlerins » investissent les hautes pâtures, raquettes aux pieds, tel Natty Bumppo le trappeur de Fenimore Cooper en quête des prairies perdues du Grand Ouest. On piste le loup, on joue à l'explorateur, on collationne ses crottes. Avec un peu de chance, par temps clair, au téléobjectif les randonneurs observent la silhouette d'*italicus*. Que l'image soit lisse, surtout… Dans *Les Alpages à l'épreuve des loups*[1], le chercheur Marc Vincent évoque ce berger admonesté par les gardes du parc naturel régional où il estivait avec son troupeau, il devait faire disparaître la pancarte qu'il avait installée devant sa cabane, où étaient punaisées des photographies des brebis tuées, lacérées par les loups quelque temps auparavant…

1. Éditions de la Maison des sciences de l'homme, 2011.

Saint-Martin-Vésubie, dans une vallée étroite au versant est du col de la Cayolle, est un bourg délicieux, façades enluminées, balcons ouvragés, bâtisses aux socles de pierre, cadrans solaires, chalets et restanques. Le maire, Gaston Franco, se lamente pourtant : à quatre-vingts kilomètres de Nice, au faîte d'une route pentue, malaisée, sa commune est bien éloignée de la vallée des Merveilles, loin encore de l'admirable forteresse militaire de l'Authion, du lac d'Allos, le plus élevé d'Europe, loin de la Madone de Fenestre sur l'antique route du sel, tous sites touristiques réputés du parc du Mercantour, dont Gaston Franco fut le président de 2005 à 2009… L'éthologiste Geneviève Carbone, celle-là même qui non sans flamme dans le magazine *Terre sauvage* révéla la réapparition du loup gris avant d'être recrutée par le ministère de l'Environnement et le parc national, suggère une idée au maire de Saint-Martin-Vésubie : pourquoi ne pas jouer la carte loup ? Après tout, n'est-ce pas dans ces parages que les premiers *lupus italicus* se sont installés en 1992 ? « Pourquoi pas un tourisme du loup en Vésubie ? Montrer aux gens que *Canis lupus* ne fait pas que tuer des moutons et rapporter des primes aux éleveurs. Il peut aussi rapporter de l'argent[1]. »

1. France Inter, 14 novembre 2003, cité par Marc Vincent, in *Les Alpages à l'épreuve des loups*, *op. cit.*

Depuis 2005, soixante mille visiteurs fréquentent chaque année le parc Alpha, ses parcours ludiques, pédagogiques : accrobranche, aire de pique-nique et, bien entendu, les loups gris ! Vingt-quatre individus ont été importés de Tchéquie et d'Italie. En liberté, ils occupent cinq hectares enclos du massif du Boréon. À la saison, les animateurs proposent des « nuits des loups » aux estivants. Ce « concept », qui repose sur « une organisation à la hauteur de ce magnifique site dédié à cet animal mythique », est relayé par le quotidien *Nice-Matin*. Des soirées, réservation impérative, rassemblent vingt-cinq participants. « Après avoir pris possession du panier-repas, relate le journal de la Côte d'Azur, les visiteurs sont accompagnés par les animateurs vers l'un des affûts. Rapidement, les détails de la nature environnante se transforment en ombres, puis en ombres profondes. Le plus impressionnant de la soirée est un événement réglé comme une horloge lorsque la nuit tombe vraiment. Les hurlements des loups déchirent alors l'espace et imposent le silence aux bavardages… »

Au petit matin, nos « aventuriers » assistent au déjeuner des loups… Une meute bâfre les carcasses de poulets que des soigneurs, la veille au soir, ont camouflées dans les arbres, « afin que les loups gardent leur flair, leur instinct de chasseur ». Un « spectacle multi-sensoriel et instructif » est proposé aux clients, afin d'entendre ce que pensent nos bergers, « gardiens de nos traditions », ce que nous apprennent les éthologues, « ces éminents spécialistes animaliers », indique la plaquette de démonstration agrémentée d'un loup aux yeux jaunes, en gros plan. Autrement dit : l'éleveur de brebis ne peut qu'aimer le loup, incarnation de la biodiversité…

Saint-Martin-Vésubie a découvert sa *bonanza*. Il n'est qu'à flâner dans les ruelles du village, l'image du loup s'affiche partout : à la vitrine du libraire (livres et tee-shirts), au débit de tabac (cartes postales, villages authentiques, marmottes et loups de Vésubie) ; sur le menu du restaurant à l'enseigne du loup de Walt Disney, étiquettes de loups gris sur les confitures maison de l'épicerie.

Ces initiatives, pourtant, ne semblent pas contenter les partisans de *Canis lupus*… « Le loup, peut-on lire sur *loup.org*, a le droit de vivre libre comme nous. Qu'il soit enfermé dans un parc ou tué, quelle est la différence ? En le retirant de son milieu naturel, c'est l'espèce à l'état sauvage que l'on met en danger. »

Qu'en est-il, au fait, de ces « parcs de nature intégrale » du côté des États-Unis ? Il suffit de lire *Promenons-nous dans les bois* de Bill Bryson pour s'en faire une idée. L'écrivain marcheur a emprunté l'Appalachian Trail, l'ancêtre des chemins de grande randonnée états-uniens. Tracé au début des années 1920, ce parcours sera achevé le 14 août 1935. A.T., son acronyme familier, longe la côte est du Maine à la Géorgie, près de trois mille cinq cents kilomètres. Il parcourt une chaîne montagneuse couverte d'une des plus vastes forêts de feuillus au monde, reliquat d'une des étendues boisées les plus diversifiées du continent. Quatre millions de randonneurs expérimentés arpentent ces pistes chaque année, seize mille cinq cents marcheurs, moyenne journalière en saison…

Bryson dépeint les Great Smoky Mountains – elles tiennent leur nom d'une brume bleutée soulevée par les inversions thermiques des Appalaches –, un Éden que les botanistes qualifient « plus belle forêt mélangée du monde ». Mille cinq cents variétés florales indigènes, mille espèces arbustives, cinq cent trente mousses et lichens remarquables, cent trente arbres originels, deux mille variétés de champignons... Les Smoky, surtout, sont renommées pour leurs mammifères plantigrades, une population d'ours noirs estimée de quatre à six cents individus, accoutumés pour la plupart à la présence des hommes, près de neuf millions de touristes chaque année. Au risque de crises récurrentes… « Puisque les ours ne détestent pas être filmés, qu'ils semblent plutôt indifférents au public à vrai dire, il est toujours un imbécile pour s'en approcher, lui caresser le poil, lui tendre un biscuit entre autres fantaisies. On rapporte le cas d'une femme qui avait cru malin de tartiner de miel le doigt de son enfant en bas âge, afin que l'ours lèche le nectar pour la caméra familiale. Jugeant mal la subtilité de l'opération, l'animal dévora la main du bébé… »

Alors qu'il chemine dans Bryce Canyon National Park, l'écrivain remarque que ce site protégé offre sans doute l'un des exemples les plus achevés des ravages frappant la faune sauvage : « Ce parc, fondé en 1923, a vu sept espèces disparaître en moins d'un siècle : ainsi du lièvre de Townsend, du chien de prairie, de l'antilocrape, de l'écureuil volant, du castor, du renard roux et de la mouflette tachetée. Vraie réussite ! Au XXe siècle, plus généralement, quarante-deux espèces mammifères ont été effacées des parcs nationaux américains. »

Bryson évoque encore les « grassy balds », ces vastes étendues d'herbes rases, cousines des pelouses alpines, si typiques des Appalaches du Sud : « Les grassy balds ne représentent que 0,015 % de la superficie des Great Smoky Mountains, mais ils abritent 29 % de la flore, ils ont été utilisés par les Indiens, puis les colons européens pour l'estivage des troupeaux. Aujourd'hui, avec l'interdiction du pacage, des espèces buissonneuses, ainsi l'aubépine, le mûrier, envahissent les sommets lentement mais sûrement. Dans vingt ans, il n'y aura peut-être plus de "balds" dans les Smoky. Depuis la création du parc dans les années 1930, quatre-vingt-dix variétés de plantes ont disparu des prairies. Dans les années prochaines, on envisage la disparition d'au moins vingt-cinq essences supplémentaires. »

Bryson poursuit son périple. Shenandoah, Virginie-Occidentale… « Splendide, le plus magnifique des parcs nationaux que j'ai visités. Et pourtant… Les campings, les centres d'accueil touristiques, les pique-niques sont au coude à coude, les week-ends d'été, la randonnée qui permet l'ascension de Old Rag Mountain, l'une des plus prisées de ce site, connaît une telle affluence que les gens parfois font la queue pour l'emprunter. Partout des panneaux d'information sur la faune et la flore, des poubelles, des panoramas dégagés, des vues splendides… »

Bryson conclut, désabusé : « Je sais que le sentier des Appalaches est censé incarner une expérience de la nature sauvage, mais j'aurais été content, personnellement, de traverser des hameaux, de rencontrer des fermes plutôt que marcher dans ce couloir protégé, silencieux. A.T. serait plus gratifiant s'il n'était pas qu'une nature sauvage, mais si, de temps en temps, à dessein, il vous amenait à rencontrer une vache dans son pré… »

Loup, y es-tu ? M'entends-tu ? Que fais-tu ?

Comptine populaire

Novembre 1992. Quand deux premiers loups sont aperçus dans le vallon boisé de Mollières, les gestionnaires et les protecteurs de la nature pavoisent : après un demi-siècle de désertion, une telle réapparition de *Canis lupus* sonne comme une confirmation, une victoire pour les gardiens du Mercantour qui s'emploient à restaurer la biodiversité des immenses territoires du parc national.

Au sud des Alpes, à la nervure des influences climatiques méditerranéennes, alpines et continentales, le massif du Mercantour forme une « île » montagneuse qui s'étage de 490 à 3 145 mètres. La « zone cœur » du parc, 68 500 hectares inhabités, hors la présence du personnel des refuges, des bergers et des troupeaux saisonniers, rayonne sur les vallées du Haut-Var, des Alpes-Maritimes et des Alpes-de-Haute-Provence. 140 000 hectares en taches de léopard englobent vingt-huit communes en périphérie, intégrées d'autorité au parc depuis sa création, en 1979. Les populations, de guerre lasse, se sont pliées à des réglementations sourcilleuses, censées concilier intérêt national et développement local.

Doté d'une variété inégalée de paysages, lacs d'altitude, grottes calcaires, châtaigneraies, le Mercantour recèle une flore exceptionnelle, deux cent quarante espèces natives sur quatre mille cinq cents recensées dans l'Hexagone. Jumelé depuis 1987 avec le parc d'Argentera en Piémont transalpin, le Mercantour, c'est une arche de Noé végétale, un patrimoine de mousses et de lichens, champignons, insectes, chenilles et papillons, de petits ongulés, marmottes, lièvres variables et communs, tétras-lyres et lagopèdes... À l'approche des sommets, une faune remarquable se déploie sans entrave, sangliers, lynx, chamois, cerfs, chevreuils, bouquetins et mouflons. Réserve de biosphère, « sanctuaire » de biotopes, zone de tranquillité et d'agréments, selon les goûts, le chercheur scientifique et le simple amateur peuvent identifier, inventorier, herboriser les espèces floristiques ou faunistiques de ce laboratoire à ciel ouvert, flâner, assister, simplement, au spectacle des saisons.

En cette année 1992, le parc s'enorgueillit de sa toute récente acquisition, un couple de gypaètes barbus, amorce d'un programme alpestre ambitieux, mené de conserve avec les régions de l'arc alpin, Allemagne, Autriche, Suisse et Italie. Ce rapace, à l'empennage considérable, avait disparu des montagnes au début du XXe siècle, pourchassé par les gens de montagne convaincus à tort de ses nuisances de charognard. Nés de couples de gypaètes captifs de Russie et d'Afghanistan, isolés de leurs géniteurs à l'âge de trois mois, les oisillons ont été lâchés dans les falaises du massif du Rubion. Les biologistes se félicitent de ce « coup de pouce » essentiel à la restauration naturelle du Mercantour, d'autant que ce vautour, « espèce-parapluie » selon le jargon scientifique, trône au sommet de la chaîne alimentaire, participant, par sa fonction de nettoyeur, au sacro-saint équilibre de l'écosystème alpin.

Ne manquait que le loup ! 1992, décidément, devait marquer les altitudes…

L'irruption de *Canis lupus* sur ces « terres sauvages » relève-t-elle du hasard, d'un juste retour des choses ? Cette réapparition du superprédateur, en tout cas, est considérée comme un événement écologique majeur. Le loup gris sera à son affaire dans ces altitudes, ces forêts où les ongulés, mouflons, chamois, cerfs, chevreuils et bouquetins prolifèrent un peu trop… Grâce à son « action régulatrice », le carnivore remettra de l'ordre dans ce désordre, il restaurera ce fameux équilibre biologique « si utile » au bon fonctionnement de cette nature dont la raison d'être n'aurait d'autre finalité que son autoreproduction. Un médecin de la montagne, en quelque sorte…

Las, c'était compter sans l'étonnante plasticité du grand canidé qui ne peut se soumettre aux rêves des hommes. Doté d'un instinct indéchiffrable, mû par des comportements incohérents, *Canis lupus*, fût-ce à son insu, ne se laisse pas gouverner. Dédaignant le gibier qui leur est assigné, les nouveaux venus, dès l'été 1993, s'en prennent aux ovins qui pâturent en « zone cœur » du parc chaque année afin de maintenir la variété des paysages, contrôler l'embroussaillement, éviter les effacements des parcours.

Avec les saisons, le goût des loups pour les transhumants du Mercantour se confirme. Vésubie-Tinée, Vésubie-Roya, Haute-Roya, Haute-Tinée, sept cent soixante-cinq attaques en cinq ans, deux mille neuf cent soixante-deux victimes lacérées. Brebis et agneaux, à l'évidence, constituent le menu estival des loups qui sont évalués à une bonne dizaine, déjà. La direction du parc avoue sa perplexité, comment concilier les projets des hommes avec ceux, contradictoires, des loups dans cet environnement commun ? Soumis au respect de la convention internationale de Berne, les gestionnaires du Mercantour en appellent à leur ministre de tutelle. « Vous avez le loup ? À vous de gérer ! » réplique l'Environnement. « On nous bombardait de notes de service, rapporte un retraité du parc. Nous avions mission de parcourir les villages pour prêcher la bonne parole : le loup est "moteur" de biodiversité, ne vous inquiétez pas, il n'est pas dangereux, il ne tue que pour se nourrir, non par plaisir. » Cet ancien fonctionnaire en convient, le discours était un brin naïf : « Nous ne savions rien, rien du tout. Le sujet n'était pas étudié, le loup nous avait dépassés, il avançait trop vite. »

Méprisant les frontières assignées, *Canis lupus* se moque bien des limites administratives du parc… En deux saisons, 1997-1998, près d'une soixantaine d'attaques de troupeaux permettent de constater son irruption dans les massifs limitrophes, Queyras (Hautes-Alpes), les Monges (Alpes-de-Haute-Provence), mais encore Canjuers (Var). Alors qu'on le supposait cantonné dans le périmètre alpin méridional, un individu, dès 1994, est repéré au nord, entre Suisse et Italie, près du col du Grand-Saint-Bernard, bien loin du site pionnier du Mercantour… Deux ans plus tard, deux spécimens sont photographiés en Valais suisse par un randonneur du Val Ferret. En Haute-Maurienne, un peu plus tard, des loups s'attaquent à neuf troupeaux de Bramans. Visiblement, le sauvage ne se contente plus du territoire où l'homme a souhaité le circonscrire...

Cette cartographie éclatée ne laisse d'intriguer, d'autant que de nouvelles attaques sont signalées dans les massifs de Belledonne, Oisans et Vercors. Mieux, *Canis lupus* semble désormais gagner les Savoies et l'Isère. Plus surprenant, des cadavres de loups, braconnés sans doute, sont découverts en 1992 dans le Cantal, un spécimen est capturé vivant en Puy-de-Dôme, puis un autre enfin au parc naturel de Nohèdes (Pyrénées-Orientales).

Pareille errance, du sud au nord, d'est en ouest, inquiète, d'autant que le déplacement du superprédateur tout au long de l'arc alpin, bien loin de s'effectuer de façon linéaire depuis le Mercantour, semble heurter de multiples lignes de front. Que signifient ces allées et venues de loups solitaires ou en couple, on ne le sait pas, d'où sont-ils originaires, selon quel rythme progressent-ils sur les territoires ? Autant d'énigmes qui exigent réponses : deux cent cinquante mille moutons pâturent tout ou partie de l'année pour les seules Alpes du Sud, soit le quart des ovins de Provence-Alpes-Côte-d'Azur, une centaine de milliers dans les Alpes du Nord. Comment assurer la protection des troupeaux qui, « par leur contribution à la production, à l'emploi, à l'entretien des sols, à la protection des paysages, à la gestion et au développement de la biodiversité, sont reconnus d'intérêt général comme activités de base de la vie montagnarde et gestionnaires centraux de l'espace montagnard » (Code rural), tout en prenant soin du loup, leur prédateur, « espèce communautaire prioritaire » (convention internationale de Berne) ? Comment ?

« Si c'est un animal carnassier dont on écrit l'histoire, ce n'est pas assez d'indiquer quels animaux lui servent de proie ni comment il s'en saisit, écrivait l'intendant des chasses royales Georges Leroy dans ses *Lettres philosophiques sur la perfectibilité et l'intelligence des animaux*. Il faudrait encore observer tout ce que l'action des différentes passions auxquelles l'animal est sujet, comme la crainte, l'amour, etc., apporte de modifications à ses démarches. (...) Ce n'est qu'en suivant l'animal dans ses différents âges, dans les événements de sa vie qu'on peut parvenir à connaître le développement de son instinct et la mesure de son intelligence. »

Comprendre...

Une structure de « suivi scientifique » de la « maligne bête » est mise sur pied par le ministère de l'Environnement. Ce « Réseau Loup », conçu pour les Alpes-Maritimes d'abord, s'élargit progressivement aux départements limitrophes, Haute-Provence, Hautes-Alpes et Alpes du Nord enfin. Confiée initialement à l'administration pratique du parc du Mercantour, cette mission d'observation est finalement placée sous la tutelle de l'Office national de la chasse et de la faune sauvage. Il s'agit d'installer un processus d'observation de l'espèce, afin d'établir la cartographie de ses habitats, ses dynamiques de reproduction, sa mobilité. Ces investigations permettront d'anticiper l'avancée du prédateur sur les massifs, de prévenir ses prédations, à charge pour les observateurs bénévoles du Réseau, agents de la faune sauvage, de la forêt, guides-accompagnateurs de montagne, amateurs, chasseurs comme naturalistes, de rassembler les indices de sa présence dans leurs secteurs respectifs : traces, excréments, touffes et paquets de poils, signalement auditif des hurlements.

Mais avec *Canis lupus* rien ne va de soi. Discret, farouche, plus que toute espèce sauvage l'animal est difficile à étudier, il esquive les humains, il se déplace, stationne, erre longuement dans des espaces propices sans que les habitants du lieu s'en doutent. Tant qu'il se repaît de proies sauvages, le loup gris demeure indécelable, sa présence n'étant généralement trahie que par les carcasses de ses victimes domestiques...

Il fallut beaucoup de temps aux « spécialistes » pour enseigner pareille complexité aux centaines d'éleveurs confrontés à ses méfaits : huit cent soixante-quatorze attaques de 1993 à 1999, cinq mille deux cents brebis, agneaux, béliers éventrés ou volatilisés. Comment convaincre les éleveurs que cet égorgeur de troupeaux puisse « mettre en valeur l'espace protégé », que sa réapparition soit « un hommage à la qualité du milieu », ainsi que l'assène Marie-Odile Guth, la directrice du parc du Mercantour ? Comment faire accepter aux « partenaires ruraux » d'élever des brebis près des loups, d'offrir une place à ce prédateur dont les ancêtres valéians avaient eu tant de peine à se débarrasser ?

L'atmosphère se tend dans le haut pays[1]. Relayés par la Chambre d'agriculture des Alpes-Maritimes, soutenus par les élus des départements périphériques du Mercantour, éleveurs, mais chasseurs encore fustigent l'attentisme des gestionnaires du parc, accusés tout bonnement d'accompagner la dispersion des loups. Des rumeurs courent les lieux-dits. Cette réapparition spectaculaire du prédateur est-elle aussi « naturelle » que les autorités le prétendent ? Comment les loups des Abruzzes ont-ils pu se déplacer en Mercantour, dans sa « zone sanctuaire » de surcroît ? Comment expliquer le « saut » des loups de Belledonne jusqu'aux plateaux du Vercors sans qu'ils aient abandonné le moindre indice de prédation sur un aussi long parcours et alors que les deux massifs sont coupés l'un de l'autre par l'expansion urbaine du Grand Grenoble ? Qui peut croire enfin l'errance d'un

1. Cf. Véronique Campion-Vincent, « Les réactions au retour du loup en France », in *Le Fait du loup. De la peur à la passion*, art. cité.

loup solitaire traversant Cévennes, Montagne noire, puis le Minervois par l'ouest du Canigou, où il aurait été découvert dans une réserve naturelle, une niche écologique favorable ? Hasard ? La corporation des éleveurs évoque des lâchers clandestins. Le retour aurait-il été favorisé, « organisé » en vertu de finalités écologiques échappant à tout contrôle ?

Devant la fronde des ruraux, les services de l'État répliquent point par point. Les loups du Mercantour appartiennent bien au peuplement transalpin arrivé naturellement des Abruzzes. Les analyses ADN du laboratoire CNRS d'écologie alpine de Grenoble sur les dépouilles de quatre loups, en 1996, le confirment : ces individus possèdent un code génétique identique à *Canis lupus italicus* ; les loups des Alpes méridionales ne proviennent donc d'aucun lâcher clandestin, d'autant que les individus élevés dans les zoos français sont issus exclusivement de souches polonaises, nord-américaines ou mongoles. On raille les rumeurs insistantes : capturer des loups en Italie, les acheminer clandestinement par-delà la frontière pour qu'ils soient relâchés dans le Mercantour dans le plus grand secret ? Absurde ! Que des carnivores de ce genre se soient réfugiés dans l'espace du Mercantour, qu'ils se déplacent vers des réserves protégées est logique, le gibier abondant dans ces vastes territoires leur assurant gîte et couvert. Enfin, il n'y a pas lieu de s'interroger à propos des

« sauts » géographiques des meutes : leurs capacités de dispersion territoriale, si on s'en réfère à l'expertise de l'universitaire romain Luigi Boitani, autorité en matière de grand canidé, l'expansion dite « en taches de guépard » n'est-elle pas consubstantielle aux habitudes de l'espèce ? Les loups d'un territoire, pour se reproduire, n'ont d'autre choix que de déserter la meute, ils doivent se disperser pour fonder leur propre territoire, ces vagabonds peuvent cheminer sur des centaines de kilomètres avant de localiser le site favorable. La présence de loups italiens dans le Cantal, le Puy-de-Dôme et les Pyrénées n'aurait donc rien d'incohérent…

À bien réfléchir pourtant, en quoi ces réapparitions seraient-elles naturelles ? Isabelle Mauz, chercheuse du Cemagref, remarque : « Qu'on les ait mis, qu'on les ait aidés à venir, qu'on les ait laissés venir, il y a bien des raisons humaines à la présence des loups. Le retour "naturel" des loups en France et en Suisse est la conséquence des mesures de protection de l'espèce adoptées en Italie, donc d'une décision humaine. » Michel Meuret et Jean-Paul Chabert, zootechniciens, en rajoutent : « Les gestionnaires des réserves sont en fait des éleveurs d'animaux sauvages qui n'ont plus de "sauvage" que leur définition zoologique. (…) Le loup est un animal d'élevage à partir du moment où il bénéficie des soins appropriés à son développement, son entretien, sa reproduction. La réalité des soins qui lui sont prodigués ne fait aucun doute, le loup s'est installé en France parce que le gîte et le couvert lui sont assurés dans de vastes territoires naturalisés. »

De beaux esprits n'envisagèrent-ils pas, un temps, de réintroduire à profusion des hardes de cerfs dans les massifs alpins avec l'espérance, vaine, que ces garde-mangers plantureux maintiendraient *Canis lupus* sur ces espaces réservés ? D'autres, enfin, préconisent l'établissement de zonages de montagne « assignés » au grand canidé. Le « rapport Bracque », fruit des réflexions d'un inspecteur général de l'Agriculture, suggère ainsi une découpe de l'arc alpin en deux territoires : le premier, dit « de refuge », engloberait les parcs du Mercantour et du Queyras, reliés l'un à l'autre par un « corridor de circulation » longeant l'Ubaye, où le fauve baguenauderait à sa guise, tandis que des « territoires de gestion » occuperaient la part restante de l'arc alpin, où la population lupine serait rigoureusement contrôlée afin de limiter ses prédations à l'encontre des troupeaux ovins. Manière, en somme, de circonscrire le loup à des espaces géographiques précis, en dehors desquels sa présence ne serait plus… « naturelle ».

« Dans cette mise en valeur du sauvage, dans cette mise en culture du non-cultivable, on pourrait, paradoxalement, voir moins le retour d'un refoulé préhistorique que le rêve démiurge de l'homme de tout contrôler, gérer, dominer, note le sociologue Sergio Dalla Bernardina. Rêve autorisé selon la parole divine (Genèse 1, 28) : "Fructifiez et multipliez, et emplissez la terre, et l'assujettissez, et dominez sur les poissons de la mer et sur les oiseaux des cieux, et sur tout être vivant qui se meut sur la terre." »

À supposer la soumission des loups…

« Écologie, ça ? Écologie pot de fleurs, oui ! s'insurge François Cavana dans un numéro de la revue *L'Alpe*. Écologie décor, écologie nostalgie, écologie gâteuse ! Le loup, l'ours ne peuvent vivre dans un tel milieu. C'est de l'esthétisme nostalgique, des pleurs sur le bon vieux temps… pas de l'écologie ! Pas même de l'amour des bêtes. Ou alors de l'amour dévoyé, comme celui voué au poisson rouge qui tourne, tourne sans fin dans son bocal de quinze centimètres de diamètre. On ne remonte pas les mœurs à contre-courant… Ou alors au prix de précautions inouïes, de subventions, de surveillance, de flicage… »

Cavana voyait juste…

Le loup, peu à peu, devient objet d'investigations ininterrompues, biologistes, naturalistes, zootechniciens et néophytes s'adonnent à des traques passionnées à la faveur du Réseau Loup de l'ONCFS. Sérieusement étoffée au fil des ans, cette structure rassemble désormais mille cinq cents correspondants bénévoles qui « observent » activement douze départements alpins, préalpins et pyrénéens, soit six millions d'hectares pour les Alpes uniquement. 70 % des observateurs-guetteurs sont des employés des parcs nationaux et régionaux, Mercantour, Écrins, Vanoise, Queyras, Vercors, pour qui l'étude de la faune constitue l'essentiel de leur métier, mais, amplifiant l'action, le Réseau recrute encore randonneurs, gendarmes, paysans, bergers, même. « On ne réunit pas du jour au lendemain, sous le coup de l'urgence, des gens d'horizons aussi divers, explique Pierre Migot de l'ONCFS. Un réseau, ça se prépare, on doit organiser des liens, des habitudes de communication, obtenir la confiance de gens qui répercuteront informations, enseignements de terrain, sachant que plus ils seront nombreux, plus nous réunirons des observations de qualité. Chaque brique est nécessaire à l'édifice. » Des formations de deux jours traitent de l'organisation du Réseau, biologie, écologie, statut des espèces, et d'une méthode de reconnaissance. On apprend, par exemple, à distinguer un loup d'un chien-loup, à identifier les caractéristiques de la lignée italienne, le liseré noir des pattes avant, le blanc du masque labial à la gueule, ce pelage chamarré, ses contrastes diffus, blanc, gris, roux, la forme, la couleur du panache, le manchon noir d'une queue courte. Le terrain suivra…

À défaut de pouvoir chiffrer précisément cet animal furtif, circonspect, selon les techniques de comptage classique, la méthode d'observation repose en grande partie sur les caractéristiques biologiques de l'espèce. Avant la période de mise bas, de décembre à février, les sentinelles prennent la piste, ces semaines où la population des meutes est la plus stable. Ces prospections, dites de « suivi hivernal », consistent à relever empreintes, traces, pistes, tous les indices abandonnés par l'animal sur le tapis enneigé.

Les sorties, selon des itinéraires établis préalablement par le groupe de travail, sont déclenchées quarante-huit heures après une chute de neige. Les consignes sont strictes : ne jamais cheminer seul, s'écarter des sites dangereux, risques d'avalanches, s'interrompre dès que les conditions météo se dégradent, ou si l'heure est trop tardive pour aller plus avant. Outre une pelle, des sondes, un poste de radio, un téléphone portable, une lampe frontale, les « pisteurs » ne sauraient partir sans disposer du minimum nécessaire dans un sac à dos : sachets de congélation type *ziploc*, gants jetables et stylo. De ces conditionnements hermétiques dépendra la qualité des analyses ADN des échantillons qui détermineront le typage génétique de l'individu *Canis lupus*, sa lignée, son histoire. En cas de prélèvement d'urine, « on s'attachera à recueillir la partie foncée de la neige » ; on ne retient que les poils pigments, ceux dit « de jarre » qui composent la partie visible de la fourrure, à ne pas confondre avec les poils ondulés, épais et fourchus du sanglier... La reconnaissance des crottes, dites « à la culotte », demeure délicate tant les caractéristiques morphologiques, couleurs, formes, textures, consistance, composition des déjections fécales, leur contenu, fibres, poils, os et végétaux, données métriques, diamètre, poids, fraîcheur ou sécheresse, sont quasi identiques aux fèces des chiens et des renards. Quant à la lecture des empreintes dans la neige, elle relève du casse-tête, car les loups, généralement, se déplacent en file indienne, à la queue leu leu, le leader du groupe ouvre la marche, les suivants épousant soigneusement ses marques, « patte dans patte ». Une trace indique-t-elle la présence d'une meute sur la zone ? Cette piste est-elle coutumière, passagère ? S'agit-il plutôt d'un loup solitaire, « erratique », d'un couple « explorateur », en quête d'un nouveau territoire, s'installera-t-il ici, s'en ira-t-il plus loin ? Pour peu que la neige vienne à manquer, comme pendant l'hiver 2006-2007 dans les Alpes, une des plus douces saisons jamais observées depuis soixante ans, la prospection relève du défi. « Ce type de situation risque de se répéter à l'avenir avec le réchauffement climatique, indique-t-on à l'ONCFS, mais aussi parce que le loup colonise de nouveaux espaces préalpins ou collinaires rarement enneigés. »

Mais aucun obstacle, rien, jamais, ne pourra avoir raison du zèle, des ardeurs des observateurs du Réseau Loup. « Toujours plus haut, toujours plus loin… Cette devise sportive pourrait s'appliquer au Réseau pour le travail fourni par tous les correspondants qui se diversifient d'année en année, s'enthousiasme l'éditorialiste de *Quoi de neuf ?*, l'outil de communication du Réseau Loup, en 2007. Quinze ans d'activités, de pérégrinations, treize mille indices bruts récoltés depuis la mise en place des recueils ! »

À chaque échantillon prélevé sa fiche d'identification, le nom du correspondant, la commune où il a été recueilli, sa date de prélèvement, la localisation du site, pointée au Bic sur la carte d'état-major, « surtout pas de crayon fluorescent, invisible après photocopie »…

En consultant *Quoi de neuf ?* sur le Web, on perçoit l'exaltation des pisteurs à l'affût : « Vercors Ouest. 19 novembre 2010. Une neige assez abondante est tombée la veille au matin, le temps est splendide. (…) Je découvre le long de la piste deux excréments assez typés, noirs, composés de poils et d'os, que je récupère pour de futures analyses génétiques. Des traces de loups sur la neige, deux voies parallèles, avec chacune deux individus. Parfois, elles s'enfoncent dans la forêt, avec la neige tombée des arbres il me faut de longues minutes pour retrouver la piste. Des empreintes plus petites, plus légères, effleurant à peine la neige, accompagnent les plus lourdes. Des louveteaux accompagneraient-ils ces adultes ? »

Pour peu, bonheur, qu'une « rencontre » s'opère, on imagine les frissons. « 19 mars, secteur Vallouise. Il y a encore de la neige à l'ubac, une chance pour relever d'éventuels indices de présence. Au retour, à cinq cents mètres des premières maisons, derrière un buisson, en bordure de piste, un animal bouge. Il se retrouve plein champ, à dix, quinze mètres, et me regarde. Pas de panique. Un grand canidé, d'un beau poil touffu gris clair, chamarré de blanc, avec quelques poils noirs, les pattes longues dans une allure élancée et souple de marathonien. Une impression de puissance tranquille, mais en réalité redoutable. Il est parti sans se presser. Je lui ai emboîté le pas, il se retournait régulièrement, puis il a eu l'avantage, car il marchait aisément sur la neige non damée, pendant que je m'y enterrais. Il a regagné un bosquet de mélèzes, et il a disparu. »

Comment communiquer ce vertige quand l'observateur, d'aventure, assiste à l'inespéré, seconde après seconde ? « Alpes-Maritimes, 2007-2008. 9 h 20. Froid. Trois loups apparaissent sur les pelouses enneigées à la limite de la végétation. Je remarque sur la gauche un chamois figé qui les observe. L'individu couché le regarde sans intention particulière. Après quelques instants, il se lève doucement et se met à courir dans sa direction. Le chamois prend la fuite. Tout va très vite, le chamois arrive au sommet d'une barre rocheuse d'environ dix mètres de haut. Sans une hésitation, il se jette dans le vide et s'écrase au pied de la barre, dans la neige. Retour sur le premier loup. Il arrive au sommet de la barre, s'arrête, écoute, flaire, prend son temps et décide de la contourner par la gauche. Le chamois présente les cornes dans sa direction, le loup le saisit à la gorge, le chamois se débat, les deux animaux glissent dans la pente. La mise à mort aura pris moins de deux minutes. » Et de conclure, laconique : « La carcasse du chamois, une femelle de huit ans, a été retrouvée deux jours plus tard, complètement mangée. »

Stockés en congélateur, les échantillons divers sont acheminés au laboratoire du Rivier d'Allemont, Isère, où les opérateurs, masque antiseptique, blouse, gants d'usage unique, se livrent à trois prélèvements, un centimètre cube par spécimen. Deux seront conservés en banque réfrigérée, le troisième gagne le Laboratoire d'écologie de Grenoble, où commence alors le processus d'analyse ADN. Réalisée par l'équipe du professeur Taberlet, cette observation établira la « carte d'identité » de l'individu, sexe, âge, lignée génétique. Au fil des travaux, on s'efforce de décrypter la structure organique, les incidents, les altérations physiques de l'animal, ses liens de parenté avec d'autres individus fichés, voire sa fonction hiérarchique au sein de la meute.

Deux mille sept cents échantillons ont ainsi été analysés et conservés depuis 1994, qui permirent de débusquer près de deux cents loups différents dans les écarts alpins. Sans trêve, les limiers s'escriment à déchiffrer, recouper les allées et venues sur les crêtes et les cols, les forêts et les landes, de chaque individu codifié, ses détours, ses éventuelles rencontres, les interactions avec des congénères. Pourquoi cet individu, au cours de huit ans de vaines filatures, n'a-t-il été repéré qu'une seule fois avant de ressurgir soudain dans le même vallon ? Pourquoi tel clan déserte-t-il subitement un site où il était détecté régulièrement ? Pourquoi, à deux reprises, en l'espace de deux ans, ce mâle solitaire prend-il le large, abandonne-t-il son territoire, parcourt-il des dizaines de kilomètres, franchissant rivières, contournant villages et hameaux, vers l'ouest d'abord, puis, toutes voiles dehors vers le sud, pour finalement rebrousser chemin, revenir sur ses pas et réintégrer le clan d'origine ? On s'interroge sur le gibier dont le loup se repaît, sélectionne-t-il les proies selon leur sexe, leur âge, leur condition sanitaire, comme le prétend la littérature naturaliste, ou bien, au contraire, le grand canidé se comporte-t-il en tueur opportuniste ? Pourquoi, enfin, certaines parcelles pastorales sont-elles plus souvent « prédatées » que d'autres ? Pourquoi, chaque année, certains « foyers d'attaque » se renouvellent-ils, alors que d'autres, voisins pourtant, sont dédaignés ? « Chez aucun prédateur on ne retrouve pareilles complexités », avouent les agents de l'ONCFS. Pour tout dire, le loup reste un mystère…

Ainsi ceux des Charbonnières qui dévastèrent le troupeau d'Yves Derbez, cette fameuse nuit de juillet 2011. Un tissage d'énigmes, dont les enquêteurs ne finissent pas de démêler l'écheveau.

Le massif du Haut-Verdon-Bachelard, limitrophe, est sous surveillance depuis l'été 2002, à la suite d'une précédente attaque de troupeau. Des collectes de poils et d'excréments recueillis lors de l'hiver 2003 révèlent la présence d'un couple de loups sur la rive droite du Verdon. Les analyses génétiques le démontrèrent : le duo vient du Mercantour, le mâle originaire de Vésubie-Roya, la femelle de Moyenne-Tinée. Deux ans plus tard, en 2005, trois, quatre grands canidés au moins sont détectés dans le même secteur ; des observateurs aperçoivent, *de visu*, deux loups coupant la vallée du Bachelard entre Haute-Tinée et Haut-Verdon. De nouvelles analyses génétiques suggèrent l'existence d'un deuxième groupe distinct, son territoire, isolé du précédent par le Verdon, s'étirerait du côté des Trois-Évêchés-Ubaye, au sud. Étrangement pourtant, c'est aux confins sud-est du massif du Grand Coyer que des loups attaquent un troupeau, cet été-là. Deux indices permettent d'établir la présence d'un nouvel individu dans la contrée, en fait il s'agit d'un couple. Un troisième groupe serait-il sur le point de se fixer en haute Ubaye ? Malgré une surveillance accrue, aucun « contact » n'est relevé sur le secteur Haut-Verdon-Ubaye les deux années suivantes, tandis que la meute du Grand Coyer, cinq individus désormais, a « glissé » bien plus au sud, sur le territoire de la commune de Colmar.

Hiver 2009. De nouveaux éléments, les tracés de quatre individus notamment, sont décelés dans le vallon du Bachelard. Surprise : les deux groupes, Haut-Verdon-Bachelard et Trois-Évêchés-Ubaye, semblent occuper à présent le même territoire. Celui-ci s'étire de Méolans-Revel au col de la Cayolle, avec quelques rares digressions sur la berge droite de l'Ubaye. Plus intrigant, l'analyse génétique des prélèvements décryptés entre 2007 et 2011 démontre que deux d'entre eux au moins se sont déplacés alternativement d'un territoire l'autre au cours de cette période : quand l'un est localisé aux Trois-Évêchés, l'autre demeure en haut de vallée, puis inversement... Pourquoi ces loups auraient-ils « échangé » leur territoire ? L'une des deux meutes aurait-elle été déstructurée, l'installation du clan du Grand Coyer, au sud, serait-elle la cause de cette dispersion ? Mystère… Seule certitude, les empreintes génétiques relevées sur le théâtre du massacre des Charbonnières, la nuit de juillet 2011, accusent les prédateurs du groupe des Trois-Évêchés… Coïncidence ? Quelques jours auparavant, des fonctionnaires de l'ONCFS avaient investi le secteur pour mener une opération « wolf howling »…

Cette méthode, initiée en 2003, consiste à contrefaire les hurlements du loup à l'aide de cônes de chantier en guise de porte-voix, dans l'espoir d'un « contact », d'une réponse des canidés. Ce simulacre est calqué sur un réflexe comportemental de l'espèce : le « chorus » des loups participe des processus de défense territoriale des meutes, en renforçant la cohésion du clan. Tout au long des saisons, les animaux hurlent pour se positionner dans l'espace, faire savoir leurs territoires aux meutes voisines. Les hurlements provoqués permettent ainsi d'identifier le canidé sur un territoire, de différencier deux meutes distinctes, de détecter enfin la présence de louveteaux, seul moyen d'établir l'indice de reproduction des clans d'une année l'autre.

Les opérations de « wolf howling » se déroulent en juillet, quand les louveteaux, nourris par la meute jusque-là, désertent la tanière en compagnie de leurs géniteurs pour devenir chasseurs à leur tour. Une oreille bien exercée parvient à distinguer les jappements des jeunes parmi les vocalises structurées des adultes. Et encore ! Il arrive que les fréquences de modulation de ces derniers prêtent à confusion, *a fortiori* quand le « chorus » est brouillé par les « pollutions » environnementales sonores, sifflement du vent, distance de réception... Les meilleures « oreilles » en conviennent : au-delà de trois « répondants », il est difficile, voire impossible de distinguer le nombre des loups et des louveteaux. Encore faut-il être au bon endroit, à l'instant idoine ! En effet, quand les louveteaux se hasardent à délaisser leur tanière, ils ne sont pas encore en mesure de suivre les adultes chasseurs qui les conduisent alors vers des écarts, où les jeunes « patientent ». Or, le choix de ces « sites de rendez-vous » diffère d'une année l'autre, mieux, ces « garderies », au fil de l'été, se répartissent sur trois localisations au moins, les distances entre elles atteignant une dizaine de kilomètres. L'art consiste donc à déceler l'un de ces repaires, sachant que les jeunes, selon leur développement, y demeurent de huit à soixante et onze jours... Encore ne s'agit-il là que d'un principe, des périodes plus courtes, à la merci d'un trouble, de quelques facteurs de dérangement, pouvant survenir. Fut-ce le cas aux Charbonnières, cette nuit de juillet 2011 ? Les « hurlements provoqués » relèvent en effet d'une logistique qui exige du personnel, un point d'affût pour cinq kilomètres carrés au minimum, de beaucoup de temps aussi, puisque le test doit se répéter six nuits, non consécutives de préférence... Cette présence humaine « hors norme » sur le territoire de la meute, ces appels réitérés au porte-voix auraient-ils été « interprétés » par les loups comme la menace d'une quelconque concurrence, de périls capables de bouleverser leur territorialité ? L'attaque des brebis des Charbonnières en serait-elle une conséquence ? Cette hypothèse préoccupe Yves Derbez, éleveur du Martinet...

Le cul du berger sent le thym.

Proverbe cévenol

Yves avait été succinct au téléphone, selon son style : « Rendez-vous samedi, 17 heures. Le troupeau partira des Testus, au-dessus du Martinet. Nous monterons au Laverq, quatre heures de temps tout au plus. Nous y passerons la nuit. À l'aube du lendemain, direction les Trois-Évêchés, le chemin n'est pas bien long, on le fait dans la journée… »

16 h 30. Pas âme qui vive dans les écarts, sinon le troupeau rassemblé dans une ombre balafrée de lumière. Une clairière, deux bâtisses en surplomb, fichées sur un talus. Mon intrusion dans ce rassemblement paisible, cerné de feuillus, ne provoque pas le moindre émoi. Détachant leur attention du couvert d'herbe, quelques cols se redressent, des brebis curieuses me jaugent, à l'écart le patou lâche deux aboiements, pour la

forme, puis, à l'unisson, les toisons retrouvent leur uniformité laineuse. Il fait bon, chaud. Célébrant l'alpée à sa manière, jamais le ciel n'a été aussi transparent.

Depuis trois jours, je me languis. Lever l'ancre, hisser les voiles, prendre la route au cul des moutons, grimper, conduire le troupeau… La « remue » dit-on pour qualifier ce jour de l'enmontagnage. Cette cérémonie dans la réchauffe de juin gouverne l'existence des éleveurs de l'Ubaye quand la verdure du bas jaunit, alors hommes et bêtes vont à l'assaut des quartiers d'altitude, de pâture en pâture, vers la végétation fraîche, drue. Cette « admirable construction humaine », selon l'historien Georges Duby, est une trace de nomadisme, un voyage court, du bas vers le haut, « dans un petit rayon ». En cela, la « remue » se distingue des migrations de longue distance, cette « grande transhumance » des troupeaux des plaines de Crau, du Rhône et de Basse-Durance vers les parcours alpins, une économie provençale savamment ordonnée, apparue à l'orée du Moyen Âge. L'accroissement continu du cheptel ovin, les chemins libérés du danger des malandrins, l'ampleur de l'agriculture céréalière devenant incompatible avec le maintien en pâture des troupeaux imposèrent peu à peu ce « grand remuement » vers les hauts herbages des Alpes-de-Haute-Provence.

Penchée sur une carte d'état-major, j'ai passé de longues heures à reconnaître le vallon du Laverq, à déchiffrer les distances des dévalades, des drailles, la traîtrise des pistes. Je suis devenue familière des courbes, des hachures et des quadrillages, des symboles cartographiés d'un paysage, ses accidents géologiques, ses vaux et ses gourds asséchés, falaises, éboulis, gouffres et carrières, mais encore les croquis abstraits des ponts, des retenues, réservoirs, ruines et tours, tunnels et reposoirs, toutes ces solutions ingénieuses des hommes. Vert forêt, la carte du Laverq était biffée des traits bleutés, tortueux, du Riou de la Blanche et d'un filet noir, le GR6, où nous allions cheminer avec les brebis. Un blanc immaculé, strié d'ocre, de lignes droites ou emberlificotées, représentait les pics, les courbes abruptes. Un continent…

Deux brebis me reluquent, interrogatives, elles s'approchent, puis s'éloignent, col bas, navrées. J'ai lu que les moutons, n'en déplaise à leurs détracteurs, étaient pourvus d'une sagacité remarquable pour reconnaître les visages. Keith Hendrick, chercheur britannique, a démontré que les brebis pouvaient mémoriser cinquante faciès humains au moins. Elles sont capables surtout de distinguer sourire et colère, le stress, le calme sur les traits des hommes qu'elles fréquentent. Ces deux « filles » auraient-elles perçu mon état d'esprit ?

Altitude 2 300 mètres, tout de même ! Si elle me réjouit, cette expédition m'inquiète un peu, à dire vrai. Fille des platitudes briardes, des sentiers bleus de Fontainebleau, des halages de Bois-le-Roi et des méandres paisibles de la Seine, je m'imagine, pas traînant, visage cramoisi... Comment tiendrai-je ma place dans les écarts austères des Trois-Évêchés, avec Catherine, les filles et les chiens ? Inutile, nigaude, n'allais-je pas encombrer la bergère, d'autant que la baraque, là-haut, était bien exiguë pour deux ? La montagne impose sa discipline, quelles fringues devrais-je emporter pour vivre les frimas des hautes solitudes ? « Il faut que le berger ait un bonnet qui puisse se rabattre sur le cou et autour du visage, une casaque et des guêtres avec ses autres vêtements, recommande Daubenton dans *Instructions pour les bergers*, le Livre. On empêche la pluie de percer si on double le bonnet et la casaque avec de la peau de mouton passée à l'huile sur le dessus de la tête, sur le haut du dos, de la poitrine, et sur le dehors des bras qui sont les parties les plus exposées à la pluie lorsqu'un homme est debout. Lorsqu'il fait froid, le berger met sous le bonnet une grande calotte de peau d'agneau avec de la laine, à ses mains des moufles doublées de même peau. Lorsque les froids sont passés, que le berger n'a plus à craindre que la chaleur du soleil, il doit avoir un chapeau de feutre, avec de grands bords qui puissent se rabattre pour parer le soleil et la pluie. »

« Tu ne veux pas monter au Laverq ! Ça n'est pas si dur, les brebis ne mènent pas vite, elles font la pause toutes les dix minutes, des tortues… Tu dois venir ! » À l'unisson, Catherine, Yves puis Marie, sa compagne, s'étaient insurgés devant mes atermoiements. Un sac à dos ? « On s'en charge, t'en fais pas, là-haut on installera ta tente à côté de la cabane du berger, tapis de sol, sac à viande et sac de couchage, tu verras, tu seras bien ! » J'ai prévu bonnet de laine, écharpe, gants et chaussettes hautes, Marie m'a promis un ciré, des jambières, un parapluie de Bretonne et un bâton de marche pour progresser dans la pente. Un pain de ménage, des saucissons, des fromages secs, des biscuits, des packs de soupe. Dans mon paquetage, j'ai glissé *Histoire naturelle de la Provence* de Michel Darluc (1784), que j'ai emprunté à la bibliothèque savante du Pra-Soubeiran. Ce *curiosa*, pure érudition, traite des thèmes multiples de la Provence, climat, sols, minéralogie, botanique, pêche, économie rurale, ornithologie et zoologie, tout dans l'esprit des Lumières, et décrit de manière délectable par le médecin Darluc, professeur de botanique à l'université d'Aix-en-Provence. Ainsi du Laverq : « Le terrain de cette contrée est si fertile qu'il n'est jamais en jachère. Les habitants y sont très laborieux, au printemps ils vont en Arles acheter des troupeaux qu'ils gardent pendant dix-huit mois, après quoi ils les tondent et les vendent. La laine de ces troupeaux se file dans le pays, et l'on en tisse de gros draps. Les terres engraissées continuellement par les fumiers produisent du beau chanvre et du lin. »

Notre troupeau, trois cents bêtes au jugé, est différent du précédent de Pra-Loup, il est composé à parts égales de brebis, d'agnelles et d'agneaux sevrés, hauts sur pattes, vigoureux, fruits d'un agnelage de trois à quatre mois à vue d'œil, des novices tout comme moi avant la première « alpée ». Parmi les toisons, une peluche ébouriffée baguenaude, un patou miniature, ses grosses billes fardées de gris m'observent, il a tout d'un Japonais coiffé d'oreilles Disneyland. Pour lui aussi, la « remue » est une première.

Ce soir, Catherine nous rejoindra au Laverq. En fin d'après-midi, hier, la bergère m'a téléphoné des pâturages de Pra-Loup, elle s'apprêtait avec Yves à descendre les dernières bêtes en bétaillère vers leur bergerie du Martinet. La perspective des Trois-Évêchés l'enchantait, « il est temps que je change d'air, je suis crevée. Yves m'a dit qu'il n'y avait pas beaucoup d'herbe là-haut, on devra trouver. On verra ». Les jours derniers avaient été difficiles, au rythme effréné des mises bas, « elles s'y mettaient toutes à la fois, un nouveau-né mal présenté, avec sa grosse tête, ne respirait pas. Tu sais quoi ? Je lui ai fait le bouche-à-bouche. J'ai éclaté en sanglots quand il a toussé. J'ai eu des triplés encore, deux trios, c'est rare déjà, mais trois… Yves ne voulait pas le croire, mais c'est moi qui les ai sortis tout de même ! C'était difficile, j'avais du sang partout, nez, figure, plein… Deux sont morts. C'est comme ça »… Catherine avait évoqué un agnelet comme scalpé… Comment s'était-il amoché, elle se le demandait, « je lui ai fabriqué un casque avec du sparadrap ».

Une dame, toute menue, des cheveux d'argent, descend la sente, alertée par le gueulement du patou, le murmure sourd du troupeau. Elle vient voir. Dans sa blouse fleurie boutonnée, jambes maigrelettes, pieds nus dans des bottines solides, elle me propose une menthe à l'eau. Je la suis de près vers l'une des deux maisons, la plus haute, abritée par des pins dans la pente. Un plancher nu, vaste, un frigidaire d'un autre âge, un fourneau à bois ronflote. Nous nous installons autour de la table, sa nappe de toile cirée, motifs floraux ocrés, vert fané. Des mouches ramagent, prisonnières du bandeau de glu suspendu à la poutre.

Mme Gilly, son nom figure sur la boîte aux lettres, est native du hameau des Testus. Elle vivrait bien toute l'année ici, mais « c'est devenu difficile. Avant, je trouvais toujours une épicerie au Martinet, au Lauzet, mais maintenant tout est bouclé dans l'attente des estivants ». Elle habite donc Digne désormais et ne revient chez elle qu'aux premiers beaux jours. Le grand exode des années 1950 commença ici même, soupire-t-elle. J'évoque l'enmontagnage des Trois-Évêchés, Catherine, ma bergère, et ses brebis. « Elles se plaisent bien au grand air, dit-elle, l'herbe est bonne, il y a partout de l'eau... Mais ça grimpe, il faut de bonnes jambes... Et le loup se promène là-haut, une meute. » Mme Gilly a lu dans *Le Provençal* qu'un puma errait entre Oraison et Saint-Pancrace, à moins qu'il s'agisse d'une panthère noire... « En tout cas, cet animal a des yeux dorés verts, des oreilles pointues, pour ce qu'en rapportent ceux qui l'ont vu. En lever du jour, il approche des piscines pour s'abreuver. Il ne semble pas bien méchant, mais, si belle soit-elle, une panthère n'en demeure pas moins sauvage, n'est-ce pas ? »

Bêlements, sonnailles, des portières claquent, les aboiements rauques du patou, un raffut soudain emplit la grande pièce de Mme Gilly. Il est cinq heures presque. Yves et Marie viennent d'arriver.

« Ça va ? Il fait grand beau, c'est heureux. » Un border collie jaillit de la camionnette, puis un deuxième, Hannibal ! Le chien accourt, je flatte son museau, léchouille nerveuse, il semble heureux comme nous de l'ascension prochaine.

Ça chahute ferme aux limites du parc, on bêle, brebis, agneaux et agnelles, jusque-là dispersés, se sont rassemblés d'un seul mouvement, frémissants, comme portés par l'ivresse du départ proche. Sans exception, cols et profils reluquent la silhouette de l'éleveur, tee-shirt, bâton, qui descend le talus lentement. Le patou monte à sa rencontre, balourd. Yves enfouit ses doigts dans son pelage. Le regard du chef de troupeau balaye l'horizon, les toisons ondoient, il s'adresse à Marie, campée un peu plus haut, mains sur les hanches. « On y va ? – On y va ! »

Yves n'a pas besoin de siffler, de part et d'autre du maître les chiens ont gagné leurs places. Précautionneux, il relève un pan du parc, le plus proche du chemin de montée. Dressé au seuil de la trouée, il chantonne quelques notes, le langage du troupeau. Sans la moindre bousculade, les bêtes s'écoulent de l'enclos. Des impatientes se précipitent aussitôt sur la piste qu'elles reconnaissent, entraînant des gambadeuses, mais les chiens les ramènent aussi sec. Groupée, rassemblée, la colonne s'ébranle en foulées courtes, lentes, moulées à celles de l'éleveur suivi de Roc. En une coulée unique, les centaines s'aventurent, trottinent sur l'asphalte, dans le goulet entre les talus. C'est parti !

Des brebis piétinent au dos de l'éleveur, cette mêlée provoque parfois des à-coups, à la queue du rassemblement des lambines, affolées, s'ébrouent pour rattraper le gros de la troupe. Avec Marie, nous marchons en fin de cortège, Hannibal assiste les traînardes, tandis que sa congénère, Tess, court d'un flanc du troupeau l'autre. Keith Thomas remarque que les bergers de l'Angleterre postmédiévale, n'ayant plus rien à craindre des loups éradiqués du royaume, avaient l'habitude de conduire les moutons en les poussant devant eux, alors que sur le continent, en France, en Italie, les pasteurs conduisaient leurs bêtes en tête, protecteurs.

Le mouvement prend sa forme, son rythme, peu à peu, on ne perçoit que le piétinement sourd, régulier, de milliers de pattes. Le flot laineux s'étire, il se déploie, mol, sur toute la largeur d'un chemin qui s'élève en lacets sous de hautes ramures. Seuls les chiens paraissent actifs, Hannibal sur les flancs du troupeau, Tess au pied d'Yves, qui se retourne de temps à autre, pour la forme ; les brebis reconnaissent la route des alpages, elles se gouvernent d'elles-mêmes. Cette mémoire en réveil, ai-je lu, guide les moutons sans qu'ils s'égarent d'une année l'autre vers leurs cimes d'habitude. Cet instinct de la juste orientation serait plus aiguisé encore si l'on s'en tient à une observation australienne : laissées devant l'ouverture d'un labyrinthe façonné de barrières, une centaine de brebis en trouvèrent l'issue, elles se souvenaient même, six mois plus tard, des tours, des impasses, des culs-de-sac et des détours parcourus. J'aime cette autre anecdote : en 1939, lors de la mobilisation des appelés, ce véritable exode des hommes des hameaux et des villages frontaliers des Hautes-Alpes, on rassembla les troupeaux en hâte, afin de les réunir dans l'intérieur du département, à une moindre altitude. Des brebis, en cours de route, échappèrent à la conduite alors qu'elles étaient loin de leurs bergeries respectives… Après de longues recherches à cheval, les bergers retrouvèrent les troupeaux miraculeusement reconstitués autour des bergeries coutumières. D'elles-mêmes, tranquilles, les bêtes avaient rejoint leurs pâtures, parfois éloignées de quelques centaines de kilomètres…

Il n'y a plus qu'à s'inscrire dans la cadence lente, précautionneuse, des moutons en marche, mus par l'irrésistible poussée qui les entraîne vers le haut pays. Se laisser porter par cette douceur, s'abandonner à la progression silencieuse franchissant les parfums d'étrange fraîcheur, où le glauque des pins se mêle aux mélèzes pâles. Les mouvements glissent, fluides, les foulées se font promenade sur le serpentin du chemin, engloutissant les paysages. Marcher seulement, comme on respire. Des maraudeuses, parfois, s'écartent, alléchées par un carré de cébètes sauvages, un buisson de myrtilles d'un bas-côté, mais quand une agnelle n'obéit pas, Hannibal approche, œil sans concession sur la récalcitrante, et sans résister elle regagne le rang.

Au franchissement de poutres grossières jetées sur un torrent rugissant, je musarde, comme une pluie l'écume ombre et noircit la poussière du chemin. Un panonceau prévient : « Attention ! Il est dangereux de s'aventurer dans le fil du cours d'eau, les îles sableuses, les bancs de graviers. » Je presse le pas.

Cernée, étouffée par la forêt, une poignée de bâtisses de pierres sèches se devine dans l'évasement d'une pente. Le hameau de Saint-Barthélemy… Au bord de la route, solitaire, une ombre de chien observe le passage des brebis. Museau allongé, même corps fuselé, il a quelque chose d'Hannibal, sinon que son pelage grisonnant est hérissé de touffes de poils blancs. Un rien craintif, le clébard nous emboîte le pas, il nous suit de loin.

Notre convoi progresse, il serpente dans l'accordéon du chemin qui résonne des échos de notre avancée. Nous allons, de plis en plis, de contours et de courbes, les virages, l'épingle des lacets se font pentus, mon souffle s'accélère, la piste se resserre. « Il y a, de Saint-Barthélemy à Laverq, des montagnes à droite et à gauche, leur pente est couverte de bois de sapins, de terres labourables et de bons pâturages », notait Michel Darluc. J'ai beau faire, mon regard heurte l'obscurité de la haute futaie. Le pays des sangliers et des loups… Inlassable, Hannibal gourmande les brebis qui vont trop à l'avant, d'autres qui lambinent, s'écartent trop, le chien travaille, sa langue blanchit.

Très près, sur nos talons, le clébard de Saint-Barthélemy s'est rapproché. Son comportement, furtif, ses hésitations m'intriguent, cette manière de reluquer les brebis fascinées par le pastel d'une herbe jeune sur un bas-côté. « C'est un "retraité", trop vieux chien pour ce boulot, au rencard, un pauvre vieux, qui ne se résout pas à n'être bon à rien », dit Marie. Le cabot prend-il nos regards comme une invite ? Tout à trac, comme si une pulsion le lui dictait, le vieillard monte à hauteur d'Hannibal, puis, saisi d'une vigueur subite, il remet au rang les bêtes qui en prenaient à leur aise. L'air de rien, il s'installe carrément dans le cortège, chiens, berger et bergère n'y trouvant rien à redire, sinon les moutons qui n'en mènent pas large sous l'autorité de ce nouveau venu tout à son affaire.

« Quiconque quitte le mouton quitte la raison », prétend un dicton occitan. La maxime vaut-elle pour les très vieux chiens de berger ? Cette existence commune, cet attachement qui unit si intimement hommes, chiens et moutons, une épopée de dix mille ans… Après le chien, de tous les quadrupèdes sauvages n'est-ce pas le mouton qui, le premier, approcha l'homme, celui qui devait l'amadouer, l'apprivoiser, puis le domestiquer enfin ?

Dès la seconde moitié du septième millénaire, l'ovidé apparaît dans deux sites mésolithiques, Chateauneuf-les-Martigues (Bouches-du-Rhône) et Gamari (Vaucluse). Son origine demeure controversée, certains supposent la transmission par voie maritime, de proche en proche, d'un mouton originaire du Proche-Orient, déjà domestiqué. D'autres soutiennent l'hypothèse d'une domestication d'ovidés autochtones. Il reste que moutons, chiens et hommes, ensemble, sont imbriqués dans les habitats provençaux du néolithique ancien, comme le démontre une quantité impressionnante d'ossements prélevés sur les sites archéologiques. Comment le rapprochement de ces trois espèces put-il s'effectuer ? Comment, pourquoi enfin des groupes humains décidèrent-ils d'affronter, avec troupeaux et chiens, tant de contraintes, pentes, altitudes, froidures et solitudes ? Le trio fut-il refoulé des vallées et des plaines par un mal redoutable ? Voulait-il, à l'assaut des montagnes, conquérir de nouveaux territoires ? Aucun salut sans mouton dans les altitudes, où il entretenait la vie, réchauffait, vêtait, nourrissait. Les pasteurs du temps, enfin, pouvaient compter sur l'incroyable plasticité de l'animal, ses capacités d'adaptation aux espaces les plus dissemblables, landes, plateaux arides, déserts, sur son aptitude à subir les altérations du climat, braver les intempéries. Et, pour le mouton, point de salut sans l'homme, ce protecteur. Comment enfin le chien trouva-t-il place dans cet attelage, comment une telle organisation collective, fondée sur l'entraide, devait-elle s'élaborer sans que les liens, jamais, se distendent, s'interrompent ?

Avec l'extinction des pins, des mélèzes, le décor d'altitude se dénude, l'horizon s'élargit, se déploie. Autour de nous, désormais, c'est une succession de vallonnements, de pentes recouvertes de tapis d'herbages, puis, ceinturant tout dans leur gigantisme, des blocs nus, des falaises d'un gris éléphant, un amphithéâtre sous les bleus du ciel. Borné de reliefs, de chaos égrainés, incrustés les uns dans les autres, c'est un univers clos de goulets, dentellements, hérissements, crêtes et cimes, de grès tantôt, de calcaires et de langues schisteuses, capitonnées de la base au sommet des coiffures denses des mélèzes…

« Bienvenue au vallon du Laverq ! » lance Marie.

Tant bien que mal, je m'efforce de saisir des repères dans la masse énorme des montagnes. Lus, relus tant de fois sur la carte d'état-major déployée devant moi, ces jours derniers, les dessins prennent chair. À main gauche, les sommets, puissants, crayeux, de Petite et Grande Séolane (2 854 et 2 909 mètres) isolent ce haut vallon du bassin déversant de Barcelonnette ; dans leur prolongement, l'amas schisteux de la crête des Courtiers (2 694 mètres) tranche, borne le Haut-Verdon ; les barres enneigées de la montagne Blanche (2 961 mètres) marquent la frontière avec le pays de Seynes-les-Alpes ; la Grande

Barre de l'Estrop (2 888 mètres) enferme le vallon de Haute-Bléone ; l'énorme chaînage de la Tête de Chabrière (2 745 mètres), enfin, puis le pic de l'Aupillon (2 507 mètres) clôturent cette boucle.

Les pas des brebis sur la piste de poussière blanche, caillouteuse, résonnent dans un inquiétant silence. Le troupeau fourbu s'effilochait sous les arbres un peu plus tôt, il semble avoir retrouvé une nouvelle vigueur, le terme de l'équipée approche… Je me conforme au mouvement, j'accélère ma cadence, souffle court, ça grimpe.

Une façade grise, lourde, de bric et de broc, apparaît dans un creux. Les Clarionds, « Fromage de chèvre », prévient une pancarte de guingois. En amont des pâturages, assise au sommet d'un rocher, une chevrière nous adresse un signe.

Réfréner l'ardeur des brebis dans les pentes herbacées, alléchantes, n'est pas une mince affaire si j'en juge aux manœuvres, aux tactiques des border collies sur les flancs du troupeau. Incrusté dans notre attelage, le vieux chien de Saint-Barthélemy se déploie, il en rajoute, il faut voir comme il ramène celles qui trissent, celles qui s'éloignent à l'avant, s'écartent, à droite et à gauche, tandis qu'Hannibal et Tess s'efforcent de ravauder, de maintenir la file ordonnée, gouvernable. Les brebis trépignent, elles cavalent, saoules des parfums de l'alpage. Yves et Marie, surveillant à peine le travail des chiens, observent ce spectacle, du plaisir.

19 heures. L'abbaye du Laverq, en débouché de piste, déclenche les bêlements prolongés du troupeau. Tintamarre de sonnailles, ruée d'aboiements, rappels gueulés d'Yves et Marie, les brebis, triomphantes, en colonne impeccable, remplissent le gazon du Gaudemar, un mouchoir de poche dans l'immensité des montagnes bleutées qui l'enserrent.

Des vivats, des sifflets nous accueillent, quelle planète avons-nous atteinte ? *Happy end,* les images s'animent, silhouettes bariolées, beaux visages, cheveux blancs, barbes, catogans, feutres, jupes courtes et jeans. Des gamins jouent autour de longues volées de bois nu, sur les tables dressées en enfilade à même l'herbe des provisions, des ribambelles de bouteilles, orangeade, Pastis, vin rouge, vin blanc et sangria. Les éleveurs d'en bas, une bonne trentaine de voisins et amis, sont montés de la vallée, en famille, en cortège de voitures. Une « remue » se fête, n'est-ce pas ? J'avise Philippe Rayne, éleveur des Sanières, il bavarde avec André, la cinquantaine, crins et moustache blancs, le dernier éleveur du vallon du Laverq. Je retrouve mes amis du Pra-Soubeiran, Pierre et Marie-France Martin-Charpenel. Nicolas, éleveur et partenaire d'Yves Derbez, est là, bien entendu. Ses brebis moureros, trois centaines, profils de pharaon, ruminent dans leur parc. Les métis d'Yves, rondes, plantureuses, rejoignent les égyptiennes, puisque, trois mois durant, les bêtes estiveront ensemble aux Trois-Évêchés sous la gouverne de Catherine, leur bergère, puis à Vautreuil enfin. Un bolide me renverse presque, je manque chavirer sous les effusions de Mozart. Catherine ne doit pas être bien loin... Elle apparaît, toute menue dans son fuseau noir. Embrassades. « Tu sens bon. » Elle rit : « J'ai pris une douche. »

Le soleil flirte avec l'horizon, sa lueur mourante répand un lavis vermeil sur les crêtes, on s'active autour des glacières, on remplit les verres, le plateau des tables se couvre de poulets rôtis-chips, salades saumon et crudités, tomes de brebis de la taille d'une roue de Vespa, on tranche les saucissons, les terrines et les jambons de pays. Sur un banc, à ma droite, Catherine bavarde avec Élodie, des cheveux roux en cascade pris dans un foulard vert assorti à ses yeux, buste moulé sous un tee-shirt imprimé de moutons bouclés, que la gracieuse, 19, 20 ans tout au plus, porte court sur une jupe provençale élégante, froncée à la taille. Il est question de « biais », de « nard », de « fétuque », de « cairn », de « couloirs », de « plans », d'« envers » et de « revers », de « têtes », de « pas », de « vires » et de « barres », un lexique de syllabes chantournées où je devine herbes, rocs et vents, passes et manœuvres, reliefs et creux. Les bergers comme les marins ont des codes, un glossaire pour nommer les éléments, les accidents d'un décor, une émergence, une faille, caprices, armes et ruses des ciels, mystères des gouffres, des cavernes.

Mon attention s'égare vers les montagnes, revient vers nos brebis paisibles dans leur parc, s'attarde sur les contours d'une bâtisse de pierres sèches, mon refuge pour la nuit prochaine. En face, l'église minuscule fait corps avec trois constructions à son flanc, clocher roman, jet droit comme un pin, selon le style méridional. L'abbaye du Laverq, XIIe siècle, résiste. Mon guide Darluc écrit que des bénédictins, retirés dans ces solitudes à l'initiative de Nobel Ursel, seigneur de Haute-Provence, défrichèrent les lieux, attirant quelques gens pieux dans leur sillage. Tour à tour agriculteurs, bûcherons et bergers, les moines usaient de six moulins à scie, dont ils façonnaient des planches qu'ils livraient sur des mules bâtées vers Barcelonnette, Seynes-les-Alpes et Digne. L'hiver, transhumance à rebours, ils descendaient leurs troupeaux aux Mées, en Provence, à Pierredon, en Alpilles. La paroisse du Laverq comptait douze hameaux en 1890, trois cent cinquante habitants, ai-je lu dans une brochure d'historiens valéians. Enneigement tenace, faible rendement des cultures, treize mois entre semailles et moissons, ces rudes conditions amenèrent la plus grande partie des gens d'ici à passer les cols sans projet de retour.

Ils s'expatrièrent en Basse-Provence d'abord, puis ils arpentèrent le chemin des plaines, colporteurs en tissus, bonneterie, et les Amériques enfin, de la Louisiane au Mexique, où, à l'imitation de tant d'Ubayens tentés par l'aventure du Nouveau Monde, ils participèrent de l'essor de leur nouvelle patrie, grâce à leur savoir des textiles, le commerce des nouveautés.

Originaire d'une famille d'éleveurs de Montpellier, bac en poche, Élodie vient tout juste de quitter Arles et l'École des bergers du Merle. Cette année, ils étaient une vingtaine de stagiaires, venus de bien des horizons, un ouvrier métallurgiste, un chauffeur routier, un métallo des chantiers de Saint-Nazaire... Pour la première fois, les aspirantes bergères étaient plus nombreuses que les garçons, mais selon Élodie il n'est que de bons et de mauvais bergers... Elle a trouvé emploi chez André, l'éleveur du Laverq. Un troupeau de mille trois cents bêtes, « du boulot, ça oui ! mais André est bon patron, on s'entend bien ». Les loups ? Une carcasse de chamois par ici, des vautours par là, des puanteurs de charogne alentour, parfois, mais jusqu'à présent pas une seule brebis ne manque à l'appel. « De toute façon, ce ne sont pas les loups qui changeront André, laisse tomber Élodie. Patous, parcs de regroupement nocturne, constats réglementaires, les ceci, les cela, André ne veut entendre parler de rien. "Chez moi, les bêtes pâturent comme elles l'ont toujours fait, sans filet", c'est son leitmotiv. Il s'en fait boulotter, bien sûr, va savoir combien, mais il est comme ça, André, une vraie tête de mule. »

Le soleil s'est éclipsé. Un long banc de nuages s'est accroché sous les à-pics du glacier de la Blanche, la route des Trois-Évêchés, celle que nous prendrons demain. Dans le parc aux brebis, Catherine nourrit Heidi, le jeune patou, d'un revers elle repousse les agnelles qui reluquent d'un peu trop près la gamelle de croquettes. Hannibal l'observe, indifférents aux éclats de voix, aux rires des tables, Tess et Mozart roupillent.

Après quelques tours de garde, le vieux chien de Saint-Barthélemy s'en est retourné, solitaire. Il a redescendu le chemin, regagnant son chez-lui, en bas.

Tu sais le mot. Le pâtre, c'est la chose.

Julius Alpinus

Des observations statistiques régulières établissent que les records de longévité sont atteints par les individus qui ont vécu des existences industrieuses, monotones, exemptes d'incidents dans de hautes vallées heureuses.

Le domaine des Trois-Évêchés tient de cette *terra incognita*. Comment décrire les failles de cet univers aux reliefs vigoureux : chaque aspect, chaque propriété des rochers, des dalles géantes, plates, anguleuses, monolithiques ou fracassées ? La géologie des Trois-Évêchés constitue ce gigantesque chaos. Qu'on imagine une enceinte circulaire, monumentale, croulante, composée d'un assemblage de blocs échevelés, calcaires, grès, schistes, basculés les uns sur les autres, c'est un amas sculpté, broyé, façonné de mille contorsions, saillies, falaises, dévalades et plissures dressées à la verticale, tranchées, rainées d'entonnoirs, barres, couloirs et cavernes, jetées, arcs-boutants, d'une immobilité improbable.

Ce décor gris est ponctué, ici et là, du vert foudroyant de bandes herbeuses, d'un humus qui s'est incrusté avec le jeu des saisons dans le moindre interstice. Ces quartiers de pelouses ont crû sous toutes les formes imaginables, aiguës, minuscules ou étendues, parfois, comme des mares d'altitude, réduites en vires étroites, vestiges des bouleversements telluriques, des sédiments glaciaires, charriés et remodelés dans le ciel infini.

Qu'on imagine des falaises explosées, ces tubes de cônes brisés, détritus de masses prodigieuses qui se délitent irrémédiablement sous l'effet de semestres de gels. Tenace, coagulée, une flore jaune, bleutée, nervurée des ocres roussis des lichens, résiste sur d'énormes langues de pierre. Sinon les orages, les tempêtes et les loups, les avalanches de grès sont ce que Catherine redoute le plus au monde dans les hautes solitudes. Une véritable nécropole des éléphants d'Hannibal !

On dit parfois qu'*Homo sapiens* est une espèce capable de survivre partout. Sur les fragiles flottaisons de la banquise ou dans les excavations, les grottes, sous la mer, l'espace sidéral avec la Nasa, mais ici, encore, dans ce haut désert de silence et de gigantisme… La comparaison paraîtra pédante, mais la gravité d'amphithéâtre des

Trois-Évêchés fait songer à ce trait de Robert Louis Stevenson : « La mer est invivable, mais vous êtes amplement payé de toutes ces misères dès qu'une île apparaît en vue, que vous mouillez l'ancre à l'entrée d'un monde nouveau. »

Une île, nos Trois-Évêchés ? Un long replat de pelouses tendres sur les pentes, une cuvette bosselée, gazonnée, enserrée dans les assises d'invraisemblables reliefs. Ceints de rideaux de mélèzes, unique essence capable de croître dans ces hauteurs, les contours de notre îlot vont s'évasant, épousant les creux, les ondulations, ils s'élèvent, puis s'affalent en vagues molles.

Le souffle, une rumeur d'eau envahit les alentours, elle monte du Riou de la Blanche qui dégringole de la montagne, sombre, neigeuse, prolongeant le sommet des Trois-Évêchés. D'une surface de quinze hectares, cartographié dès 1928, le glacier de la Blanche s'est restreint, il demeure néanmoins le plus méridional des glaciers français. Le torrent bondit, cascade avec aisance dans les éboulis. Catherine dit qu'il faut s'en défier, quelques heures de pluie, deux, trois orages, le placide peut se changer en flots hurlants, déferlants. Il bouillonne alors d'écumes glacées.

Sur une butte herbeuse, la cabane de ma bergère. Le chalet de bois doré est le seul repère visible, rationnel dans le chaos gigantesque. Une vigie. Sur le seuil de cet ancrage, comme un navigateur fourbu, le soir, après les colères océaniques, Catherine de cette escale stratégique peut tirer des bouffées de son clope à loisir, en veillant sur le troupeau rassemblé dans l'enclos pour la nuit.

Le retour des loups a contraint les bergers au parcage nocturne. Auparavant, d'instinct, les brebis en petites troupes s'installaient, choisissaient leurs couchades de prédilection, identiques d'une année l'autre, en plein vent dans la crête quand la chaleur cloue cette montagne minérale, ou bien au bas des falaises quand déferle une bise glacée. Les bergers eux-mêmes savaient trouver les abris, quand d'aventure les brebis s'égaraient dans l'obscurité ou le brouillard. Triste fin des libertés, le troupeau désormais se range, se serre dans des « nuits en filet ».

Au dos de la cabane de Catherine, ma tente-igloo, mon « chez-moi », a un quelque chose d'incongru sous le couvert des mélèzes, ces « chênes de montagne » comme on dit encore de leurs fûts écarlates. Tout habillée, pelotonnée dans le duvet de couchage, anorak roulé sous la nuque en guise d'oreiller, la première nuit je me suis réveillée sous l'effet du grincement, du gémissement des branches sur ma tête. Bêtement, j'avais pensé d'abord à la route d'un jet dans le ciel d'encre, en fait le vent frappait, il roulait des rafales furieuses, les arbres craquaient comme les poulies d'un grand mât au-dessus de moi, geignant à rendre l'âme. Comme si le vacarme ne suffisait pas, des éclairs illuminèrent ce branle, ils cinglaient mon misérable habitacle, et le tonnerre dans la foulée se mit à rugir. « Oh ! dans quel désespoir ces affres… » La pluie survint, raille pesante, solide, des trombes, un déluge. Bienvenue aux Trois-Évêchés !

Une existence monotone, les tâches de Catherine sont soumises à la discipline de l'alpage. Une leçon, essentielle, gouverne toutes les autres, c'est un précepte même pour Catherine : « être aux brebis ». Pour dire que le temps de la bergère n'est pas le nôtre, il ne se jauge pas selon le mouvement de l'horloge, mais au gré de l'imprévisibilité du ciel. Avec le rythme lent du troupeau, la mesure n'est qu'une, tout au long du jour. La course du soleil, les subtiles fluctuations des humeurs météo, les écueils du train des bêtes, l'humeur des filles, les aspérités que la troupe contourne, chacun des éléments ayant son incidence sur les heures s'enfuyant.

Comme d'habitude, ce matin à 5 heures tapantes les sifflets, les stridences des marmottes me tirent du sommeil. Les oiseaux ne fréquentent pas ces altitudes, sinon les choucas. Routine… Duvet de plumes sous le menton, chenille, jambes repliées, je me contorsionne, j'attrape la broche de la fermeture Éclair de ma toile, je l'abaisse, prudente. Un œil vers la tignasse des mélèzes, la lueur de l'aube dira l'humeur du jour. Ciel bas, comme hier, gris plâtre, sinistre, le froid comme une gifle, guère plus de 10°.

Inutile de trop se presser, dit Catherine, les « copines » n'ont pas d'appétit quand l'herbe et le froid mouillent. J'ignorais que les brebis, réputées rustiques pourtant, fussent dotées d'un tempérament si délicat. Elles redoutent l'humidité, aussi, avant de les « sortir » du parc, chaque matin, Catherine veille à ce que brouillards et gelées blanches se soient dissipés, la rosée surtout, qui favorise l'ascension des parasites sur les brins d'herbe, avant que leurs larves se lovent dans le pli des sinus des brebis. Devenant vers, ceux-ci prolifèrent, s'incrustent, avant leur métamorphose en mouches. Les brebis en deviennent maboules, « calu ». Victimes, elles en perdent la vision, puis l'équilibre dans les chemins. Les oreilles enflammées aux cartilages, elles s'affolent de douleur, le col baissé, elles courent, sautent, vrillent sur elles-mêmes, jusqu'à ce qu'elles en crèvent. Catherine ne dispose d'aucun remède contre ce fléau, sinon les saigner, abréger leurs souffrances. Par instinct, d'elles-mêmes, il apparaît que les filles patientent, attendent que l'humidité s'évapore avant de rejoindre leur pâture. Les moutons, prétend Catherine, ne sont pas moins sensibles aux grandes chaleurs, qui altèrent leur humeur, ils fatiguent, renoncent à paître, à ruminer tout leur saoul. La brebis ainsi serait cette adepte gracieuse du juste équilibre, ni trop, ni trop peu.

Ne pas bouger, surtout. Ramassée dans ma propre chaleur, les yeux collés à ma toile de nylon, j'attends, l'oreille aux aguets. Je capte les bruissements, les friselis, le soupir des aiguilles des mélèzes, le torrent grogne, tout en bas. Thoreau avait tort : si la nature était si plaisante, pourquoi aurait-on besoin d'édifier un toit pour s'en protéger ? Les bergers s'endormaient sous les étoiles autrefois, enroulés d'une simple pelisse de laine, et, quand le mercure dégringolait, ils se calfeutraient dans un « cercueil », longue boîte de planches de pin chargée à dos d'âne jusque-là, une ouverture ménagée de côté pour que le pâtre se glisse dans cette couchette, dont on changeait la litière de paille au printemps.

Parfaitement immobile dans mon couchage, je rumine un long moment, jusqu'à ce que les aboiements caverneux de Roc et de Mozart, alertes, indiquent que les bêtes s'ébrouent, au bas de la butte. Il est 7 heures, les brebis s'éveillent.

Glisser dans des grolles humides tient du tourment, que dire enfin de la bruine glaciale, poisseuse, qui vaporise, sitôt dehors. Je maugrée encore d'avoir laissé gants et bonnet au Pra-Soubeiran…

À son habitude, Hannibal pointe le museau depuis le même angle de la cabane. « Salut, le chien ! » Il hésite, puis il approche, lentement, dodelinant. « Ça va, le chien ? » Il glisse son fin museau dans mes mains. « Hannibal est un intuitif. Il est très sensible, il n'est pas à son aise quand trop de monde l'entoure. Je ne suis pas certaine que la parole manque à ce timide », dit Catherine. Tous les matins, il se campe à l'avant de mon « carré » de pelouse, l'étrave d'un navire fendant le large, une pointe sur l'infini panorama. Hannibal lorgne le sentier dans les mélèzes, en contrebas, celui-là même que nous avons gravi depuis l'abbaye du Laverq avec les brebis. Quand était-ce ? Dans le soleil rasant les contours de la ferme André, les herbages brillent en plaques argentées. Il a suffi de grimper quelques centaines de mètres de dénivelé pour découvrir l'hiver, comme un partage des saisons, lumière et soleil estival dans la vallée, froid et nuages gros de pluie ici.

Un tour côté filles, avant de rejoindre la bergère. L'herbe est trempée, les brebis ne s'aventurent pas. Je peste contre cette rosée, les jambières que Marie m'a passées ? il me faudrait un ceinturon... Je n'en ai pas. En paquets indécis, ramassées sous le couvert des arbres, les copines, moroses dans leur parc, ne me témoignent aucune attention, une nuée chaude flotte sur elles. Dans son troupeau, Heidi, le patou, est blotti dans les laines d'une mourerous. Yves prétend que ces brebis rousses ont un fichu caractère, mais Catherine ne partage pas cet avis, « métis, mourerous, chacune d'elles peut devenir une tête de mule quand elle le décide ». Col levé au ciel, Roc avise le flot des brumes. Par la porte de sa cabane grande ouverte, Catherine chante, « avec le temps, va, tout s'en va, on oublie les passions et l'on oublie les voix », sa chanson préférée. Fuseau, fringante dans sa polaire, la bergère met de l'ordre dans son fourbi. M'apercevant, elle sourit, à son habitude elle me livre, mot pour mot, les infos météo du transistor : un front froid, peu actif, atteindra nos régions aujourd'hui. Le temps sera souvent pluvieux. Température à la baisse. Anticyclone, dépression, précipitations, c'est ce que le ciel nous réserve, ce jour. « Peut-être aurons-nous le même juillet que l'an passé. Ça m'embête, *elles* n'aiment pas la pluie... »

C'est un plaisir de franchir la porte de la cabane, d'éprouver sous son pied les lattes d'un plancher, une impression de tiédeur comparée à la fraîcheur de l'igloo de nylon. Le décor de Catherine ressemble à s'y méprendre à celui de sa caravane de Pra-Loup, même bazar, conserves en vrac sous l'évier, rangées le long des cloisons, ananas, thon, sardines à l'huile d'olive, mayonnaise en tube, pâtes, rillettes, confiture de figues, de cerises, packs de potages à gogo, sachets de légumes secs, thé Lipton, Nescafé, bougies Stella, boîtes de confit de canard, la graisse se mêlera aux croquettes des chiens, ils en raffolent. Sur un fil, de part et d'autre de l'habitacle, tenues par des pinces, trois paires de gants, la bride d'une lampe à pétrole, des jambières. Sous le ciré au portemanteau, quatre paires de chaussures de marche, des bottes. Au-dessus du lit-banquette, quelques livres sur un rayon, des crèmes répulsives, un miroir de poche punaisé à la cloison, un éphéméride 2010, « Taxi J. Petit. Transport malades assis, hôpitaux, kinésithérapeutes, docteurs, écoles, etc. Ouvert au mois de juillet et août. » Il est orné d'un décor du Pacifique, cocotiers, ponton de bois rouge, flots azur et sables, plages coralliennes.

« C'est au café que le peuple a recours pour se soulager de ses maux, écrit Michel Darluc, les femmes en prennent des écuelles entières à la moindre incommodité. Aurait-on cru que la liqueur spiritueuse de cette fève arabique, que la Providence a fait naître dans la région des tropiques pour redonner la force et l'élasticité aux fibres des habitants énervés par la trop grande chaleur, figurerait un jour dans les écuries de Barcelonnette, où les hommes forts et robustes pourraient se passer de cette liqueur ? » N'en déplaise au botaniste des Lumières, notre érudit s'égare, comment se réchauffer les sangs par grand froid ?

Nous sommes installées, comme chaque jour, à nos places respectives, Catherine sur l'unique tabouret de la cabane, moi sur la banquette-lit. La tablette de camping devant nous, thermos de café brûlant, deux Opinel, l'unique tasse, un verre Duralex, le pot de marmelade, du beurre et la brioche ensachée, une cuiller à dessert pour deux et ce bloc de pierre incurvé pour cendrier… « Le jeune patou a geint toute la nuit, tu ne l'as pas entendu ? Il m'inquiète, les Trois-Évêchés n'ont pas l'air de lui convenir, faudra que j'en parle à Yves quand il viendra. » En faisant la tournée du parc, un peu plus tôt, Catherine a reconnu une brebis mourerous à qui elle avait sauvé la vie, lors de la précédente « remue ». « Ce n'était qu'une petite agnelle, gorge béante, rongée d'asticots… Je manquais de pansements, alors je l'ai soignée avec mes pommades Thermodactyl. M'a-t-elle reconnue ? En tout cas, j'en suis sûre, c'est bien elle. » Catherine a remarqué une boiteuse, « des grosseurs entre les ongles des pieds, on dirait des ampoules. En fait, c'est une bactérie, une porte ouverte à ce piétin qui pourrait contaminer toutes les filles. » Catherine lui a appliqué un badigeon de teinture d'iode, puis du soufre de Suède. Ma bergère enrage contre le parcage nocturne obligatoire : « Un parc à merde plutôt ! Obliger des brebis à croupir dans cette litière de boues, de déjections est indigne, mais les "experts" et leur loi en ont décidé. »

Premier clope du matin, deuxième café. « C'est la crise en bas, va falloir que je construise mon cabanon de Manosque : 4 000 euros. À moins que je déménage dans les murs des miens, en Médoc… », lâche-t-elle, pensive. Son arrière-grand-père était instituteur, son grand-père proviseur de lycée, son propre père, pasteur, prof de fac, a été de tous les combats des grandes années, soutien du FLN algérien, du MIR chilien, opposé à l'agression américaine au Vietnam, manifestant à Malville, centrale nucléaire bien nommée… « Tout ça donne une fille médecin, une comédienne, une juge mais du Syndicat de la magistrature ! Et moi, coureuse de routes, chemineau, galvaudeuse, comme on veut… » Elle rit. Mais d'où vient cette aspiration quasi névrotique à l'ailleurs, aux voyages ? « Aucun métier ne me donnait l'envie, j'aime partir, marcher, alors bon, pourquoi pas promeneuse ? Il y eut des vagabonds de tout temps, pas vrai ? » Elle n'a pas lu encore Nicolas Bouvier, ni Bruce Chatwyn, « j'en serais jalouse », par contre elle a dévoré Jack London, « le Klondike, voilà ce que j'aurais aimé vivre… Mais j'ai eu quand même mon Alaska ! ». Là-bas, Catherine était Lily Colt, « the extra tough French girl », la dure à cuire. Lily, plus facile à gueuler sur le pont du schooner quand il faut s'activer, Colt, *poulain*, le patronyme de Catherine sur son visa de tourisme... Dutch Harbor, Anchorage, Akuatan, Kodiak, sa voix ténue égrène dix années de pêche sur les flots glacés de la mer de Béring, entre Bristol et zone arctique. Flétans, saumons, crabes de neige, les *opis*, terme dont on use en Alaska pour évoquer la banquise, les ours polaires, tout lui était bon pour trouver un boulot, « à quai, il y avait toujours un skipper en recherche d'équipiers, il suffisait d'être là, au bon moment ».

Catherine jette un regard vers le seuil, un voile de brume rôde encore, mais il s'est haussé d'un cran, vers l'est une lumière gaillarde illumine la crête des Courtiers. Flanc à flanc, les brebis gardent la pose sous les mélèzes, toutes serrées dans leur chaleur humide. Un peloton, on ne sait selon quelle camaraderie, s'est rassemblé, à l'écart. Catherine s'interroge, Yves, avec raison, disait qu'il n'y avait pas beaucoup d'herbe aux Évêchés, « tiendra-t-on la saison jusqu'à fin juillet, avant la remue de Vautreuil, sur l'autre versant de la montagne ? ». La bergère, en conséquence, devra anticiper, planifier les ressources de chaque quartier de ce désert de pierrailles, éviter le gaspillage, tout faire pour que les brebis tondent le morceau de pâture qu'elle leur aura réservé, avant de s'attaquer à un autre quartier. « Il faut qu'elles mangent, tu comprends, à tout prix, qu'elles soient belles, rondes, en santé, qu'elles nous donnent de beaux agneaux. »

Deuxième clope, troisième café.

L'esprit de Catherine se balade sur l'océan boréal, près des monts McKinley. D'un timbre doux, imperceptible presque, elle raconte le schooner enserré dans l'armure des écumes gelées, le grincement, le hurlement des vagues solidifiées, le raclement des bottes sur le pont, les cris des équipiers, barbes piquetées de givre. John, Jimmy, Brad, des noms reviennent, elle me confie cette dérive dans une société improbable, à la Steinbeck, les épidermes, les bras bleuis de cicatrices, les tatouages, ils sont samoans, vétérans du Vietnam, de fieffés soiffards quand ils débarquent à quai, des existences sans raison, « the nature is the best nurse! ». Le job ? Entre deux vagues géantes, dix, vingt mètres, lancer les grappins au plus près pour accrocher les bouées, dérouler les câbles, escalader les bobines, dérouler les lignes qui encombrent le pont glissant sous son linceul de glace, puis choper, riper, déplacer les « traps crabs pots », ces casiers d'acier énormes, trois cent cinquante kilos, trier les crabes, « seuls les mâles sont retenus », trancher de nouveaux appâts, recommencer, jour et nuit. Le défi : capturer la plus grosse quantité selon le quota d'expédition alloué, dix doubles tours de cadran… « Dès le premier moment, j'ai pigé que j'étais prise. J'ai fait au boss : "Téléphone à mes parents, dis-leur que je suis morte." Il n'a pas voulu. Il valait mieux qu'ils le croient pourtant, plutôt que penser que je les avais abandonnés, sans nouvelles, non ? » Catherine sourit.

Elle revient à ses moutons dans le parc électrifié… Par cette triste journée elle les conduirait bien vers la langue verte qui longe le torrent, en bas du promontoire, l'herbe est alléchante. Elle doute d'y parvenir, l'an dernier, toutes ses tentatives d'y mener les bêtes avaient échoué. Incompréhensible. Chaque fois, elles remontaient vers les barres en millefeuilles, plus haut. Yves dit que la proximité d'une eau vive amplifie les effluves de suint, ce qui risque d'attirer les loups. Va savoir… En tout cas, d'instinct, les filles refusent de paître dans ce quartier d'herbe à profusion. Pourquoi ? « Elles savent, elles… »

Le thermos est vide.

Catherine s'est levée, elle se plante dans le rectangle de la porte, mains dans les poches. Les brebis l'ont aperçue, elles s'ébrouent dans le parc dégoûtant de merde, où ne subsistent que de misérables touffes de nard, une graminée courte, feuilles raides, que les brouteuses dédaignent. Vautrés sur le seuil, Hannibal et Mozart lèvent le museau, le crachin a cessé, les nuages filent haut dans le ciel, ils se déchirent quand ils heurtent le pourtour des cimes, abandonnant des trouées bleu pâle.

Interrompant le silence, Catherine décide : « Allez ! On délargue ! » Elle m'indique l'itinéraire choisi, nous passerons le torrent, puis nous remonterons lentement, enfin, si tout va bien, nous bifurquerons vers la gauche. « Le problème, avec un temps pareil, est que les brebis n'ont aucune envie de se poser, le troupeau s'égaille, elles gambadent partout. Nous les laisserons tranquilles, selon leur humeur, en veillant qu'elles ne s'écartent pas trop des creux herbus et des bosses. »

S'il y a du bonheur à prendre le large, les moutons, d'évidence, l'éprouvent aussi. C'est un délire ce troupeau déclôturé, libéré ! Bruyant ? Comment dire, le vacarme de dix fanfares, timbres mêlés, alto, contralto, soprano, chevrotements enrayés, un chorus à malmener les tympans ! Tranquille, imperturbable, une « biasse » passée aux épaules, Catherine, dans son ciré, ouvre la marche de cette invraisemblable chorale, le gros et le jeune patous sur ses pas, les brebis les plus dissipées derrière, les gueulardes sur leurs talons. Mozart et Hannibal les tiennent de près. Il n'est qu'à suivre le mouvement, « il n'y a qu'un passage, il faudra faire gaffe, prévient Catherine, c'est le rocher, là-bas, tu le vois ? Il se déglingue un peu plus chaque matin, il gèle la nuit, mais le premier rayon de soleil le réchauffe, ses schistes s'affalent. Les filles ne sont pas folles, tu verras, elles restent dans le creux, elles contournent la butte rouillée par le flanc »...

Le passage du torrent est un jeu d'enfant, les potelées, gaillardes, en file indienne escaladent les éboulis-escaliers, des gazelles ! Au comble de l'ivresse, les pattes nerveuses tricotent dans leur grimpée, palier par palier, déclenchant des ondées de pierrailles dans les eaux vives.

Je prends le temps, de mon éminence, d'observer le flot ascendant, ce bataillon laineux, gris, ocre de boue jusqu'aux mamelles, un torrent inversé se répandant dans l'arrondi des éboulis, les fissures des rochers, les escarpements. La troupe butte contre une dalle, elle renonce devant l'obstacle, s'engage dans la direction opposée, de nouveau se concentre à la faveur d'un renflement de pelouse, se dispersant aussitôt selon le désir, les caprices des meneuses, la houle s'effiloche, s'égaille vers une ligne d'herbes, dans le sillage de trois finaudes, se retire vers un autre quartier, pour le plaisir seul de galoper, folâtrer, vagabonder drôlement, toujours prête à se désagréger, mais se reformant aussi vite, tandis que, mécaniques, les lèvres trient, happent, fauchent... Les brebis auraient-elles la mémoire de ces lieux, sont-elles, comme leur bergère, navrées d'une herbe moins haute que l'an dernier ? Quelle force aurait-elle suffisamment de puissance pour s'opposer à l'intrépidité du troupeau, le distraire du chemin de son eldorado, dans cette montagne biscornue ?

Chamois, Catherine crapahute, escalade les éboulements, Hannibal, non loin, louvoie dans son ombre, sans relâche il épouse son mouvement. Ne pas les forcer surtout, laisser croire aux filles que ce sont elles qui choisissent, tel est l'enseignement des maîtres-bergers du Merle : faire en sorte, simplement, que leur volonté soit celle de la bergère. Les brebis ont un air de se croire plus fines, décidant des éléments, de l'attrait d'un herbage, d'un modelé, d'un obstacle dans une pente. Tendue, attentive, la bergère s'efforce d'anticiper ce foisonnement, les fluctuations de cet organisme chaotique, son incessante divagation, son énergie. Ce peloton de mourerous buissonnières s'aventurent au-delà des limites acceptables, dix enjambées mesurées, faussement indolentes, les insubordonnées hésitent, stop ! Catherine a décidé. Les brebis « se retournent », de conserve, et se dirigent là où la bergère le réclame. Une seconde, un clignement des yeux, c'est la débandade, la liberté est si attirante... En moins de temps qu'on le penserait, le troupeau tout entier se déverse en coulée dans la pente. Hannibal intervient. Un geste esquissé, bras gauche ou droit, le border collie comprend ce que Catherine veut. « Allez ! Allez, Hannibal ! Pousse en avant ! », « Haut ! Haut ! Hannibal ! », « Hannibal ! Passe là, bien, c'est bien ! » Hannibal, Hannibal... Attentif à la moindre ondulation, les sens aiguisés, le chien détale, bondit, va et vient, il se glisse dans les blocs inextricables vers l'avant du troupeau qu'il contraint, file sur les côtés pour empêcher l'écart, Hannibal, partout à la fois. Des agnelles, distraites par quelques malignes, grappillent trop loin les mottes d'un pierrier, Hannibal sait. Il ramène, « raperche » ces bêtes qui tentent la belle dans le dos de la bergère. Si les dissipées refusent de se soumettre, il tient tête, les dévisage, silencieux, jamais il ne renonce. Vigilant, travailleur, précis, il précède même les souhaits de sa bergère, en trois, cinq poussées de museau il remet de l'ordre dans ce désordre. D'évidence, Hannibal éprouve du bonheur à faire ce qu'il fait. Perçoit-il le plaisir, l'émerveillement qu'il suscite à le voir « travailler » ?

Longer les crêtes, réunir les brebis, diriger, rejoindre ce quartier sans brusquer le troupeau, aiguiller les meneuses au pied d'un herbage suspendu, laisser grimper, sans précipitation, sans éclat, par des gestes précis, car le troupeau plus que tout apprécie le silence… La matinée durant, bergère et chiens se sont déployés, *mano en la mano*, participant, se fondant à la mobilité permanente du troupeau au gré du soleil, de la fraîcheur d'une brise, de l'herbe, de l'appétit… Impression d'un organisme unique.

Comme je m'étonne de cette coopération, Catherine répond qu'elle s'appuie sur le troupeau pour travailler, mais que brebis et chiens comptent sur elle également pour accomplir ce qu'ils doivent. En ce début de saison, elle pense qu'il faudra à toutes et à tous un peu de temps pour atteindre cette connaissance, pour que « l'esprit d'équipe » se réalise. « Des cliques s'organisent un peu trop à mon goût, il va falloir que je les tienne à l'œil, il y a beaucoup trop de jeunes au troupeau, ils ne sont pas aisés à mener, ils ne savent rien. C'est un peu comme si je gouvernais six cents gosses, une colonie, je n'aime pas beaucoup… »

Le ciel au-dessus de nous semble livrer combat, à l'ouest, des nuages sombres, en face, un long pan bleu. La lumière prend forme, elle sculpte en îles moirées cimes, mamelons et collines, le soleil, lui-même, démontre ce qu'il est, il se réverbère sur le sommet aveuglant du glacier de la Blanche. La chaleur grimpe, les brebis traînaillent. Réfugié sous des mélèzes malingres, dans l'ombre d'un pierrier, un petit détachement rumine en cercle, front à front, absorbé dans un repos absolu. Hanche contre hanche, vautrées, quelques-unes les observent. Les mourerous, ces cabotines, marquent la pause, elles « chôment », c'est agréable. Hissé sur un bloc arrondi, yeux clos, Roc médite.

Nous sommes installées sur un méplat, jambes croisées, les bras nus, abandonnées à cet instant d'été inattendu. Nous avons tiré le frichti des *biasses*, saucisson sec, tome de chèvre, gros pain, café thermos. Autour de nous, l'empire des montagnes, à perte de vue. Étrange sensation tout à coup de vivre enfin. Des champs d'herbe, des lambeaux de neige posés sur les glaces grises de la Blanche, le frôlement des mélèzes, les brebis somnolentes, un rayon de soleil perce la nuée rose et s'évanouit. Vautré dans mes pattes, Hannibal ronflote, étrange manie qu'il a de ramasser ses abattis sur mes croquenots. Je lui en suis reconnaissante. Catherine murmure : « Quand j'aperçois ma cabane tout en bas, je pense : elle est là, elle m'attend. » Le silence retombe. Elle reprend : « Ma première année aux Trois-Évêchés, je balançais mes mégots n'importe où, ça ne se fait pas normalement, on les cache dans sa poche. Comprends, je répandais des signes, une marque, une façon de me semer dans ma montagne… »

Elle ne le sait pas, mais Catherine poursuit la geste des pâtres, autrefois. Graphismes malhabiles, ils gravaient un nom, un prénom dans le gras de la roche, une date d'estive, un message, une poignée d'indiscrétions. Dans un exemplaire de la revue *L'Alpe*, j'ai découvert des gravures de 1830 relevées en haute vallée de la Roya encore italienne. Un Maurice Boin laisse une trace : « Je marque sur cette pierre chevrier, mais je ne suis pas encore chevrier, je suis ici berger à Fontanalba, mais seulement comme gardien, avec l'espérance, si Dieu le veut et si je fais fortune, d'être un jour un véritable chevrier. » « Ici, ce sont des pays à fuir », a gravé Pierre Lantéri, sentiment que partage Baptiste Marro : « Vallée de l'Enfer, vie de diable. » François Arnolfo, prolixe : « Qu'il est douloureux de rester ici au milieu des rochers, perdu comme un chamois, les nuits sont longues de penser que je doive rester ici. Ça fait trente jours que je suis ici, j'ai la barbe longue comme un bouquetin, ce qui ferait même peur au diable. » Dans des pierres d'ardoise, remarque l'anthropologue Nathalie Magnard, à qui l'on doit cet émouvant « papier » de *L'Alpe*, un jeu, peu à peu, s'instaure entre bergers graveurs : écrire et se répondre. Cette main anonyme, ainsi : « Le nom des couillons se trouve écrit dans tous les coins. » Des inscriptions relatent des histoires tragiques : « Sous le rocher du Capelet, j'ai vu un homme mort qui sera tombé de la paroi rocheuse, il y a quelques mois, il ne reste que les os. » Une autre, cocasse : « J'explique sur cette pierre que ma fiancée m'a trahi, et c'est pour cette raison que je vais déserter du service, justement à cause de cette fille. Je me tiens en sourdine et ne laisse pas mon nom, car j'espère la reconquérir en bataillant. » Des révélations crues et anonymes : « Ici à l'Enfer, on souffre toujours d'avoir la bite dure, parce que les femmes ne veulent pas rester ici, mais ceux qui sont mariés, lorsqu'ils rentrent, trouvent la femme prête, au lit, avec les jambes écartées. »

Un choucas a baissé son vol, il rase l'herbe, remonte, s'élève. Adossée au rocher, Catherine, silencieuse, observe sa gîte, son balancement malhabile vers les schistes verts et mauves de la Grande Barre de l'Estrop, il plane au large de l'à-pic, puis, par un courant chaud soulevé, il devient ce point infime dans la vastitude. Quels sont les songes de ma bergère, capitaine de vaisseau minéral, tandis qu'elle tire sur son clope ? Je m'attarde sur son visage chahuté, façonné par les efforts, ce trop de soleil. J'entends ses mots, de l'autre soir : « Mer, montagne, on ne se donne pas pour rien. De toute manière, la saison à peine achevée, je brûlerai de repartir, je le sais… Toute seule dans la grande nature, toute petite, toute rien, mais debout, maîtresse de troupeau. Qu'elles soient bien, qu'elles soient belles mes bêtes, qu'elles redescendent toutes entières. C'est ma place, et c'est bien, enfin. Un rôle à tenir, un travail à mener, rond comme un œuf. »

Le nuage obèse se fractionne, ses morceaux se dandinent entre les Séolanes. Nos brebis se dispersent, elles nous avisent, trois bêlements résonnent. Catherine se redresse, elle écrase son mégot, elle l'enfouit dans sa poche. Sourires. Au fur et à mesure, les brebis s'ébrouent, elles se ramassent et se reforment. « On y va, les filles, on y va ! »

Chère Anne,

31 juillet. Le temps passe, les journées s'égrènent mais elles passent. Les copines grossissent, le soleil brûle la petite herbe dont elles raffolent. Pourrons-nous tenir jusqu'au 15 août, ou vont-elles finir par franchir la barre rocheuse, celle que tu n'as pas vue, au fond du cirque ? Elles me font beaucoup courir, les garces, les agneaux ont beaucoup grossi, ceux de Nicolas sont de drôles de loustics.

25 août. Le vent souffle. Mes bêtes sont calmes – sentent-elles la pluie annoncée ? Elles se dépêchent de manger avant le déluge.

Depuis le 14 août, l'herbe venait à manquer aux Trois-Évêchés, mais au dernier jour, mes bêtes sont redescendues rondes et grasses à la cabane. J'avais découvert un nouveau plateau, une petite Syrie encore, des blocs, des décombres partout comme après un bombardement. Mais l'herbe était fine et bonne.

Vautreuil. *Quel dommage que tu ne puisses pas voir ! Quand on arrive par le col, tout de suite après, des espèces de longues moraines de graviers entre les flancs gris, désertiques de la Tête de Balaour et la barre de Chabrières, qu'il nous faut descendre longtemps avant d'apercevoir au-dessous de nous le long plateau de Vautreuil enserré de barres rocheuses. Un fief oui, mais tellement vaste… Quand il fait beau, la lumière intense se réverbère sur la tache claire des lauzes éclatées qui donnent un joli bruit sous nos pas. Les Trois-Évêchés, c'est joli, c'est la montagne des dépliants, verdure, torrents, mélèzes et fleurs. Mais Vautreuil, c'est grand, c'est nu, c'est âpre.*

La saison s'écoule. Les jours passent lentement. Je cours toujours beaucoup. Au matin, mes pieds et mes chevilles sont si endoloris que je me lève à grand-peine, après, ça passe. J'ai eu quelques problèmes d'asticots dans les plaies, les orifices de mes brebis, deux pattes cassées, deux mammites et trois morts subites. Je pense que c'était la « verâtre » ou fausse gentiane qui les a empoisonnées. Pas d'alerte au loup, sinon des carcasses de chamois que les patous me ramenaient aux Trois-Évêchés. À Vautreuil, en ce moment, je ne pense pas qu'ils soient là, c'est toujours ça de gagné sur le souci, la peur.

On a eu l'orage enfin, grosses pluies. Les bêtes venaient de rentrer. Mon épouvantail tournait sa face hurlante vers le ciel, j'ai pensé au Cri *de Munch et j'ai ri. Une caricature. Pauvre épouvantail qui ne tient pas sur ses guibolles, qui est là pour effrayer le loup, et qui se fait chier parce qu'il n'en a pas vu encore… Le fusil est posé dans un coin de la cabane, je ne sais même pas comment le charger, le décharger, Yves m'a montré, un jour qu'il est passé. Le coup est parti tout seul, « Ah ! je croyais qu'il était bloqué »… C'est parti au ciel, heureusement.*

Je finis le vin de Gérard, je sais : ce n'est pas très joli mais ça fait du bien, du miel dans le corps. « L'alcool c'est Dieu… » disait Marguerite Duras à la radio l'autre soir, c'est du Marguerite Duras, bien sûr, mais c'est pas mal quand même.

La pluie s'est arrêtée. J'ai pris des photos amusantes des brebis qui entrent dans ma cabane. Je te les enverrai. Il y avait une meneuse bien chiante, j'en avais marre au point d'en faire des merguez, alors j'en ai fait une amie. Elle file toujours à l'opposé du troupeau, entraînant quelques autres avec elle, mais on est devenues copines au moins, avec du pain sec, des biscuits… Elle me regarde de ses yeux pleins d'amour, et moi je la cherche un peu. Pour finir, les autres rappliquent, hier elles ont envahi la cabane, la porte était ouverte, j'étais rentrée, elles pensaient qu'il y avait peut-être du pain pour elles. J'aime bien quand ça devient comme ça. C'est pas très professionnel peut-être, mais c'est joli. On vit ensemble, c'est les copines comme tu dis. Gérard est venu une semaine, c'était bien. J'ai cru que des pierres lui étaient tombées dessus, des éboulis dans le pierrier. J'ai couru. Personne. Cinq jours plus tard, pareil... Je crie, je l'appelle, aucune réponse. Je pense que ça y est, qu'un mauvais éboulis après l'orage lui est tombé dessus, que c'est malin, tiens, de faire les cons dans cette montagne, que n'est pas un jeu, que la montagne est trop forte et qu'elle s'en fout bien sûr, et maintenant il faut que je le trouve vite Gérard, pour lui serrer un garrot peut-être, puis courir appeler l'hélicoptère, mais rentrer les bêtes d'abord… Je l'aperçois. J'éclate en sanglots comme d'habitude, je vais vite rattraper mes bêtes qui passent une barre, et de nouveau tout va bien...

On se croit toujours indispensable quand on aime quelqu'un et que cette personne meurt. On croit toujours qu'on aurait pu l'empêcher. Pauvres de nous juste avec notre amour, mais on n'est pas Dieu, tant mieux d'ailleurs, pour ce que Dieu fait, a fait et ferait... Mieux vaut être un petit humain qui fait comme il peut, mais qui essaie au moins.

J'ai quelques jours de repos bientôt. Yves viendra garder. C'est bien, il va découvrir la complexité de Vautreuil, sa beauté aussi, et cette garde difficile avec toutes ces barres, pans, coulées rocheuses, dans lesquelles les bêtes s'enquillent et se divisent naturellement.

Le plus dur dans ce travail, je pensais aujourd'hui, c'est quand tu es très fatiguée, ça arrive. Tu sais qu'il faut faire la journée, suivre tes bêtes, qu'elles mangent et bien, les tenir aussi, et partir dans les barres rocheuses avec elles, et soudain le vertige te prend parce que tes jambes sont fatiguées, et tes bêtes courent, et là, il faut y aller, ce troupeau comme la marée, tu ne peux pas l'arrêter vraiment, ça avance, ça avance, ça avance par toutes les failles des rochers, ça veut aller, on dirait qu'elles sont aimantées par leur désir du lieu où elles veulent aller, et toi tu cours, tu cours, tu dis : « C'est quand même moi qui décide ! C'est quand même moi le berger/la bergère ! »

28 août. Aujourd'hui pluie et brouillard. Ça sent l'automne, l'automne à Vautreuil. On entre dans le contraire de la grande lumière, l'opacité, la pierre toujours là, mais froide, glacée bientôt, glissante, et le fracas lugubre des éboulis dans les pierriers me fait froid dans le dos.

J'ai placé une lampe dans les mains de l'épouvantail, mais dans le brouillard, ça fait seulement une vague petite lumière hésitante. Je t'embrasse, Anne.

Catherine

Bibliographie

Arnaud, François, *Documents et notices historiques sur la vallée de Barcelonnette,* Laffitte Reprints, 1898.

Bailly, Jean-Christophe, *Le Dépaysement, voyages en France,* Seuil, 2011.

Baratier, Édouard (sous la direction de), *Histoire de la Provence,* Privat, 1969.

Beaufort, François de, *Le Loup en France, éléments d'écologie historique,* Société française pour l'étude et la protection des mammifères, 1987.

Beaumont, Isabelle, *Que fabrique le pastoralisme : de l'agneau, des bergers, de la montagne ?* Univ. René-Descartes Paris 5 Sorbonne.

Benhammou, Farid, *La Réapparition du loup en France*, Mémoire de géographie, Univ. Orléans.

–, « Territoire des animaux, territoire des hommes, aspects et enjeux du retour des grands prédateurs », *Géo Confluences*, n° 3.

–, *Pastoralisme et biodiversité.* La Voie du Loup, 2008.

Bernard, Daniel, *Des loups et des hommes*, Études rurales, 2000.

Bessat, Hubert, Germi, Claudette, *Lieux en mémoire de l'alpe, toponymie des alpages en Savoie et vallée d'Aoste*, Ellug, Programme Rhône-Alpes, Recherches en sciences humaines, 1993.

Blandin, Patrick, *Biodiversité, l'avenir du vivant*, Albin Michel, 2010.

Bobbé, Sophie, *Du chien de protection au patou pyrénéeen. Le Loup, idées reçues*, Le Cavalier Bleu, 2003.

–, « Le chien de protection, entre tradition et fabrication, savoir-faire et tâtonnement », *Ethnologie française*, n° 2, 2000.

–, *Entre domestique et sauvage : le cas du chien errant,* Ruralia, 1999.

Braudel, Fernand, *L'Identité de la France*, Arthaud-Flammarion, 1986.

Bryson, Bill, *Promenons-nous dans les bois,* Payot, 2012.

Buffon, *Histoire naturelle*, Paris, 1755.

Carbone, Geneviève, *La Peur du loup*, Gallimard, coll. « Découvertes », 1991.

Cardoret, Anne, *Chasser le naturel,* EHESS, 1988.

Cerpam, *Loup-élevage, s'ouvrir à la complexité*, Actes du séminaire technique, 15/16 juin 2006.

Chabert, Jean-Paul, « Éleveurs et chercheurs face aux broussailles », *Courrier de l'environnement de l'Inra*, 1998.

–, « L'été où l'État cafouille son loup », *Le Ravi*, n° 11, 2006.

Chabert, Jean-Paul et Meuret, Michel, « Entre brebis et loups », *Le Sadoscope*, n° 90, 1997.

–, « Les éleveurs de loups doivent maîtriser leur métier », *L'Agriculture drômoise*, n° 1359, 1998.

–, « Retour du loup. Ses protecteurs sont des éleveurs », *Terroir Magazine*, n° 98, 1998.

–, *Pastoralisme, les prédateurs dans le pré*, *Campagnes solidaires*, *spécial moutons*, mars 2000.

Charoy, G.S.D., *Chiens de berger, dressage et utilisation,* ITOVIC, Paris, 1976.

Christen, Yves, *L'animal est une personne*, Flammarion, 2009.

Coste, Jean-Pierre et Coste, Pierre, *La Provence*, Puf, 1977.

Dalla Bernardina, Sergio, *Le Retour du prédateur*, Presses universitaires de Rennes, 2011.

–, « Mauvais indigènes et touristes éclairés », *Revue de géographie alpine*, juin 2003.

–, *L'Utopie de la nature*, Imago, 1998.

Darluc, Michel, *Histoire naturelle de la Provence*, 3 vol., Avignon (1782-1786).

Daubenton, Louis, *Instructions pour les bergers et les propriétaires de troupeau*, 1782.

Deverre, Christian, « À propos du loup et de l'environnement, de quelques procédés de dévoilement d'un légitime débat », *Courrier de l'environnement*, n° 48.

Doré, Antoine, *Des loups dans l'espace public français,* Le Panoptique, 2009.

Duclos, Jean-Claude et Pitte, André (sous la direction de), *L'Homme et le mouton dans l'espace de la transhumance*, Glénat, 1994.

Espuno, Nathalie, *Impact du loup sur les ongulés sauvages et domestiques dans le massif du Mercantour,* Univ. Montpellier, 2004.

Evin, Michèle, *Les Effets du surpâturage dans les Alpes du Sud : impacts sur la biodiversité et la torrentialité*, La Voie du Loup, 2006.

Finbert, Elian, *La Vie pastorale, brebis et berger*, Sequana, 1942.

Garde, Laurent, *Guide pastoral des espaces naturels du sud-est de la France*, Cerpam et Méthodes & Communication, 1996.

–, *Loup et élevage, quand le présent revisite le passé*, in *Le loup en Europe du Moyen Âge à nos jours*, Presses Universitaires de Valenciennes, 2009.

–, *Les éleveurs résidents en zone à loups, perceptions et stratégies,* in « Loup-élevage s'ouvrir à la complexité », Séminaire technique d'Aix-en-Provence, 15 juin 2006.

–, *Attaques de chiens sur les troupeaux ovins dans le Luberon et comparaison avec la prédation en territoires à loups*, Cerpam, 2005.

Garde, Laurent et Lasseur, Jacques, *La Réorganisation des activités d'élevage en Vésubie-Roya,* Séminaire prédation, juin 2006.

Garde, Laurent et Vors, E., *La Prédation par les loups et les chiens errants dans le massif des Monges*, Cerpam Manosque, 2000.

Giono, Jean, *Un roi sans divertissement*, Le Livre de Poche, 1947.

–, *Le Grand Troupeau*, Le Livre de Poche, 1931.

Haushofer, Christophe, « Entre chiens et loups », *Le Courrier du hérisson*, n° 177, 1999.

Hofmann, Blaise, *Estive*, Zoé, 2007.

Joannet, Henri, *Mémoires du loup*, Equinoxe, 2011.

Jolivet, Gilbert, *Le Loup en France*, Académie d'agriculture de France, séance du 11 mai 2010.

Jouventin, Pierre, *Kamala, une louve dans ma famille*, Flammarion, 2012.

Lacarrière, Jacques, *Chemin faisant*, Fayard, 1977.

Landry, Jean-Marc, *L'Utilisation du chien de protection dans les Alpes suisses,* in « Kora Bericht », n° 2, 1998.

Leopold, Aldo, *Almanach d'un comté des sables*, Aubier, 1995.

Leroy, Charles Georges, *Lettres philosophiques sur la perfectibilité et l'intelligence des animaux,* Paris, 1781.

Lestel, Dominique, *L'animal est l'avenir de l'homme*, Fayard, 2010.

London, Jack, *L'Appel de la forêt*, 10/18, 1986.

Massucci, M., *Pastoralisme et chiens de protection des Abbruzes aux Alpes,* SCC, 2009.

Mauz, Isabelle, *Gens, cornes et crocs*, thèse École nationale du génie rural, Eux et Forêts, 2002.

–, « L'arrivée des loups dans les Alpes françaises et la transformation des rapports au sauvage », in *Le Fait du loup. De la peur à la passion*, *Le Monde alpin et rhodanien*, 2002.

Mech, David, *Wolves, behaviour, ecology and conservation,* The University of Chicago Press, 2007.

Ménatory, Gérard, *Anthologie du loup et autres carnassiers*, Ratier, 1991.

Meuret, Michel, « À coups de dents dans l'environnement », *Courrier de l'environnement*, n° 3, 1999.

Meuret, Michel (coordinateur), *Un savoir-faire de bergers*, Educagri/Quae, 2010.

Moriceau, Jean-Marc, *L'Homme contre le loup, une guerre de deux mille ans*, Fayard, 2011.

–, *Histoire du méchant loup, 3 000 attaques sur l'homme en France*, Fayard, 2007.

Moutou, François, *Le Retour du loup en France, les enjeux,* L. Bodson, Univ. de Liège, 1993.

Mowat, Farley, *Mes amis les loups,* Flammarion Castor Poche, 1981.

Murie, Adolph, *The Wolves of Mount McKinley*, University of Washington Press, 1985.

Planhol, Xavier de, *Le Paysage animal*, Fayard, 2004.

Porcher, Jocelyne, *Vivre avec les animaux, une utopie pour le XXIe siècle*, La Découverte, 2011.

Raye, Gilles, *Pastoralisme et biodiversité, la grande confusion*, *La Voie du Loup*, 2011.

Rong, Jiang, *Le Totem du loup*, Le Livre de Poche, 2004.

Rowlands, Mark, *Le Loup et le philosophe*, Belfond, 2010.

Rumiz, Paolo, *L'Ombre d'Hannibal*, Hoëbeke, 2012.

Sales, Pierre, « Vivre avec le loup des Asturies aux Carpates », *Cahiers techniques*, n° 69, 2002.

Terrasson, François, *La Peur de la nature*, Sang de la Terre, 1999.

Thomas, Keith, *Dans le jardin de la nature*, Gallimard, 1983.

Vargas, Fred, *L'Homme à l'envers*, J'ai Lu, 1999.

Villeneuve-Bargemont, Christophe de, *Voyage dans la vallée de Barcelonnette*, Laffitte Reprints, 1815.

Vincent, Marc, *Les Alpages à l'épreuve des loups*, Maison des sciences de l'homme, 2011.

Wick, Pascal, *Journal d'un berger nomade*, Seuil.

Wilson, Edward, *Biophilie*, José Corti, 2012.

Académie d'Agriculture de France, « Le loup en France », séance du 11 mai 2010.

Office national de la chasse et de la faune sauvage, *Prédation par un grand canidé dans le massif de Valroney (Ain)*, compte rendu de la réunion du 8 septembre 2003, ONCFS.

Acteon environnement, « Évaluation de l'impact socio-économique du loup sur les systèmes pastoraux dans les Alpes françaises », décembre 2010.

Alpes Magazine, « Parcs sans frontières », septembre 1998 ; « Jardins alpins », mai 1999.

Flore de la vallée de l'Ubaye, un guide de découverte, Sabença de la Valèia, 2010.

Géo, « Dans la gueule des loups », décembre 1987.

Gestalp, « Modèles de gestion pour la valorisation de la biodiversité et du pastoralisme », 2008.

La France agricole, « Loup, plus rien ne lui fait peur », 9 décembre 2011.

La Mauvaise Herbe, journal des paysans de la Drôme.

Le Monde alpin et rhodanien, *Le Fait du loup. De la peur à la passion*, 1-3/2002.

L'Alpe, collection intégrale.

Les Alpes de lumière, « Histoire et actualité de la transhumance en Provence ».

Terre sauvage. « La planète des loups », n° 16, 1994 ; « Loups le retour », n° 67 ; « Qui a peur des loups ? », n° 134, 1996 ; « Bienvenue au loup », n° 73, 1993 ; « Les loups », n° 134 ; « Vive le loup », n° 256, 2009 ; « Vivre avec le loup », n° 274, 2011.

Photocomposition Nord Compo
Villeneuve-d'Ascq

PAPIER À BASE DE
FIBRES CERTIFIÉES

Fayard s'engage pour
l'environnement en réduisant
l'empreinte carbone de ses livres.
Celle de cet exemplaire est de :
1,000 kg éq. CO_2
Rendez-vous sur
www.fayard-durable.fr

Achevé d'imprimer en France
par JOUVE
en janvier 2014

N° d'impression : 2141501S

Dépôt légal : 2012
36-33-3256-9/02